本书由北京印刷学院"国家级一流本科专业——编辑出版学专业建设"经费资助出版

畅销书案例分析

CHANGXIAOSHU ANLI FENXI

第八辑

张文红　朱晓瑜　编著

知识产权出版社
全国百佳图书出版单位
—北京—

图书在版编目（CIP）数据

畅销书案例分析. 第八辑 / 张文红, 朱晓瑜编著. —北京：知识产权出版社, 2022.8
ISBN 978-7-5130-8373-7

Ⅰ. ①畅… Ⅱ. ①张… ②朱… Ⅲ. ①畅销书–出版工作–案例 Ⅳ. ①G23

中国版本图书馆 CIP 数据核字（2022）第 171635 号

内容简介

传统的图书营销往往以"内容"作为核心竞争力，而忽视营销这一关键步骤。"畅销书"的出现开始从图书市场宏观营销的角度出发，贯穿图书的选题—出版—宣传—销售整个流程，通过以消费者为中心的整体营销活动去赢得市场。本书从多本小说类、少儿类畅销书入手，分析畅销书的营销模式，探究这些营销模式给我国书业营销带来的启示。本书案例丰富，分析、点评到位，适合出版专业人士阅读。

责任编辑：徐　凡　　　　　责任印制：孙婷婷

畅销书案例分析（第八辑）
CHANGXIAOSHU ANLI FENXI（DI-BA JI）
张文红　朱晓瑜　编著

出版发行	知识产权出版社 有限责任公司	网　　址	http://www.ipph.cn
电　　话	010-82004826		http://www.laichushu.com
社　　址	北京市海淀区气象路 50 号院	邮　　编	100081
责编电话	010-82000860 转 8533	责编邮箱	laichushu@cnipr.com
发行电话	010-82000860 转 8101	发行传真	010-82000893
印　　刷	北京中献拓方科技发展有限公司	经　　销	新华书店、各大网上书店及相关专业书店
开　　本	720mm×1000mm　1/16	印　　张	18.25
版　　次	2022 年 8 月第 1 版	印　　次	2022 年 8 月第 1 次印刷
字　　数	290 千字	定　　价	88.00 元

ISBN 978-7-5130-8373-7

出版权专有　侵权必究
如有印装质量问题，本社负责调换。

目 录

案例一：《小妇人》··· 1

案例二：《苏菲的世界》·· 13

案例三：《教父》三部曲·· 25

案例四：《情书》··· 38

案例五：《黄金时代》·· 53

案例六：《许三观卖血记》··· 64

案例七：《挪威的森林》·· 75

案例八：《曾国藩》·· 87

案例九：《白鹿原》·· 97

案例十：《克苏鲁神话》（1、2、3）·· 108

案例十一：《沙海》··· 122

案例十二：《云边有个小卖部》·· 134

案例十三：《文城》··· 147

案例十四：《克拉拉与太阳》·· 165

案例十五：《人间词话》·· 179

案例十六：《沉默的大多数》·· 192

案例十七：《啊 2.0》··· 203

案例十八：《被讨厌的勇气："自我启发之父"阿德勒的哲学课》··· 218

案例十九：《名著阅读课程化丛书.朝花夕拾（七年级上）》··········· 231

案例二十：《自在独行》·· 243

案例二十一：《神奇校车·图画书版》··· 255

案例二十二：《冒险小虎队》·· 271

后　　记··· 285

· i ·

案例一：《小妇人》

一、图书基本信息

（一）图书介绍

书名：《小妇人》

作者：[美]路易莎·梅·奥尔科特

译者：王岑卉

开本：32开

字数：322千字

定价：58.00元

书号：ISBN 978-7-210-09766-2

出版社：江西人民出版社

出版时间：2017年11月

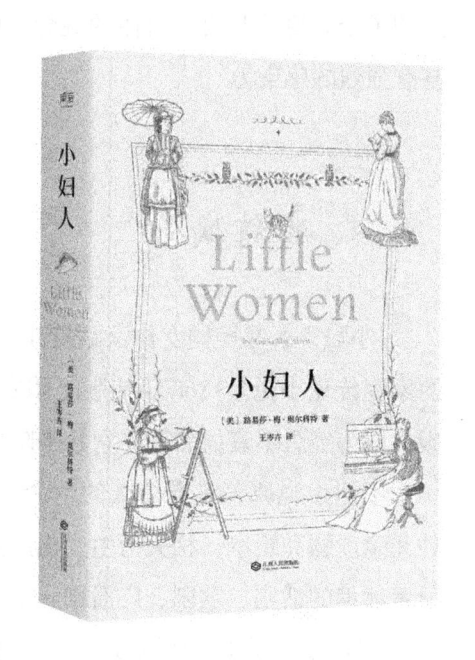

（二）作者简介

路易莎·梅·奥尔科特（1832—1888年）是美国女作家。她出生在宾夕法尼亚州的日耳曼敦，但却在靠近马萨诸塞州的康科特城度过了一生。她在当作家和教师的父亲的影响和熏陶下，很早就对写作产生了兴趣。为了帮助父亲维持贫穷的家庭，路易莎在成为职业作家之前不得不靠作女佣、家庭老师和裁缝挣钱。她的代表作《小妇人》是一部美国文学的经典著作，是一本道德家世小说。马奇家四姐妹对自立的权利的追求以及她们对家庭的忠诚眷顾构成了贯穿全书的矛盾，使故事熠熠生辉，情节生动感人。《小妇人》首次出版于1868年，是一部以美国南北战争为背景，以19世纪美国新英格兰地区的一个普通家庭四个姐妹之间的生活琐事为蓝本的带有自传色彩的家庭伦理小说。《小妇人》是一本以女性角色为主，强调女权意识的半自传体小说。书中注重表现女性意识，宣扬美好品质。美国内战期间，马奇先生远赴战场做了随军牧师，四个女儿和母亲在家里过着清苦却坚强乐观的生活。她们虽贫穷，却乐意帮助比她们更需要帮助的邻居赫梅尔一家。小说受到当时的大思想家爱默生的影响，强调了个人尊严与自立自律的观念，内容平实却细腻，结构单纯而寓意深远，富有强烈的感染力。

二、畅销盛况

《小妇人》是美国女作家路易莎·梅·奥尔科特（Louisa May Alcott）创作的家庭传记小说。1868年初版时印刷了2000册，瞬间销售一空，此后连年再版，成为经久不衰的名著。它几乎陪伴在每个孩子甚至成年人枕边。

不但小说原著具有持久的生命力，而且原著还被世界各国作者改编成各种儿童读物和绘本，相关衍生文化产品无数。仅英美两国就有多个版本的根据原著改编的话剧、歌剧、广播剧、电影和电视剧。

《小妇人》在出版后受到读者和评论家的一致好评，被称为美国最优秀的家庭小说之一，而作者本人也因此跻身著名小说家的行列。

美国图书协会、美国教育协会曾经从评选出的100种小学必备书中精选出25种，其中《小妇人》位居榜首。

《小妇人》畅销中国十余年，累计销量超过8000万册，是中国较好的青少版名著读物。

三、畅销攻略

打造一本成功的畅销书是很多图书出版人追逐的目标。畅销书可遇不可求。一本书的畅销往往是多个因素综合作用的结果，它需要经过时间的考验和市场的筛查。《小妇人》这本书的成功也是由很多因素共同影响的。

（一）文本自身具有魅力

1. 故事情节精彩

《小妇人》故事情节真实简单，却感人至深。其写作背景是美国的南北战争，主人公是一个家庭的四个女儿，主要描写了成长类型的故事。这种成长并不单单指生活经历和阅历的丰富，更多的是指女孩们思想上的成长。她们每个人都不是完美的，都有自己的缺点，但是她们不断和自身缺点进行斗争，勇敢地面对自己的不足，积极向上，努力让自己成为一个更出色的人。

问世一百多年以来，《小妇人》被翻译成多种文字，被誉为"世界文学宝库中的经典名作"，还多次被改编为影视作品搬上银幕。在这本书中，你可以找到所有时代、所有少女成长过程中要面对和经历的问题，如初恋的甜蜜和烦恼、贫穷与富有的矛盾、感性与理性的差异、理想和现实的距离等。

书中描写的种种情感体验和生活经历在每一个女孩走向成熟的过程中都曾经、正在或将要发生。书中倡导善良、忠诚、无私、慷慨、尊严、宽容、坚韧、勇敢，这些也是人类永远尊崇和追求的美德和信仰。所有这些都赋予了这本书超越时代和国度的生命力，这也正是它成为不朽经典的魅力和原因所在。

2. 女性视角切入

《小妇人》被称为"女性主义经典"。它从头到尾都在写女性，它的视角是女性，甚至90%的对白都是女性之间的，它描写的是女性所理解和期待的生活。

受周围超验主义者女权主义思想及家庭贫穷真实境遇的影响，路易莎从青少年时期起就很独立。她认为女性的幸福结局不一定是嫁给有钱人，幸福更多要靠自己。路易莎很早就开始外出打工，不仅能独立养活自己，还补贴家用。她先后做过看护、保姆、洗衣工、缝补女工、家庭教师等工作，业余时间仍在继续着自己的写作梦想。

正是由于作者的经历和思想，书中注重女性意识的表现和美好品质的宣扬。在作者的笔下，女性虽然没有偏离传统的结婚生育、相夫教子路线，但她们像男人一样积极地选择生活，选择另一半，为自己负责。她们没有成为男人的附属品，而是自主决定自己的命运。

此外，书中的乔靠着勤奋写作来为家里赚钱，梦想当作家，这种对于经济独立的执着追求，也是女性主义的一种表现。

3. 人物性格特点鲜明

一本能给人留下深刻印象的书，除了精彩的故事情节之外，还要有具有鲜明性格特征的主角。《小妇人》这本书中的人物都有着自己鲜明的性格特征。书中故事追随这四位女性从女孩成长为小妇人的岁月，讲述了她们的爱情经历及她们各自追寻不同理想与归宿的过程。

大女儿梅格生性爱美，对恋爱充满憧憬，有一些爱慕虚荣；二女儿乔独立自主、勇敢、有创造力，矢志成为作家，但脾气却比较暴躁；三女儿贝丝则是传统乖乖女，柔弱、温柔，惹人怜爱但却胆小自卑；小女儿艾米钟爱绘画，活泼可爱，但有点自私。四个人性格鲜明，有着不同的优缺点。针对不同的性格和缺点，作者还给她们安排了别致的成长故事。

梅格是最大的姑娘，她身上有对美丽的执着和对金钱、名利的迷茫。她遇到的挑战是和上流社会的姑娘们一起生活过一段时间，在一场聚会中，上流社会的姑娘们把梅格打扮成了一个漂亮的洋娃娃。梅格差点沉醉，但她发现了背后的虚假和粗俗后，开始为自己内心的虚荣感到悲哀，也意识到自己与家人紧紧相连的美好。

乔在四个姐妹之中最像男孩，敢爱敢恨，但脾气却比较暴躁。艾米因为自私烧掉了乔写的小说。对此，乔发了很大的脾气，即使艾米道歉后，乔也没有接受。后来在滑冰的时候，艾米掉进了冰窟窿，差点丢了性命。乔后悔不已，由此学会了控制自己的脾气。

贝丝比较胆小害羞，敏感且内向，除了家人以外，几乎没有和其他人有什么交流，如果放在现代的话，可以说是有些"社交恐惧"了。但为了弹钢琴，她勇敢地走出去，来到劳伦斯爷爷的家里，为所爱之物做出改变。

艾米是年纪最小的一个，喜欢跟风，还有点小自私。学校曾流行酸橙。为了得到同学们的关注，她用零花钱买了许多酸橙，还拿出来炫耀，结果被老师批评，打了手掌心还被罚站。这让她明白了显摆与自大毫无意义。

此外，《小妇人》还有一个绝妙之处——使读者感同身受。相信不管是看过《小妇人》原著的读者还是看过电影的观众，都能在其中找到自己的影子。正如罗伯特·麦基在《故事》一书中所说："故事，是生活的比喻。"书中的故事和经历虽然是属于路易莎的，但她对这些个人经历和记忆进行了提炼，使其抽象于生活并产生更高的普遍意义，又很接地气，让我们不自觉想起自己的故事。

（二）整体装帧设计具有特色

1. 封面设计

（1）封面的颜色搭配巧妙

封面主体颜色是偏暗一点的奶油色，奶油色一般会使图片显得奢华和灿烂，绘制宫廷风的图画时会经常用到这个颜色。封面选用这个颜色会给人带来一种精致典雅的感受。封面的字和图画只有三种颜色，分别是蓝色、金色、黑色，颜色较少。金色和典雅的蓝色可形成一种视觉冲击，能快速吸引住读者的目光，黑色用于强调书的一些重要信息。又因为封面留有足够的留白，总体看来是协调且平静的，让人觉得很舒服。

（2）封面有好的视觉引导作用

蓝色的人物分布在四个角落，对应文中的四个姐妹，四个人是四种不同的姿态，并且是从四个不同的角度进行绘制的，让人觉得生动鲜活，且不会觉得画面重复。细心的读者会发现，四个人的画像也照应了书中四个人的性格特征和爱好，这个设计是很巧妙的。金色的"Little Women"大而醒目，处于中间偏上一点的位置，让人能一眼看到题目，足够吸引读者的目光。再往下是黑色的中文题目，下面包括作者、译者和出版社的信息，文字清晰且简洁。除了重要信息，没有其他多余的内容，会使人有舒服、干净的感觉。

视觉引导也被称作视觉流程。设计师可利用版面上的图片和文字内容或几个图片、几个颜色相同的色块控制读者的注意力。成功的设计会通过这些内容的搭配达到使读者的眼睛跟着设计者既定的线路移动的效果。

我们可以发现，除了以上特点，封面的四个人物各占一角，中间夹有蓝色的框和线条等纹路，不管读者先看到图片还是先看到中间的字，读者最终的视线都会形成一个闭合的移动空间，视觉会不断地在这几个板块中来回游走，这就是好的视觉引导。

（3）腰封有简短明朗的广告语

腰封作为图书的附属品，可以印上与该书相关的宣传、推介性文字，可以对书籍内容进行简洁的介绍，方便读者选购图书。有人称现在是一个"腰封四起"的时代，很少有图书不加腰封。但是，如果设计的内容不符合整体风格或者宣传过于夸张，会引起读者的反感。

江西人民出版社的《小妇人》在2020年又加强了封面和腰封的设计。这版腰封设计是比较成功的。腰封使用纯色设计，且正面只有三行文字，非常简短。第一行内容为："直面女性无法逃避的问题——爱情、梦想、家庭和金钱"。这一行文字点明了书的主要内容。第二行内容为："奥斯卡获奖电影《小妇人》原著完整版"，即利用影视作品对图书进行了侧面宣传。第三行内容为："献给所有女孩的成长礼物"。这一行是对书的宣传。整个设计非常简洁，无赘余，不会让人觉得很夸张，也不会产生反感。

2. 内文版式设计和插图设计合理

精致典雅的装帧设计和舒适护眼的内心版式给读者带来较好的视觉体验。《小妇人》的版心设计合理，有巧妙的留白，字间距的选择也是比较合理的，使版面看起来舒朗、爽目。

精美时尚的彩色插图不仅能增添阅读趣味，还能丰富读者的阅读体验。《小妇人》的插图风格和封面保持一致，一如既往地传递精致典雅的感受，每个章节处出现的颜色也是黄色和蓝色，与封面颜色相照应。

（三）译者的选择很用心

江西人民出版社的这一版《小妇人》译者是王岑卉，这是读者觉得翻译得比较成功的一个版本。

王岑卉毕业于北京大学国际关系学院，现为自由书籍翻译，目前已出版译著二十余部，包括心理学著作《自控力》、世界经典文学《格列佛游记》及大型图册《纸上动物园：大英图书馆500年动物图志》等，翻译量超过了300万字。

如果一本书翻译腔太重，读者会明显感觉出来书中的遣词造句不符合本国语言的习惯，一下子就能看出是翻译作品，产生不好的阅读体验。江西人民出版社王岑卉的这个版本获得的评价是比较高的，翻译得不生硬、流畅、通俗易懂，使人能看得下去。

（四）具有良好的现实意义及社会效益

1. 美好的亲情抚慰战争创伤

《小妇人》讲述的是19世纪60年代生活在美国新英格兰地区的一户人家中四姐妹的成长历程。那时的美国正在经历着惨烈的南北战争，但是小说却没有对战争进行正面的描写，而是专心勾画四姐妹的日常生活，以及她们的人际交往和情感世界，说出当时中产阶级的价值观，用美好的亲情故事抚慰了那些历经创伤的家庭。

2. 当下仍具有现实意义

（1）对个人成长有意义

每个人都是有缺点的，《小妇人》的主人公也都有自己的缺点，但是她们勇敢、自律，直面自己的不足，勇于和自己的缺点作斗争，使自己不断成长为一个更加出色的人。

很多读者都能在书中找到自己的经历或者影子。书中教给我们很多道理：做事情要有勇气，不能安于现状，要为了梦想勇敢地拼一把；要学会谦逊，谦逊使人充满魅力；自我控制很重要，自我控制不是失去自我，更多的是对爱的一种选择；金钱和名利并不是真正意义上的财富，为了更好的自己值得发奋自律……

这本书告诉读者，成长就是不断改进自身缺点的过程。读完这本书，我们更懂得去爱，更珍惜亲情友情，更享受经营爱情的快乐。

（2）对教育子女有意义

整部作品旨在强调真善美的重要性，是一部集教育与婚恋于一体的成长教科书，马奇太太和马奇先生的教育理念在如今仍然适用。

孩子的成长离不开父母的良好教育。马奇一家重视孩子们的身心健康。我们可以发现，四个姐妹的生活是丰富多彩的，溜冰、看话剧、参加晚会等活动丰富了孩子生活的同时也充实了孩子们的内心。

在孩子们犯错误或者受挫折时，父母给予正面的鼓励，保护孩子的自尊心。他们教会孩子保持平稳的内心，在困境中坚强，在爱中成长。虽然父亲没有在孩子身边，但是他的信却不曾间断，四姐妹在等待父亲回家的日子里，也时刻谨记要保持坚强、充实自己。

（五）影视剧等的推动及侧面宣传作用

影视有着无比强大的影响力，它可以让一位作家、一部作品获得有效的传播。同时，电影等影视剧的宣传也是对图书本身的一种变相的宣传方式。我们都知道《小妇人》被拍成了电影、电视剧等，这给《小妇人》带来了非常强的曝光度，使越来越多的人了解到这部小说。

《小妇人》第一次登上电影银幕是1917年。1918年，在原著作者路易莎的故居拍摄的电影上映，被人称作"最原汁原味"。第一部有声版电影《小妇人》在1933年上映；第二次世界大战后，备受读者喜爱的《小妇人》仍然是改编和翻拍的热门，比如，美国在1949年和1994年分别上映了两个新版本，日本于1987年播出了48集动画版，韩国在2004年播出韩剧版，英国BBC在2017年推出3集迷你剧，等等。

另外，拍成电影或者电视剧会有一定的名人效应，因为选的演员在全球来说都是具有极高的知名度和影响力的，电影的热卖或者电视剧的热播都会增加《小妇人》的曝光度和知名度。影视剧又会给图书带来一定的销量。以江西人民出版社的最新版本为例，腰封上写着"奥斯卡获奖电影《小妇人》原著完整版"，这就利用影视作品对图书进行了侧面宣传。

四、精彩阅读

在夕阳的余晖下，她们围坐在一起打毛线，屋外雪花静静飘落，屋里炉火噼啪欢唱。这是一间挺舒服的老房子，虽说地毯已经褪色，家具也很简陋，但墙上挂着一两幅漂亮的画，壁橱里塞满了书，窗前是盛放的菊花和圣诞蔷薇，屋里一派温馨祥和的气息。

（节选自《小妇人》第6页）

在姑娘们心目中，这位身披灰色斗篷、头戴过时女帽的女士，是世界上最好的妈妈。

"亲爱的，你们今天过得怎么样？我手头事太多了，忙着收拾明天要寄走的箱子，没赶得及回来吃晚饭。贝丝，今天有人来过吗？梅格，你感冒好点了吗？乔，你看上去累得要命。快过来亲亲我吧，小宝贝。"

马奇太太一边嘘寒问暖,一边脱下湿淋淋的外套,穿上暖乎乎的拖鞋,在安乐椅上坐下来,把艾米抱上膝头,准备享受忙碌一天后最幸福的时光。姑娘们跑来跑去,各显神通,想把家里弄得更舒服。梅格布置茶桌。乔手忙脚乱地搬木柴、摆椅子,本想帮忙,却弄得一团糟。贝丝在客厅和厨房之间打转,手脚轻快,忙个不停。艾米则端庄地坐在一边,指挥大家做这做那。

(节选自《小妇人》第9~10页)

在那个艰难岁月里,前方来信很少有不催泪的,特别是父亲寄回的家书。但在这封信里,爸爸对战争的艰苦、凶险和思乡之情一笔带过,将军旅生活、行军过程和军队里的新闻娓娓道来,让人读着愉快,心中充满希望。直到信的末尾,他才情不自禁地流露出浓浓的父爱,显然非常期待回家跟女儿们团聚。

"送上我最深的爱,再代我亲亲她们。告诉她们,我每天都在想她们,每晚都在为她们祈祷。每时每刻,她们的爱都给了我莫大的安慰。还要再等上一年,我才能见到她们。这看上去似乎很漫长,但请提醒她们,在等待的日子里,我们都该努力工作,不要虚度时光。我知道她们会记住我说的话,做妈妈的好孩子,履行自己的责任,勇敢地面对心魔,战胜自我。

(节选自《小妇人》第11页)

乔把自己的大冒险讲给姐姐听,讲完正好到家。她们对劳里谢了又谢,道过晚安,然后偷偷溜进屋里,希望不要惊动任何人。但门刚"吱嘎"一响,就冒出了两个戴睡帽的小脑袋,传来两个困得不行但兴奋不已的声音:"舞会怎么样!好玩吗!快说说呀!"

虽然被梅格骂"没教养",乔还是给妹妹偷偷带了些夹心巧克力。听完舞会上最激动人心的故事后,两个小家伙很快就安静下来。

"我敢说,参加完舞会,坐马车回家,穿睡袍坐着,旁边有女仆伺候,真像个大家闺秀。"梅格说。乔给她的脚搽了药酒,又帮她梳了头。

"我觉得吧,虽然我们的头发烫焦了,裙子也是旧的,手套只有一只是干净的,又傻到穿小鞋,害得扭到了脚,但是那些大家闺秀肯定没有我们玩得开

案例一：《小妇人》

心啊。"乔自有她的一番说辞。

（节选自《小妇人》第 37～38 页）

　　每次走过街拐角，她们都会回头看看。妈妈总是在窗口点头微笑，跟女儿们挥手告别。要是不这么做，她们一天都过不踏实。不管那一天心情是好是坏，只要临行前看见妈妈的身影，她们就会觉得阳光普照。

（节选自《小妇人》第 40 页）

　　世界上有许许多多像贝丝一样的人，容易害羞，性格腼腆，总是静静坐在角落里，有人需要的时候才出现，心甘情愿地为别人而活。没有人留意她们做出的牺牲，直到家中的小蟋蟀停止歌唱，温暖的阳光消失不见，只留下一片寂静和空虚。

（节选自《小妇人》第 44 页）

　　那是一段美好的时光，友谊就像春草一样茁壮成长。大家都喜欢劳里，劳里也偷偷跟家庭教师说："马奇家的姑娘们棒极了。"天真烂漫的姐妹们把孤单的男孩带进了她们的小圈子，对他关怀备至。有这些心地单纯的姑娘相伴，劳里渐渐喜欢上了这种纯真的友情。他没有妈妈，也没有姐妹，很快受到马奇一家的感染，见她们忙忙碌碌、生机勃勃，不免为自己的懒惰而惭愧。他厌倦了读书，对跟人打交道燃起了兴趣，搞得布鲁克先生不得不跟劳伦斯老先生告状，因为劳里总是逃课跑去马奇家。

（节选自《小妇人》第 64 页）

　　于是，贝丝便弹了起来。人人都说，那是她们这辈子听过的最美的琴声。小钢琴显然最近刚刚调过音，收拾得干干净净。但不管钢琴本身有多完美，最动人的还是贝丝轻按黑白琴键、踩动闪亮踏板时，围在琴边的那些幸福笑脸。

　　"你得去谢谢人家。"乔开玩笑似的说，压根没想过贝丝真会去。

　　"对，我打算去。我想我现在就得去，不然想多了就该害怕了。"出乎全家人意料的是，贝丝竟然从容不迫地走过花园，穿过树篱，进了劳伦斯家的大门。

（节选自《小妇人》第 69～70 页）

"对呀，我想让你们知道，只有人人都各司其职，大家的日子才能过得舒坦。有我和汉娜帮你们做事，你们当然过得悠闲，但我觉得你们不开心，脾气也不好。所以，我想给你们一个小小的教训，让你们知道，如果人人都只顾自己，结果会变成什么样子。你们难道不觉得，互相帮助，做好日常工作，闲下来才会更开心，学会克制忍耐，这个家才会舒适温馨吗？"

"是的，妈妈，是的！"姑娘们大声说。

"那我建议你们重新背起自己的担子。尽管它们有时看上去挺重，但对我们都有好处。只要学会怎么背，担子就会越来越轻。工作有益健康，而且人人都有事可做。它让我们不会无聊，不惹麻烦，对身心都有好处。它让我们充满力量，独立自主，比金钱和时尚更有意义。"

"我们会跟小蜜蜂一样勤劳工作，热爱工作，您就瞧好了吧！"乔说，"我会好好学做饭，当作假期任务，下次请客肯定能成功。"

（节选自《小妇人》第 130 页）

五、相关阅读推荐

[1] 赵雪娇.路易莎·梅·奥尔科特三部曲中女性的超越性[J].英语广场，2021（8）：10-13.

[2] 樊姝彤.女性主义视角下的新版《小妇人》[J].大众文艺，2020（22）：16-18.

[3] 杨朔.基督教文化影响下的《小妇人》主要角色塑造及其女性意识的觉醒[J].戏剧之家，2020（34）：193-194.

[4] 王振平，盖雪莹.从《小妇人》看美国文学中的长女形象[J].牡丹江大学学报，2020，29（10）：37-41.

[5] 王靖雯.论《小妇人》中的家庭教育[J].北方文学，2020（20）：54-55，70.

案例二:《苏菲的世界》

一、图书基本信息

(一)图书介绍

书名:《苏菲的世界》

作者:[挪威]乔斯坦·贾德

译者:萧宝森

开本:32 开

字数:435 千字

定价:38.00 元

书号:ISBN 978-7-5063-9486-4

出版社:作家出版社

出版时间:2017 年 8 月

(二)作者简介

乔斯坦·贾德(Jostein Gaarder)是挪威一位世界级的作家。1952 年,他出生于挪威首都奥斯陆,大学时主修哲学、神学及文学,其后担任高中哲学老师多年。1986 年出版第一部作品《贾德谈人生》,后于 1991 年成为一位全职作家,全身心投入青少年文学的创作,出版了其最为著名的作品《苏菲的世界》，并以此作品奠定了著名作家的地位。

乔斯坦·贾德擅长以对话的形式讲述故事，能将高深的哲理以简洁、轻松的笔调融入小说情境，并执着于人的本质与人生终极意义的探索与思考，启发读者对生命的省思。同时，他也热心公益，在1997年创立"苏菲基金会"，每年选取对环境发展提出创新方案或将之付诸行动的个人或机构，对其颁发10万美元的"苏菲奖"。

二、畅销盛况

挪威作家乔斯坦·贾德在创作《苏菲的世界》这一作品后，本以为只能吸引有哲学专业背景的读者阅读，但在1991年正式出版后，这本哲学小说出乎意料地受到广大读者的欢迎，被公认是20世纪末西方最优秀的哲学通俗读物之一，很快成为全世界最畅销的小说之一，并长期占据各国畅销书排行榜第一名，被誉为"全世界最易读懂的哲学书""20世纪百部经典名著之一"。

作为一本风靡世界的哲学启蒙书，《苏菲的世界》已被翻译成64种语言出版，全球销量超过4500万册。1999年，作家出版社首次引进《苏菲的世界》一书。此书出版以来一直畅销不衰，其间多次再版、加印。为顺应时代发展，2017年，作家出版社对此书的开本、封面做出改变，新版也多次登上开卷畅销书排行榜。根据开卷数据显示，单是2017年，《苏菲的世界》新版在中国的销量已超过250万册。2017年，作家出版社还为贾德颁发了"超级畅销纪念奖"。

以下是《苏菲的世界》获得的部分奖项：

1991年获得挪威"宋雅·赫格曼那斯（Sonja Hagemanns）童书奖"。

1993年获得德国时报周刊（Die Zeit）文学奖。

1994年获得德国青少年文学奖。

1995年获得意大利邦卡瑞拉奖及菲莱以阿诺奖。

三、畅销攻略

（一）哲学是人类永恒的问题

普通人的日常生活中，工作、吃、喝、娱乐占据了绝大多数的时间。但我们的生活不仅是物质的，也是精神的。每个人在成长过程中，对自我、他人、世界都有着探究之心，当我们深入自己的内心世界时，其实就已经处在哲学的世界中了。"我是谁？""世界从何而来？""生存的意义是什么？"……这样的问题看似玄妙，但多数人都思考过类似的问题。我们心中都潜藏着对哲学问题的探寻意识，只是哲学常常以一种高深莫测的姿态出现在生活中，让我们敬而远之。

哲学的研究往往是高深、晦涩的，远离了普通读者的世界。不同于以往哲学著作的艰深晦涩，《苏菲的世界》将小说文体与哲学内容完美融合，普及了西方哲学的相关历史，启发普通读者对哲学问题的探究和思考。

（二）哲学的通俗化

《苏菲的世界》对哲学的通俗化是成功的关键，至今仍是哲学通俗小说类别中不可替代的存在。

1. 作者的教学经历

《苏菲的世界》作者乔斯坦·贾德不仅在大学时主修哲学课程，还曾担任高中哲学教师多年，哲学教学经验十分丰富。正因如此，在《苏菲的世界》一书的哲学内容中，作者才能够用生动、丰富的语言概括出较为完整的哲学史，并多次使用精妙的比喻营造情境，深入浅出地帮助读者理解哲学内容。他多年的教学经验还能把握儿童心理，对文中苏菲、席德等青少年角色的塑造大有益处。

2. 哲学知识逻辑清晰、较为全面

《苏菲的世界》是"一部关于哲学史的小说",将西方哲学史中的重要哲学理念及其时代背景,以及理念中的一些代表人物与小说情节紧密结合起来。该书主要以哲学老师艾伯特对苏菲教授的哲学课程为载体,不断向读者输出哲学知识,总体按照时间的先后顺序对西方哲学进行讲解,从神话的世界观到存在主义,形成了一部较为完整的西方哲学史。

3. 双重视角哲学解释

书中的哲学老师艾伯特以"书信+对话"的形式对苏菲进行哲学课程的教授,两者互回书信及对话的过程就是从两个叙述角度对哲学内容进行双重解析的过程。在艾伯特和苏菲书信交流部分,书中以小信封提出哲学问题,借苏菲之口引导思维,启发读者思考;再以大信封解释同一个哲学问题,借艾伯特之口对问题进行详细、周密的科学解释。艾伯特以成人的语言和思维,尽量贴近青少年,用简明精要的方式去解释说明哲学思想;而苏菲则以一种青少年视角进行童趣思考,深入自己的生活实际,运用打比方的方式对哲学思想再次加以解释,让哲学内容能更好地被读者消化。

4. 新奇的小说叙述策略

《苏菲的世界》进行哲学通俗化的过程,不仅将哲学内容进行通俗的解释,而且用小说化的方式揭秘了哲学。而本书的叙述风格带有浓厚的悬疑色彩,从开头就设置了一系列悬念:苏菲的匿名哲学课老师是谁?为什么给席德的信需要通过与其素不相识的苏菲转交?为什么少校艾勃特可以控制苏菲的世界?苏菲是"活生生"的人还是书中的角色?席德将如何反击父亲?苏菲和艾伯特会用什么样的办法来逃脱控制?……这些问题随着情节的发展,一直牵动着读者的心,吸引读者阅读下去。而这种悬疑感的产生,与作者运用的叙述策略是分不开的。

(1)反逻辑书写

《苏菲的世界》运用了元小说的叙述策略,其破碎、分裂的叙事结构,造

案例二：《苏菲的世界》

成了书中的反逻辑书写，打破了读者固有观念，通过反转获得了新奇与震撼感，是营造悬疑感的主要原因。

如果是平常的叙述逻辑，全书的写作逻辑应该沿着少校艾勃特写给女儿席德一本哲学书作为礼物—席德收到并且阅读展开。但书中的书写逻辑是完全相反的：展开对书中内容的描写—被席德收到并阅读—由少校艾勃特书写。作者刻意调换惯常的写作顺序，将书中内容放到最前，用苏菲自述的视角展开对书中内容的描写，"欺骗"读者用阅读习惯假定苏菲的真实性；随后转换叙述视角，用席德的视角揭秘苏菲不过是小说中的一个人物，并不真实存在，给读者极大的反差感，带来惊喜的阅读体验。

（2）"跨层"叙述

《苏菲的世界》叙事具有明显的框架性，不同的叙事层次层层嵌套，每一层次中叙述者的故事总是高于被讲述者的故事层。如图 2-1 所示，本书的核心叙述层是哲学老师艾伯特对苏菲所教授的哲学课程；中心叙述层是以苏菲视角叙述的日常生活；外层叙述层是以席德视角叙述的日常生活；最外围叙述层则是书中暗指的作者所在的真实世界。

图 2-1 《苏菲的世界》嵌套叙述层次

传统的嵌套模式在小说写作中并不稀奇，但令人注意的是，本书作者乔斯坦·贾德不只是利用了大圈层套小圈层的嵌套结构，还让不同叙述层相互影响，打破了原本层次分明的结构，让不同层次的人物进入另一层次，实现了不同层次的叙述情节交织、虚幻与现实交织，实现了跨层式的叙述。

其核心叙述层哲学课堂既对中心叙述层苏菲的生活造成影响，又间接对席德的生活造成影响，其哲学思想是层层传播的，甚至根本目的在于启发最外层作者真实世界中的真实读者的哲学思考。

而中心叙述层苏菲的生活与席德的生活有着密不可分的联系。本身苏菲的存在就是为了满足席德的阅读体验。同时，两者的物品还可以在两个叙述层中跨越，例如，苏菲可以收到收件人为席德的明信片，在家中找到带有"席德"字样的红色丝巾，找到属于席德的一只白色长袜，梦中捡到席德丢失的金色十字架，等等。这些东西在被苏菲捡到后，就真实消失在席德的世界中，用物品来证明两者的叙述圈层是可以被跨越的。更重要的是，苏菲最后通过逃亡来到了席德的世界，即使她成为不能被感知的透明人，和席德之间仍然有着可被感知的联系，具体表现在苏菲用扳钳敲击席德和艾勃特，只有席德给予反应。这样的圈层跨越，更大程度上给了读者想象的空间和奇妙的阅读体验。

而作者所存在的真实世界，在小说中也有频繁的暗示。在中心叙述层苏菲的生活中，苏菲和艾伯特曾走入书店阅读一本名叫《苏菲的世界》的著作，其内容是席德手中的未完成的稿件，而且是真实世界中读者所看到的这本书，更能激发读者的揣测和好奇，混淆读者对虚拟和现实的界限。在外层叙述层席德的生活中，作者也通过苏菲和艾伯特的哲学谈话，隐隐暗示席德也不过是存在于某位大人物的心灵中罢了。这里的大人物，即指真实世界中的作者乔斯坦·贾德。

这样跨层式的嵌套模式，让不同圈层的人物制造出独特的火花，给本书的叙述形式增加了亮点，可不停颠覆读者认知，模糊虚实概念，引导读者对哲学进行更深层次的探究。

（三）关注的社会问题具有时尚性

哲学关注人的问题，作者除借哲学老师艾伯特之口讲述西方哲学史外，还关注人生的现实问题，对课堂教育、联合国、青少年情感问题、男女平等问题都有所关注。

在苏菲经受课外老师艾伯特的哲学教育时，作者借苏菲的眼光对课堂教育提出了一些问题。在思考哲学问题时，苏菲沉迷于哲学的思辨，认为课堂教育只有死记硬背的知识而没有思维上的扩展。艾伯特用录像、穿着等方式尽可能将苏菲和读者代入所讲述的哲学情境中，获得了卓越的教学成果，从侧面反应了学校教学方式的枯燥。

作者还借少校艾勃特在联合国担任维和任务的身份这一情节，表明自己对联合国及和平的推崇态度。在书中，少校提出向每一位世界公民发放《联合国哲学小册》，并通过对哲学课程的学习，让人们理清思维，避免战争和暴力。少校还希望联合国所有会员国联合起来，重建雅典广场，达到世界各国团结一致的目的，并且应切实实现"自由、平等、博爱"的理念。书中种种迹象都在潜移默化地向读者传输和平、团结的理念。

本书对青少年的情感问题也有较多关注。在苏菲与哲学老师秘密交往期间，苏菲身边的好友乔安甚至母亲都认为苏菲陷入了恋爱，这从侧面反映出青少年恋爱现象的普遍。在苏菲的生日宴会上，乔安与其男友的出格举动受到成人的夸奖和围观，使整个宴会的荒谬感到达顶端。这些内容自然不仅仅展示了少校对苏菲世界的影响力，更多的是从这个荒谬的现象来讽刺当代青少年的恋爱问题。

同时，作者还借哲学老师艾伯特和苏菲对男女问题的看法，表明自己支持男女平等的态度。艾伯特和苏菲都认识到了西方哲学史上女性地位的缺失，并认为这是不公平的体现；都对柏拉图的男女平等观念颇为赞赏；并对亚里士多德歧视女性的观点进行直接批判，认为其男女方面的思想还不够崇高。

值得注意的是，作者虽是在 1991 年写作的本书，但在书中所提到的对课堂教育的探索、对和平的追求、对青少年恋爱问题的疏导及男女平权的思想，到目前仍是社会关注的重点问题，这也是本书至今仍十分畅销的重要原因。

（四）引进畅销书自带"光环"

《苏菲的世界》一书在由作家出版社引入中国市场前就已经成为多国畅销书，荣获多国奖项，并由多家知名媒体大力推荐，有着较为广泛的影响力和读者基础。由此，出版社可预知《苏菲的世界》在中国市场也会有巨大的潜力。对于此类名著，出版社往往会选择在引进后直接在书籍封面上列出本书所获得的诸多成就，如"一本风靡世界的哲学入门书""20世纪百部经典名著之一""获挪威、德国、西班牙等国图书大奖"等标题。目的是在更大程度上调动起读者的购买兴趣。

（五）精准的阅读群体定位

在《苏菲的世界》一书出版发行的过程中，因其成功完成了对哲学的通俗化，作家出版社一直都以"青少年读物""哲学启蒙"等标签来对此书进行类型定位，即这本书是面向青少年群体的哲学通俗小说。而对于青少年来说，世界观的形成还在探索阶段，对世界的困惑填充着其稚嫩的心灵。青少年群体哲学智慧的启蒙是其成长的关键，对世界、自我、他人的思考都可以从哲学中获得启发。因此，综合来看，青少年群体是最需要哲学启蒙书的人群。《苏菲的世界》一书对市场进行细分，精准地定位读者群体，也是本书成为畅销书的一大关键。

（六）列入中小学生推荐阅读书目

新编人教版《义务教育教科书 语文 八年级下册》教材在《自主阅读单元》中推荐了《苏菲的世界》，使其被正式列入中小学生推荐阅读书目。中小学授课老师的频繁推荐更扩大了其在青少年群体中的影响力。相对来说，家长更乐于购买这类学校推荐书目，这对其销量的增长有着重要影响。尤其是在中小学假期期间，这类学生推荐读物销量几乎一定会有所上升，《苏菲的世界》更是多次登上开卷畅销书排行榜。

四、精彩阅读

苏菲放学回家了。有一段路她和乔安同行,她们谈着有关机器人的问题。乔安认为人的脑子就像一部很先进的电脑,这点苏菲并不太赞同。她想:人应该不只是一台机器吧?

她们走到超市那儿就分手了。苏菲住在市郊,那一带面积辽阔,花木扶疏。苏菲家位于外围,走到学校的距离是乔安家的一倍,附近除了她家的园子之外,没有其他住家,因此看起来她们仿佛住在世界尽头似的。再过去,就是森林了。

苏菲转了个弯,走到首蓿巷路上。路尽头有一个急转弯,人们称之为"船长弯"。除了周六、周日的时候,人们很少打这儿经过。

正是五月初的时节。有些人家的园子里,水仙花已经一丛丛开满了果树的四周,赤杨树也已经长出了嫩绿的叶子。

每年到这个时节,万物总是充满了生机。这岂不是一件奇妙的事吗?当天气变暖,积雪融尽时,千千万万的花草树木便陡地自荒枯的大地上生长起来了。这是什么力量造成的呢?

苏菲打开花园的门时,看了看信箱。里面通常有许多垃圾邮件和一些写给她妈妈的大信封。她总是把它们堆在厨房的桌子上,然后走上楼到房间做功课。

偶尔,也会有一些银行寄给她爸爸的信。不过,苏菲的爸爸跟别人不太一样。他是一艘大油轮的船长,几乎一年到头都在外面。难得有几个星期在家时,他会上上下下细心打点,为苏菲母女俩把房子整理得漂亮舒适。不过,当他出海后却显得离她们遥远无比。

今天,信箱里却只有一封信,而且是写给苏菲的。信封上写着:"首蓿路三号,苏菲收"。仅此而已,没有写寄信人的名字,也没贴邮票。

苏菲随手把门带上后,便拆开了信封。里面只有一小张约莫跟信封一样大小的纸,上面写着:

你是谁?

除此之外,什么也没有。没有问候的话,也没有回信地址,只有这三个手写的字,后面是一个大大的问号。

苏菲再看看信封。没错,信是写给她的。但又是谁把它放在信箱里的呢?

苏菲快步走进她家那栋漆成红色的房子里。当她正要把房门带上时,她的猫咪雪儿一如往常般悄悄自树丛中走出,跳到门前的台阶上,一溜烟就钻了进来。

"猫咪,猫咪,猫咪!"

苏菲的妈妈心情不好时,总是把他们家称为"动物园"。事实上,苏菲也的确养了许多心爱的动物。一开始时是三条金鱼:金冠、小红帽和黑水手。然后她又养了两只鹦哥,名叫史密特和史穆尔,然后是名叫葛文的乌龟,最后则是猫咪雪儿。这些都是爸妈买给她做伴的。因为妈妈总是很晚才下班回家,而爸爸又常航行四海,很少在家。

苏菲把书包丢在地板上,为雪儿盛了一碗猫食。然后她便坐在厨房的高脚椅上,手中仍拿着那封神秘的信。

你是谁?

她怎么会知道?不用说,她的名字叫苏菲,但那个叫作苏菲的人又是谁呢?她还没有想出来。

如果她取了另外一个名字呢?比方说,如果她叫做安妮的话,她会不会变成别人?

这使她想起爸爸原本要将她取名为莉莉。她试着想象自己与别人握手,并且介绍自己名叫莉莉的情景,但却觉得好像很不对劲,像是别人在自我介绍一般。

她跳起来,走进浴室,手里拿着那封奇怪的信。她站在镜子前面,凝视着自己的眼睛。"我的名字叫莉莉。"她说。

镜中的女孩却连眼睛也不眨一下。无论苏菲做什么,她都依样画葫芦。苏菲飞快地做了一个动作,想使镜中的影像追赶不及,但那个女孩却和她一般的敏捷。

"你是谁？"苏菲问。

镜中人也不回答。有一刹那，她觉得迷惑，弄不清刚才问问题的到底是她，还是镜中的影像。

苏菲用食指点着镜中的鼻子，说："你是我。"

对方依旧没有反应。于是她将句子颠倒过来，说："我是你。"

苏菲对自己的长相常常不太满意。时常有人对她说她那一双杏眼很漂亮，但这可能只是因为她的鼻子太小，嘴巴有点太大的缘故。还有，她的耳朵也太靠近眼睛了。最糟糕的是她有一头直发，简直没办法打扮。有时她的爸爸在听完一首德彪西的曲子之后会摸摸她的头发，叫她："亚麻色头发的女孩。"（编按：为德彪西钢琴"前奏曲"之曲名）对他来说，这当然没有什么不好，因为这头直板板的深色头发不是长在他的头上，他无须忍受那种感觉。不管泡沫胶或造型发胶都无济于事。有时她觉得自己好丑，一定是出生时变了形的缘故。以前妈妈总是念叨她当年生苏菲时难产的情况，不过，难道这样就可以决定一个人的长相吗？

她居然不知道自己是谁，这不是太奇怪了吗？她也没有一点权利选择自己的长相，这不是太不合理了吗？这些事情都是她不得不接受的。也许她可以选择交什么朋友，但却不能选择自己要成为什么人。她甚至不曾选择要做人。

人是什么？她再度抬起头，看看镜中的女孩。

（节选自《苏菲的世界》第 1～4 页）

五、相关阅读推荐

[1] 乔斯坦·贾德. 苏菲的世界 [M]. 萧宝森，译. 北京：作家出版社，2017.

[2] 李雯. 小说《苏菲的世界》的空间化视觉表现研究 [D]. 北京：中央美术学院，2016.

[3] 刘嘉琦.《苏菲的世界》叙述艺术研究 [D]. 兰州：西北师范大学，2016.

[4] 陈琳."你是谁?""世界从何而来?"——挪威作家乔斯坦·贾德访谈 [J].当代外国文学,2008(1):159-162.

[5] 何成洲.《苏菲的世界》与元小说叙述策略 [J].当代外国文学,2007(03):143-149.

[6] 陈新汉.《苏菲的世界》引起的关于哲学通俗化的思考 [J].哲学动态,1996(07):11-13.

案例三:《教父》三部曲

一、图书基本信息

(一)图书介绍

书名:《教父》

作者:[美]马里奥·普佐(Mario Puzo)

译者:姚向辉

开本:32 开

字数:350 千字

定价:45.00 元

书号:ISBN 978-7-5399-6744-8

出版社:江苏凤凰文艺出版社

出版时间:2014 年 4 月

书名:《教父Ⅱ西西里人》

作者:[美]马里奥·普佐(Mario Puzo)

译者:祁阿红

开本:32 开

字数:284 千字

定价:42.00 元

书号：ISBN 978-7-5399-6743-1

出版社：江苏凤凰文艺出版社

出版时间：2014 年 4 月

书名：《教父Ⅲ最后的教父》

作者：[美]马里奥·普佐（Mario Puzo）

译者：依廉

开本：32 开

字数：387 千字

定价：54.00 元

ISBN：978-7-5399-6741-7

出版社：江苏凤凰文艺出版社

出版时间：2014 年 4 月

（二）作者简介

马里奥·普佐（Mario Puzo）（1920—1999 年）是意大利裔美国作家、演员、编辑，代表作品有小说《教父》《西西里人》《末代教父》等。马里奥·普佐于 1920 年出生在纽约市地狱厨房一个意大利移民家庭，第二次世界大战时加入美军赴欧洲作战，战后进入哥伦比亚大学学习社会学。

自 20 世纪 50 年代起，他开始创作犯罪小说，并出版了《黑色竞技场》（1955）和《幸运的朝圣者》（1964）两部作品，但市场反应平平。1963 年，普佐开始着手创作有关西西里黑手党的小说。1969 年，他的第三部犯罪小说《教父》（The Godfather）问世。该书刚一出版，即荣登《纽约时报》畅销书排行榜榜首，并占据榜首 67 周之久。随后，他又开始了人生中的第二个创作阶段——写电影剧本。根据他所创作的剧本拍成的电影《教父》第一、二集先后获得奥斯卡奖。此外，他还创作了包括《教父》第三集、《超人》《棉花俱乐部》在内的 8 个电影剧本，都取得了一定的成绩。

同时，继《教父》之后，马里奥·普佐又写了4部犯罪小说。它们是《傻瓜灭亡》《西西里人》《第四个K》和《末代教父》。其中，《末代教父》沿用《教父》的家族犯罪小说模式，在商业上也获得了巨大成功。1999年7月，马里奥·普佐因心脏病去世，遗作《拒绝作证》和《家族》分别于2000年和2001年出版。

二、畅销盛况

1969年，由马里奥·普佐撰写的《教父》由 G P Putnam's Sons 出版公司出版。小说描述了纽约市黑手党教父维托·柯里昂与其家族的故事（故事发生在1945至1955年），还讲述了维托·柯里昂从幼儿到成年的背景故事。该书一经发行，就因其描述的逼真、生动的黑手党"内幕"引起了很大的社会反响，一举名列美国畅销书排行榜。

《教父》1969年出版后仅10年，它的发行总数就高达1300万册，截至2021年，它的全球销量已突破2100万册。《教父》一直是美国头号畅销书，还曾连续67周占领《纽约时报》畅销书排行榜首位，并被译成37种语言，风靡全球，奠定了黑帮文学的叙事风格和美学基础。

由读客文化发行、江苏凤凰文艺出版社出版、姚向辉翻译的《教父》三部曲于2014年4月面世。因其为原版"一字未删"的全新完整译本而销售火爆，在中国的两大主要图书销售网站——当当网和京东网上皆取得了不错的销量：在当当网外国小说畅销榜单曾排名第三；在京东网外国小说热卖榜曾排名第六。

同时，开卷数据表明，《教父》三部曲2015年至2021年4月在实体店销售、网店销售都展现了不俗的成绩：2015年实体店销售17万套以上、网店销售12万套以上；2016年实体店销售16万套以上、网店销售32万套以上；2017年实体店销售21万套以上、网店销售50万套以上；2018年实体店销售24万套以上、网店销售79万套以上；2019年实体店销售28万套以上、网店销售 96 万套以上；2020 年实体店销售 31 万套以上、网店销售 112 万套以上；2021 年 1 月至 4 月实体店销售 31 万套以上、网店销售 117 万套以上。出版后将近 5 年半的时间里，《教父》三部曲并未"销声匿迹"，反而销售量年年逐步攀升，可称为一本真正长销的畅销书。

三、畅销攻略

（一）多维度的图书内容

1. 批判现实主义的精神内核

写于 1969 年的《教父》，其创作时间正好处于美国经济大萧条时期。高居不下的失业率、低迷的经济使得许多家庭没有了收入来源，过度的超前消费使得有些人甚至因为还不起贷款而被银行收回房子、无家可归。在这种情况下，越来越多的年轻人开始对未来感到迷茫和忧虑。曾经人人挂在嘴边的"美国梦"遭到前所未有的质疑。在这种充满质疑、前景不明的时代氛围里，美国诞生了一大批带有浓厚批判色彩的文学作品，《教父》就是其中之一。不论在美国国内还在美国以外的其他国家，都有不少人在考虑这样的问题：美国社会到底怎么样？这部小说继承了批判现实主义的优良传统，对人们普遍关心的问题提供了一个极其生动、形象、具有说服力的回答。

出身卑微的普佐，少时就喜爱读书并且善于观察生活。人到中年，依旧贫困的普佐更是饱经沧桑、阅历丰富。他熟悉美国社会生活的各领域和各阶层的秘密，也熟悉各种各样人物的隐秘生活。乏味的生活没能阻碍他丰富思想，他对美国社会本质的思考从未停止。他洞见症结，因而最有发言权。所以，可以说，这是一部反映社会现实的作品，也可以说这是一部闪耀着批判现实主义光辉的作品。

值得深思的是，作者在小说正文的前面特别声明说："这本书里面的一切人物都是虚构的，若书里的描写同现在还活着的或已经死了的真人有相似之处的话，那也纯属巧合。"作者的这一声明，其实是此地无银三百两，从反面点明了这部小说的现实社会意义和社会价值。可以说，它是一部脍炙人口的文艺作品，又是一部生动形象的社会风俗史。

2. 独特的写作风格

《教父》三部曲中，没有冗杂的描述，没有花哨的文字。马里奥·普佐在写作时选用了自然主义的创作手法。一方面，他文风简洁干练，叙述风格极具特色，注重群体写照，聚焦于刻画人物气质与心理，增强了小说及人物的可信度和真实感；另一方面，他偏重于描绘客观现实生活的精确图画，淡化情节，不苛求、不追求戏剧性的场面与转折，主张按照现实生活的样貌去涂写画面。同时，书中多采用俚语、隐语、行话、委婉语、双关语等，人物的性格与其语言和行为十分契合，以刻画更为真实生动的人物群像。不仅如此，和普佐第二个创作阶段紧密相关的是，在《教父》三部曲中，普佐还广泛运用了一些电影艺术的手法，回忆、倒叙、插叙、心理描写等方法运用得恰如其分。

同时，《教父》三部曲的故事脉络也独具特色。对一个好的故事而言，除去故事发展的主线，支线情节与配角人物同样不可或缺。文中的许多配角出场时间不多，但都非常重要。不同于先展开主线情节再接续描写即由主线分出支线的故事描写方式，《教父》三部曲中很多支线章节并非属于主线的分支，而是各有源头，它们拥有自己的逻辑与章程，在恰当的时机自然而然地迈入主线章节，使故事的画卷缓缓展开，就像电影版《教父》中迈克尔在参议院听证会上作为诉讼方递交证据时一闪而过的树形家族图那样，生生不息、绵延不绝而又汇聚成流、交相呼应。

3. "如此真实"的黑帮题材

对于小说来讲，"内容为王"是不变的宗旨。《教父》如此畅销，最重要的原因在于它的内容。该小说主要描写了1945年至1955年意大利移民柯里昂家族在困境中的挣扎和生存之道。柯里昂家族是纽约五大黑帮集团之一，他们为了生存不择手段，通过械斗、刺杀、利益勾结捍卫了自己的地位，并实现了对美国黑帮势力的统一。

在书中，普佐对黑手党的种种"内幕"刻画得尤其详细和真实，这也导致小说一经出版，就有人怀疑普佐是否和黑手党有密切的关系。其实，写作时的得心应手只是来源于普佐儿时听继母讲的黑帮故事，以及普佐本人广泛的阅读和丰富的想象力。

《教父》是作者的第三部小说。这部小说一经出版就受到了社会的广泛关注，众多学者都对《教父》赞誉有加。美国当代著名文学评论家霍尔·伯登在《星期六评论报》上对这部小说做了深刻的分析和精辟的评价。他是这样写的："马里奥·普佐的新小说是一种对准顽固堡垒猛烈攻击的攻城锤，其主旨在于振聋发聩。这是一部内容充实的黑手党家史，记录的是一个家庭不惜用枪、用斧、用绞刑具、用攻心战来实现自己对整个美国地下势力集团体系的独霸控制的详细过程……"《教父》较有深度地揭露了黑手党的内幕，有助于使人了解和认识当代美国的社会状况。书中几近真实的黑手党交战、暗杀、谈判等场面刻画了一个又一个大大小小的充满血肉感的黑手党人物形象。书中还描写了以柯里昂家族为主的五大黑帮家族命运的精巧又合理的推进。这些特色使得最经典的黑手党题材小说非《教父》莫属。

4. 揭露美国社会的本质

身处美国经济大萧条时期的普佐对美国社会的思考达到了一个顶峰。面对"美国梦"的破灭、理想社会的争议，他以作品来回答。他既不抽象地肯定，也不概括地否定，而只是客观地把当时美国社会最隐蔽的本质赤裸裸地揭示了出来。在这一时期，繁荣只是虚幻的泡沫，一触即碎，杀戮与狡诈才是本色。自由、平等与博爱只是虚假的旗帜，歧视、挥霍与倾轧才是美国这艘大船上的标语。这部小说通过对美国地下势力集团之间真刀真枪的"战争"的描写，淋漓尽致地揭示了美国社会表层下面最隐蔽的本质。

在他的笔下，黑帮势力与政府中腐败分子的勾结已是家常便饭，粗鄙浪荡的两性关系映衬着彼时社会浮躁的风气，利益的牵扯、势力的倾轧，哪怕是火光冲天的枪斗都能以一种沉静的口吻娓娓道来。

5. 罕见的人性光辉

《教父》以沉郁冷静的风格讲述了一段颇具浪漫主义色彩的黑帮历史，开启了黑帮小说的全新时代。这不仅是指它详尽地、充满真实感地描绘了黑手党的一些暴力手段与处事原则，更在于它在血腥、暴力与权欲中依旧有着罕见的人道主义光辉。

不同于其他的黑帮小说，《教父》三部曲处处都可窥见人性的光辉。

在开篇，纳佐里尼为了女儿凯瑟琳和意大利战俘恩佐的事找到教父，想要唐帮忙解决恩佐的美国公民身份问题。作为教父儿时好友，面包师纳佐里尼是怎样被接待的呢？来看看原文："他递给面包师一根'高贵'雪茄，一杯黄色'女巫'利口酒，按着面包师的肩膀，鼓励他说下去。"短短一句话，就把教父接待朋友时那种耐心又老练的形象勾画了出来。教父像是最贴心的朋友在倾听朋友的请求，因为他知道纳佐里尼轻易不求人，并且他也知道一个人求人帮忙需要多少勇气。

除去对待好友的慈悲与宽容，唐也是一位极具家庭观念的老派大家长。对待两年未见的教子约翰尼，他满心慈爱地说："有麻烦不找他的教父还能找谁呢？"之后，更是在教子并不接受他的建议时仍然耐心教导他，并派出自己的得力干将黑根去出手解决约翰尼的事。他是这样和约翰尼说的："我要你遵守我的命令，我要你在我家住一个月。好好吃饭，休息睡觉。我要你多陪陪我，我喜欢有你做伴，你说不定能从你教父身上学到点为人处世的道理，帮你在了不起的好莱坞混世界。但是，不许唱歌，不许喝酒，不许碰女人。一个月结束，你回好莱坞去，这个一把手、炮筒子，就会把你要的角色交给你。成交吗？"这时候的他不仅是手握权杖的教父，更是一位为自己的叛逆孩子处处打算、严厉又不失慈祥的父亲。

（二）同名电影的成功激发更多的购买欲望

依据小说改编的电影版《教父》三部曲也进一步带动了本体小说的畅销。电影版《教父》三部曲在1972年至1990年接连上映，影片一经播出就广受好评。1997 年，票房就达到了 2.45 亿。电影版《教父》《教父Ⅱ》分别斩获第 45 届和第 47 届奥斯卡金像奖最佳影片奖，《教父Ⅲ》也获得第 63 届奥斯卡金像奖最佳影片奖等多个奖项的提名。

如果说一本书在小说领域上的成功并不能真正打动一部分消费者去购买它，那么，由小说改编成的同名电影大获成功，并接连斩获奥斯卡最佳影片奖、奥斯卡最佳改编剧本奖等多个奖项时，在图书领域和影视领域的双重成功则会大大激发人们的购买欲望，刺激更多的消费者去购买该作品。《教父》三部曲就是如此。

（三）精巧的封面设计

读客文化发行的这一版本《教父》的封面设计（见图 3-1 ～图 3-3）依旧延续了原版图书封面神秘、优雅的风格，以黑色为主基调。

《教父》的封面是老教父的正面，并且他左手轻轻手持一朵玫瑰襟花。维托·柯里昂标志性的缎面平驳领西装、异常宽大的驳头，使他显得庄重沉稳、地位不凡、仁慈却不怒自威。

《教父Ⅱ：西西里人》的封面是二代教父，也是正面，西装领型更加利落，右手紧握一柄权杖。迈克尔·柯里昂比父亲更加坚硬刚强、阴郁冷酷，也更有商业气息。

《教父Ⅲ：最后的教父》封面中的教父则背对着外部世界，双手在身后叠合，手心里躺着两颗骰子。这意味着权弄天下、掌控感十足。图中，文森·柯里昂霸气十足的性格展露无遗。

三个封面的共同点是，三代教父十分考究的衣服袖口都有一片触目惊心的血渍。正如第一部《教父》扉页上巴尔扎克的名言所说："财富背后，总有犯罪。"

相较于《教父》的其他译本，读客文化发行的版本更加突出了教父的西装形象，与电影《教父》的封面更加接近，也更加符合中国观众相较于原版图书封面更为熟悉电影版《教父》的现实情况。神秘优雅中带有一丝血腥的风格，使得哪怕是对《教父》丝毫没有了解的消费者都可能会被吸引购买。

图 3-1 《教父》封面　　图 3-2 《教父Ⅱ：西西里人》　　图 3-3 《教父Ⅲ：最后的教父》
　　　　　　　　　　　　　　封面　　　　　　　　　　　　　封面

（四）营销推广促进图书销售

1. 媒体点评推荐增"色"

这才是畅销小说的料。——《出版人》

《教父》的故事如此令人信服，模糊了现实和虚构，这部小说将会永远畅销下去，就好像意大利人将会永远钟爱腊肠一样。——《纽约时报》

马里奥·普佐是黑手党的巴尔扎克。——《时代》周刊

《教父Ⅱ：西西里人》的邪恶和浪漫你无法拒绝。——《时代》周刊

《最后的教父》囊括了腐败、娱乐、背叛、刺杀、浪漫爱情……当然还有极重要的——家庭的价值。——《时代》周刊

我们认为，没有一部小说能同《教父》相提并论。——《旧金山时报》

《最后的教父》堪称大师之作，年龄的增长让一些作家变得平庸，但也将另一些作家打磨得非常智慧。马里奥·普佐正是后者。——《出版人》

……

著名媒体的点评肯定了图书质量与图书内容，其影响力提高了《教父》三部曲的知名度，进而推动了图书的销售与发行。

2. 优秀的线上口碑成绩添"彩"

不论是在美国还是在中国，小说《教父》在点评软件上的表现都是极佳的。其在全球最大在线读书社区、美国读书民意代表 Goodreads 好评率达到 97%；在中国豆瓣评分 9.1，在当当网好评率 99.7%，在京东网好评率 99%。良好的线上大众点评成绩真实反映了消费者眼中《教父》的魅力，也推动了《教父》的持续畅销。

3. 线上投放广告吸引受众

身处数字出版时代，巨大的线上流量是出版人极力争取的时代红利。《教父》三部曲的营销就紧跟了这一行业趋势。一方面，该书在大型读书、售书网站或者应用软件（如当当网、京东图书等）上线，依靠平台流量获得大量的曝光，推动图书的售卖。另一方面，新兴的短视频聚合平台也存在着巨大流量潜力，如抖音等。截至 2021 年，人们依然能在抖音平台上搜索到众多抖音号发布的关于《教父》三部曲的推广视频。并且，读客文化这一版本更是抓住了受众的消费心理。以《教父》那两句最深得人心的广告语——"《教父》是男人的圣经，是智慧的总和，是一切问题的答案"和"全新译本，完整还原教父每句话的智慧、每个动作的深意"作为两大广告卖点来宣传这个新译本，吸引了更多、更新的消费对象。

4. 系列成册进行图书推广

众所周知，《教父》在《教父》三部曲中是最被人所熟知的，但很少有人知道，系列作品按照文中完整的故事线应该有 3 部。这 3 部分别是《教父》《教父Ⅱ：西西里人》《教父Ⅲ：最后的教父》。但其中只有《教父》最负盛名，另外两部系列作品的市场表现略逊一筹。所以，在读客文化与江苏凤凰文艺出版社商讨出版事宜时，就采取了捆绑售卖、系列成套的营销手段。这样，一方面可以"完整的故事逻辑线"为卖点，一方面拉动其余两本《教父》系列作品的销量。

四、精彩阅读

话虽如此，但黑根还是万分惧怕接下来的这一个小时。他尽量做好精神准备，克制自己的内疚。过分自责只会增加唐的负担，过分悲恸只会加重唐的哀伤。指出他本人担任战时顾问的缺陷，只会让唐自认判断失误，竟然选了这么一个人坐上如此重要的位置。

黑根知道，他必须通报消息，提出他的分析，说明该怎么办才能扭转局势，然后保持沉默。接下来唐要他怎么回应，他就怎么回应。唐要他悔罪，他就悔罪；唐要他悲伤，他就袒露心底的哀恸。

听见几辆轿车驶进林荫道的隆隆声，黑根抬起头。两位首领到了。他打算先和他们简单说两句，然后上楼叫醒唐·柯里昂。他起身走到办公桌旁的酒柜前，拿出酒瓶和一个杯子。他呆站片刻，魂不附体，甚至没法举起酒瓶斟酒。他听见背后的房门轻轻打开，转过身，见到的赫然是自遇刺以来第一次打扮整齐的唐·柯里昂。

唐穿过房间，坐进他那张宽大的皮革扶手椅。他的步伐有点僵硬，衣服挂在身上有点松垮垮的，但在黑根眼中，他和以前没什么区别。好像唐单凭意志就可以摆脱身体的虚弱。他面容坚定，带着往日的全部力量和强韧。他直挺挺地坐在扶手椅里，对黑根说："给我一点茴香酒。"

黑根换了一瓶酒，给两人各倒一杯甘草味的烈酒。这是乡下土酿，比店里卖的烈得多，是一个老朋友的礼物，他每年都要送唐一小卡车这种酒。

"我老婆睡前在哭，"唐·柯里昂说，"我朝窗外看，见到两个首领都来了，但这会儿是半夜，所以，我的顾问，我想你应该把大家都知道的事情也告诉你的唐。"

黑根静静地说："我对妈妈什么也没说。我正想上楼叫醒你，把消息直接告诉你。本来再过一分钟我就要上楼去叫醒你的。"

唐·柯里昂不动声色道："但你必须先喝点酒。"

"对。"黑根说。

"酒你已经喝完了,"唐说,"现在请告诉我吧。"声音里有一丝最细微的斥责,针对的是黑根的软弱。

"敌人在堤道上对桑尼开枪,"黑根说,"他死了。"

唐·柯里昂连眨眼睛。有那么半秒钟,他的意志之墙土崩瓦解,肉身力量的枯竭清清楚楚写在脸上。但他立刻恢复原样。

他合拢双手,放在面前的办公桌上,直勾勾地盯着黑根的眼睛。"告诉我,都发生了什么。"他说,他举起一只手,"不,等克莱门扎和忒西奥来了再说,免得你再从头说起。"

没过几秒钟,两位首领就在保镖的护送下走进房间。他们立刻看出唐已经知道了儿子的死讯,因为唐起身迎接他们。他们拥抱唐,老战友当然有这个资格。黑根先给他们各倒一杯茴香酒,两人喝完一杯,黑根开始讲述今晚的前因后果。

听到最后,唐·柯里昂只问了一个问题:"确定我儿子已经死了吗?"

克莱门扎答道:"对。保镖虽然是桑蒂诺的人,但都是我亲自挑选的。他们来我家以后,我仔细盘问了好几遍。他们在收费站的灯光下看清了他的尸体。按照他们见到的伤口,他不可能还活着。他们敢用生命担保。"

唐·柯里昂接受了最终宣判的结果,没有流露任何感情,只是沉默了几秒钟。他说:"没有我的明确命令,你们谁都不准插手,谁都不准发动报复行动,谁都不准追查凶手的下落。我个人不点头,就不准再对五大家族采取任何战争行动。在我儿子下葬之前,我们家族将中止一切生意活动,并中止保护我们的所有生意活动。过后我们再在这里碰头,讨论接下来该怎么办。今夜我们必须尽量为桑蒂诺准备丧事,要让他有一个基督徒的葬礼。我会请朋友找警方和其他人安排各种琐事。克莱门扎,你带上部下,时刻陪着我,担任保镖。忒西奥,你保护我的家人。汤姆,你打电话给亚美利哥·邦纳塞拉,就说我今晚需要他的服务。请他在殡仪馆等我。也许要等一两个,甚至三个小时。都明白我的意思了吗?"

三个男人点点头。唐·柯里昂说:"克莱门扎,安排几个人和几辆车等我。我过几分钟就准备好。汤姆,你做得不错。明天早晨,我要康丝坦齐娅来陪母亲。安排她和她丈夫住进林荫道。叫珊德拉的那些女伴去她家陪她。等我告诉我妻子，她也会过去。我妻子会把不幸的消息告诉她，让女人们安排教堂望弥撒，为他的灵魂祈祷。"

说完，唐从扶手椅上起身。另外三个人跟着他站起来，克莱门扎和忒西奥再次拥抱他。黑根为唐拉开门，唐停下盯着黑根看了几秒钟，然后伸手摸着黑根的面颊，轻轻拥抱他，用意大利语说："你是个好儿子，你安慰了我。"言下之意是说，黑根在这个可怕的时刻表现得体。唐上楼走向卧室，去通知妻子。就是在这个时候，黑根打电话给亚美利哥·邦纳塞拉，请殡仪馆老板偿还他欠柯里昂家族的人情债。

（节选自《教父》第 296～298 页）

五、相关阅读推荐

[1] 董蕾. 新时期十年美国通俗小说汉译的时代特征和影响——以清末民初小说翻译为比照 [D]. 河北：河北大学，2014.

[2] 高建梅. 基于人性论思想视野的《教父》分析 [J]. 名作欣赏，2014（24）：98-99.

[3] 郑正平. 从《教父》看人性背后的欲望 [J]. 湖北经济学院学报（人文社会科学版），2014，11（11）：99-100.

[4] 任非飞. 小说《教父》对美国社会的批判 [J]. 短篇小说（原版），2014（28）：119.

[5] 姬中宪. 教父胜在对人的研究 [J]. 中国社会工作，2021（10）：12.

案例四：《情书》

一、图书基本信息

（一）图书介绍

书名：《情书》
作者：[日]岩井俊二
译者：穆晓芳
开本：32开
字数：110千字
定价：45.00元
书号：ISBN 978-7-5442-9287-0
出版社：南海出版公司
出版时间：2018年6月

（二）作者简介

岩井俊二是著名导演、作家，1963年出生于日本宫城县仙台市，毕业于横滨国立大学。

作为作家，他擅长以清丽、隽永、残酷和忧伤的文字书写青春物语、成长疼痛，细腻精美到让人无法抗拒。其代表作有《情书》《燕尾蝶》《关于莉莉周的一切》《华莱士人鱼》《垃圾筐电影院》《花与爱丽丝》《梦的花嫁》等。作为导演，他是日本新电影运动的旗帜，相继推出的《情书》《燕尾蝶》《四月物语》《花与爱丽丝》《关于莉莉周的一切》等电影以影像清新、叙事独特、画面纯粹、情感细腻获得极大好评，清新感人的故事和明快唯美的影像引起轰动。

二、畅销盛况

《情书》是日本作家岩井俊二的长篇小说，是其处女作，也是其成名作。该书首次出版于1995年。小说由一个同名同姓的误会展开，通过两个女子的书信交流，以舒缓的笔调细致地展现了两段可贵的恋情。小说通过两位女子对过去的追忆以及有关生死的描绘，含蓄优美、哀而不伤地表达了珍惜有限生命和宝贵爱情的主题。岩井俊二在1995年将《情书》改编成同名电影，当年拿下近三十个奖项，影响了整个亚洲及部分欧美国家。

《情书》出版20余年来一直稳稳位居当当网小说类图书畅销榜单前列。在2021年5月20日以其改编的电影重映之后，《情书》的热度再次居高不下，这一定程度上有助于增加书籍的销量。《情书》于2009年2月在中国出版第一版，于2018年6月印发第二版，截至2019年11月，《情书》印次已经达到52次。

根据开卷数据，截至2021年5月，《情书》在中国累计销量约为31万册。2009年的第一版销量为22万册，2018年的第二版销量为9万册。再版之后的月销量和年销量都远远超过2009年的版本，改版后的畅销也给我们带来更多的启发。

电影《情书》由岩井俊二自编自导，由中山美穗、丰川悦司、柏原崇等主演，于1995年在日本上映，并引起了不小的轰动。电影于2021年5月20日在中国重映，重映首日票房达到2000万元，重映第13天总票房达到6000万元。

三、畅销攻略

（一）极具质感的故事内容

1. 东方人特有的情感表达——含蓄内敛

（1）高语境文化国家的情感共振

东方人的情感表达方式具备一种特有的含蓄，小说《情书》和电影《情书》凭借含蓄内敛的情感表达触发了东方人的情感共振。小说《情书》在日本和中国的影响之广泛和久远，远超在其他国家的影响。不同于在我国的销售盛况，《情书》在很多其他国家的网上书店中的销售量在排行榜上根本排不上号。电影《情书》的高票房也产生于日本和我国。这种现象是由不同国家文化语境的差异所导致的。

爱德华·霍尔在他的著作《超越文化》中将语境分为两种：高语境和低语境。文化底蕴较深的国家，比如中国，民众安土重迁，彼此互相熟知、联系密切，有着长期共同的生活经历和背景。由此形成高语境文化。而美国正好相反，其人口迁徙频繁、速度快，加上"个人主义"和"隐私"观念盛行，使人们相互之间不易培养共同的生活经历和背景，在交流中不得不靠语言来表达，由此形成低语境文化。因此，高语境国家的人们说话更委婉，他们倾向用表情、动作、眼神等来传递信息，因为大家相互之间存在大量的共有文化，传递信息的方式升级到了文化暗示。低语境国家则相反，积累的共有文化较少，传递信息的方式依旧主要来自语言，情感的表达更加直白，如果稍微含蓄，则对方会不理解。

因此，《情书》中大量的各种含蓄情感的表达都是处于高语境文化的东方人以及其他高语境文化国家的受众才能深刻理解的。

（2）含蓄情感表达的极致——《情书》之后再无暗恋

男藤井树为女藤井树打人的行为，因为女藤井树给自己当丘比特而愤怒的行为，骑自行车捉弄女藤井树的行为，在借书卡上写满藤井树的名字的行为，在女藤井树卷子上画画的行为，在不合时宜的时候对英语卷子答案的行为，送《追忆似水年华（第七卷）》的行为……处处表现出男藤井树喜欢女藤井树，虽然男藤井树未曾说出过一句喜欢。其中最明显的表达也只是在《追忆似水年华（第七卷）》借书卡的背面画上女藤井树的画像，并让女藤井树替自己还书。而男藤井树最明显的表达也未能让女藤井树看到他的心意。这份许多年前的心意却在男藤井树遇难两年后，被渡边博子一封带有私心的寄往天国的信慢慢地揭露开来。

在书的结尾处，迟钝的女藤井树看到了借书卡背面自己学生时代的画像，才彻底相信男藤井树喜欢她。她那时不知道，有一个人想念了她好久好久。

2. 人类永恒的主题——爱情和死亡

《情书》是一个同时以爱情和死亡为作品主题的多核作品，而非仅仅以爱情作为单核。书中情节除了男藤井树对女藤井树的极致的暗恋，女藤井树对男藤井树朦胧的好感，博子小姐对男藤井树的无法忘怀，还有女藤井树父亲的死亡和男藤井树的死亡。这两人的生命都是以猝然长逝的形式消失的：女藤井树父亲死于感冒，男藤井树死于山难。并且，他们的死都对和他们有联系的生者留下了不可磨灭的影响。《情书》用娓娓道来的手法，将各色人物面对死亡的反应和受到的影响，以及从死亡的阴影中走出来的过程轻描淡写地剖析开来。读者通过阅读《情书》，或多或少都能体会到生命的珍贵和脆弱，以及亲情、友情和爱情的美好。

3. 内容相辅相成的小说和电影

（1）小说和电影相得益彰

小说的作者和电影的编剧、导演都是岩井俊二，因此小说和电影都是作者本人的作品。他在拍电影的时候加入的书中没有的细节，以及电影中没有表现出来的书中的细节，对于读者或者观影者来说都是莫大的惊喜。美国著名学者霍华德·苏伯曾在《电影的力量》一书中提到："细节往往能赋予故事真实性，让它变得真实可信。"新内容的重新介入和添加，除了加深故事的可看性和真实性之外，在一定程度上还对主题的升华起到了不可替代的重要作用。例如，在电影中，女藤井树大病初愈躺在病床上，不停地小声喊着："你好吗？我很好！"另一个画面，渡边博子在男藤井树遇难的山脚下大声喊着："你好吗？我很好！"这几处交替不断的画面，生动地表现了女藤井树和渡边博子正在审视自己的过往，寄托了对已故之人的追思和怀念。这是影片的高潮，催人泪下。

作者将回味无穷的故事转换为更加具有感染力的视觉语言，并且在电影不同表达方式的基础上对人物刻画和故事情节有所增添。这种影视化的形式，使读完书的读者有很强烈的观影意愿，使看完电影的观众有很强烈的想找出这本书来读一读的冲动。因为，不论电影还是小说，两者都有很强的情绪感染力，可使受众陷入意难平的情绪，进而生怕错过一点内容上的细节，所以会补看电影或读小说。电影重映后，小说《情书》飞涨的销量证明，搬上大荧幕的《情书》再次刺激了读者的购买力；而重映首日座无虚席的观影盛况也从侧面表明《情书》多年来畅销的影响力。所以说，成功的影视化小说和电影相辅相成，构成一个双赢的局面。

（2）令人动容的日本美学——"物哀"

"物哀"美学同时贯穿在小说《情书》和电影《情书》当中，带给读者和观众极致的情感体验。"物哀"是日本传统文学、诗歌、美学理论中的一个重要概念，它和"侘寂""幽玄"是日本传统美学的三大关键词。

该书对于死亡的叙述哀而不伤，从未刻意展示死亡的残酷，而是将悲情转化为一种哀思和怀念。例如，对男藤井树的遇难情况没有任何一句直接描写，仅仅通过他人的话语进行侧面描写：

或许是喝醉了，雷公爷爷突然哼起歌来，博子听出那是松田圣子的《青色珊瑚礁》。

"怎么？这是大家的队歌吗？"博子问。

"什么？"

雷公爷爷的表情略显诧异。

"这首歌是那家伙最后时刻唱的歌,他掉下了悬崖,看不见他,只听得见这首歌。"

……

沉默又笼罩了三个人。他就在三个人中间。对他的想念,分别游荡在每个人的脑海里。

书中对樱花也有不少描述的篇幅。女藤井树在书中认为春天和樱花是"出现不祥之兆的条件"。樱花之美在于,它散落之时,我们为其哀怜,还会感受到美与死亡。如此看来,樱花在春天盛开和凋落,和死亡相伴,确实可以说是不祥之兆。

作者在电影中用铺天盖地的白色表现"物哀",白色几乎是整部电影画面的基调。小樽的雪是白色的,容易消逝;少年男藤井树在图书馆窗台处看书时飘动的窗帘是白色的;女藤井树和男藤井树最后一次见面也是在雪天……

影片采用的配乐的基调几乎和影片是一体的,搭配在一起浑然天成。在这部影片中,背景音乐的叙事功能得到了充分的体现,背景音乐就像含情脉脉的电影语言,几乎构成了影片中的每一个细节。音乐的细腻、淡雅和夹带的哀伤与整部影片的风格丝丝相扣,紧密联合,共同推动了影片的叙事。

4. 符合受众需求的译者选择

《情书》有两个译本,分别是穆晓芳译本和王筱玲、张苓译本。本书所分析的译本是符合中国受众需求的穆晓芳译本。

译者穆晓芳的个人信息较少,关于译者王筱玲、张苓的信息较为全面。王筱玲是自由编辑工作者,张苓2001年在北京外国语大学日本学研究中心获得硕士学位,而后于中央戏剧学院攻读博士学位,两者都具备相当的翻译经验。

从可观的销量可以看出,穆晓芳译本明显更为受众所青睐。穆晓芳译本于2009年2月出版第一版,于2018年6月印发第二版,截至2019年11月,

《情书》印次已经达到52次。王张译本至今只印刷了四次，销量不佳，市面上基本找不到这一译本。虽然出版地区和出版时间也许造成了一定的影响，但两个译本天差地别的销量的主要决定因素是两译本的翻译特点的差异。下面选取典型的例子对两个译本的翻译特点进行简单的分析。

例1：知らない人間から送られてきた薬物をおいそれと飲める人間なんて、そういうものではない。

穆晓芳译：我可不是那种人，会放心地吃素不相识的人寄来的药。

王筱玲、张苓译：我可不是那種會放心吃下陌生人寄來的藥物的人。

例2：ひと目惚れですか？どうかな。

穆晓芳译："一见钟情？什么样的？"

王筱玲、张苓译："一見鍾情？我不知道欸。"

通过以上两个典型例子的选取，两者的翻译特点差异显而易见。其一，穆晓芳译本作为大陆译本，文字使用的是简体字，王筱玲、张苓译本在中国台湾地区出版，因此使用的是繁体字。其二，句法结构的处理。例1中穆晓芳翻译的文本处理成两个短句，将原文放在后方的否定句前置，先表明立场，再陈述事件；而王筱玲、张苓译本直接按照原文的语序翻译，尽可能地保留了原文的句式结构。实际上，穆晓芳版本的句式结构更符合大陆受众的阅读习惯。其三，语言风格差异。例2中"か""かな"都是日语中的语气助词。由于语气词在日本人交流中承担了传达情绪的作用，在文学作品中还能体现人物的性格特点，因此日本文学作品的文字里充斥着大量的语气词。而我国台湾地区本土文化也具备使用大量语气词的特点，因此王筱玲、张苓译本将原文中的语气词一并译出，更符合我国台湾地区读者的阅读偏好。而穆晓芳译本以大陆读者的阅读需求为出发点，翻译的语言风格更加贴合大陆读者的阅读偏好，虽然将大部分的语气词省去或改写，但她对人物的性格特点和心理的把控更为精确，通常将改写的程度把握得分毫不差。因此，穆晓芳译本更符合受众需求。

（二）恰到好处的装帧设计

1. 贴合内容的外部装帧设计

继畅销十年之后，南海出版公司推出十年精装珍藏版。其由知名设计师设计，双封精装，带有书签和腰封。

封面设计整体风格贴合书籍内容，设计的风景图为雪山和雪原，和书中男主人公遭遇山难死去的场景相呼应。封面、书签、腰封采用一致的色调。

随书附赠的"借书卡"书签可谓是装帧设计的点睛之笔。借书卡的设计和普鲁斯特的《追忆似水年华（第七卷）：重现的时光》中的借书卡完全一致，这是作品揭示男藤井树对女藤井树的真挚爱恋的直接证据，也是全书、全电影的结尾和高潮。这样的"借书卡"书签，对读者来说是莫大的惊喜和彩蛋，是旧版本装帧没有的亮点设计。

腰封上的内容是作者岩井俊二所说的话："虽然经历了岁月的洗礼，但真挚的感情没有磨灭，生命是短暂的，而爱情是永恒的。这是我想在《情书》表达的东西。"这样的话语不仅仅传达了作品的主题和信息，还吸引了读者的注意力，实现了针对受众进行说服和引导、促进传播推广和销售的作用。

2. 代入感极强的内文版式设计

《情书》是一本较其他小说更具有特殊性的小说。书中很多篇幅通过两位女主人公的书信往来推动情节的发展；叙事角度根据阅读书信的视角不断变换；书信的字体和其他篇幅的字体以及排版格式不同，使读者在阅读过程中具有很强的代入感，仿佛真的和主人公一样，做着展信阅读的动作。人物对话部分的排版以一句作为一个段落的格式呈现，这样的版式设计增加了读者阅读对话的流畅度。页面中大量的留白，使读者对人物对话时的节奏和情绪把握得更加深刻。

（三）作者自身的名人效应

岩井俊二作为著名导演，具备非凡的影响力。他在日本电影领域、日本文学领域中有不小的受众群体。他所拍摄的系列电影和他所写的书具备源远流长的生命力。电影的受众和书籍的受众这两个群体不断扩散、融合，使他的总受众群体多年来一直不断增加。

岩井俊二的忠实读者和粉丝一般会阅读全系列作品，观看所有的电影作品。岩井俊二在新浪微博也有账号，并且有不少的粉丝量。在2021年电影重映计划官宣之后（宣传海报见图4-1），岩井俊二在微博发布了简单的动态："《情书》请一定要看，请告诉我你的感想！"并且发布了演奏与电影相关的主题旋律的视频，引发大量粉丝回忆热潮，话题讨论一度冲上热搜。

图4-1　2021年电影《情书》重映宣传海报

（四）经久不衰的社会影响

不论是小说《情书》还是以其改编而成的同名电影都产生了深刻的影响。

这部作品具备长久的生命力，有广泛的受众，历经了时间的考验，时至今日依然产生着巨大的正面社会影响。

1. 象征符号的生命力

书中男藤井树为女藤井树在图书馆无数本图书的借书卡上写满了藤井树这个名字，但女藤井树并没有料想到在数十年之后"藤井旋风"被学生们视若珍宝并乐此不疲地找出来，且机灵的学生们一下子就能看穿"藤井旋风"的用意并告知女藤井树。学生时代的"藤井树"已然不再年少，但现在、未来还会有无数的新的"藤井树"出现在学校里。在现实生活中，这种极具特色的象征符号也被年轻的读者们效仿：在《情书》的读者眼里，学校图书馆管理员和借书卡有了不一样的意义，这些事物一定承载着不为人知的情感和故事。"藤井树"成为很多人的笔名或者网名，并且相当一部分读者会认为，通晓这个名字的出处的人一定能互相理解；无数高校的图书馆中马赛尔·普鲁斯特的《追忆似水年华（第七卷）》借书卡也许被写上了特殊的名字，绘上了特殊的画像……

青春题材的文学作品通常是人们开启学生时代回忆的钥匙，也是正当青春时代的少年人的情感启蒙书。这样的书籍在当今时代永远存在对应的市场，受众永远存在，因为学校里每年的开学典礼入场时必定人声鼎沸，有大人带着回忆离开校园，也有孩子带着懵懂进入校园。

2. 唤醒大众的生活真意

姚亮在《发现爱情：论〈情书〉的"追忆诗学"》一文中写道："在对往事的追忆中，各种隐秘和真相渐渐浮出水面。随着这些发现的到来，个体生命被改变。岩井俊二的'追忆诗学'以追忆为手段，让生命与历史连接，重新审视失去的时间，让生活的真意完整显现。"在岩井俊二的笔下，女藤井树和渡边博子在书信往来的过程中，两人的个体生命被改变，她们重新审视自己所失去的，走出了困住自己的怪圈。读者和观众从书中和影院中走出来之后，自己生活的真意也会被唤醒。

随着信息技术的高速发展，人们的生活节奏没有最快，只有更快，书信来往不再常见，取而代之的是便捷的通信设备和手机软件。现代人已然很少通过写信联系友人，通过信纸袒露心意更为罕见。《情书》中通过书信这种纸媒所揭露的珍贵往事和真挚情感在我们的时代反而显得更可贵，更触动人心。

我们也许再也找不到如《情书》这般扣人心弦的文学作品。作者岩井俊二凭借他对人心的深入洞察，使他笔下的人物和故事能够直击人们的心房，让我们在读完或者观看他的作品后，会沉浸在作品里的某个时刻，可轻易打开尘封自己回忆的大门。可以说，每一个年少的自己都是学生时代的藤井树，每一个在死亡里走不出来的人都是渡边博子，每一个心甘情愿地爱了很多年的人都是秋叶。因为太相似所以更加容易产生共鸣，进而和作品中的主人公一样，开始对往事进行追忆，连接属于我们的历史和生命，甚至可能惊喜地发现从前的自己没能发现的珍贵事物及可以想念的人。

也许真如岩井俊二所说，虽然经历了岁月的洗礼，但真挚的感情没有磨灭，生命是短暂的，而爱情是永恒的。这是他想在《情书》中表达的东西，但是本书作者认为，《情书》带给全世界读者的影响，已经超越了作者想表达的内容。《情书》除了传达了作者对于爱情和死亡的理解，更多的是启发了读者同青春的共鸣，使读者追思对生命的不同看法，唤醒大众在忙碌的生活中早已丢失的生活中的真意，带来积极正面的社会影响。

四、精彩阅读

我一边歪着脑袋想，一边拆开信。里面是一张信纸。我的目光落在这张信纸上，怎么说呢，一刹那，大脑一片空白，陷入了一种难以形容的状态。

藤井树：

你好吗？我很好。

渡边博子

案例四：《情书》

这就是全部的内容。

（节选自《情书》第 16～17 页）

　　博子是读短期大学时和他相识的。他当时读的是神户市立美术大学，学油画专业，还参加了学校的登山队。

　　从短期大学毕业后，博子比他早一年进入社会。他在第二年当了高中的美术老师。

　　博子在东京长大，对她而言，神户的生活全部都是他：和他一起度过的日日夜夜，长相厮守的日日夜夜，偶尔一个人的日日夜夜，以及满心满脑全是他的日日夜夜，有他陪伴着的日日夜夜，宁愿时间停止的日日夜夜，还有——永远失去他的日日夜夜。

　　他死于登山事故。失去了留在神户的理由，博子也没打算回东京。家里劝她回去，她只是含糊其词地搪塞，并不想结束自己的单身生活。不过，博子也没弄明白自己的意愿。就算弄明白了，也要留在这里。这种感觉时常让她感到震惊。于是她仍一成不变地过着从公司到家的两点一线的生活。

（节选自《情书》第 25～26 页）

　　父亲死的那天，我和妈妈还有爷爷就是走这条路回家的。当时是正月的第三天，店铺都关着门，没有一个人。

　　我在路中央发现了一个大水洼，那种季节，水洼自然是彻底结冰了。我助跑之后，在冰面上滑得很远。

　　妈妈吓了一跳，喊道：

　　"傻瓜，会摔倒的！"

　　可是我没有摔倒，我在那冰面上轻松地滑着。

　　那水洼可真大，而且我滑得出奇地好，很久才停下来，那种感觉至今不能忘怀。我在水洼边停下，在脚边发现了一个奇怪的东西。

　　我蹲下来仔细辨认。妈妈和爷爷也走过来和我一起看。

　　妈妈说："……是蜻蜓？"

的确是蜻蜓。被冻在冰里的蜻蜓。奇怪的是，翅膀和尾巴都是在舒展的时候被冻住的。

"真漂亮。"

妈妈只说了一句。

突如其来的急刹车把我拉回现实。出租车失去控制，在马路中央滴溜溜地打转。

……

司机开动了一下雨刷。雨雪的颗粒在窗玻璃上拖出白色的印迹。

"已经四月了，还下雪啊？"

天空不知何时已被厚重的乌云笼罩。

（节选自《情书》第152～154页）

博子缓慢地抬起头来。让人备感庄严的山峰占据了她的视野。

博子的眼泪夺眶而出。

秋叶突然冲着山大喊：

"藤井，你还在唱松田圣子的歌吗？那边冷吗？"

远处传来了回音。

秋叶又喊道：

"藤井，把博子交给我！"

回音重复着这句话。秋叶自作主张地回答了。

"好啊！"

回音又再度响起。秋叶得意地冲博子笑了。

"他说'好啊'。"

"……秋叶你真狡猾。"

"哈哈，博子也说点什么吧。"

博子想说点什么，但身边有人，她觉得不好意思。她一直跑到雪地中央，然后，放声大喊：

"你——好——吗？我——很——好！你——好——吗？我——很——

好！你——好——吗？我——很——好！"

喊着喊着，泪水噎住了喉咙，发不出声来。博子哭了，简直像孩子一样放声大哭。

雷公爷爷边揉着眼睛，边打开了窗户。

"一大清早的，嚷个什么？"

"别打搅她。现在是最好的时候。"

（节选自《情书》第171～173页）

"下面该爷爷讲了。"

"阿树，看那里。"

爷爷指着院子里长着的一棵树。

"种那棵树时，我给它取了个名字，你知道是什么吗？"

"不知道。"

"叫阿树。和你一个名字。"

"骗人。"

"那棵树是在你出生时种的，所以给你们两个取了同样的名字，就是你和那棵树两个。"

"……什么？"

"你不知道吧？"

"不知道。"

"没人知道。这种事偷偷地做才有意义。"

爷爷一边说，一边笑嘻嘻的。

"真的吗？不是刚编出来的吧？"

"不是说了吗？偷偷地做才有意义啊。"

关于这件事，真相最终还是一个谜。

……

面对突然出现的不速之客，我吓了一跳。

学生们羞涩地踌躇不前，终于，遥香说道：

"我发现了一件好东西。"

说着,她把一本书递到我眼前。那是普鲁斯特的《追忆似水年华》,他让我帮忙还给图书室的那本书。

学生们冲着目瞪口呆的我嚷道:"里面,里面的卡片!"我按照提示,看了里面的卡片,上面有藤井树的签名。可是学生们还在嚷嚷:"背面,背面!"

我不明就里,漫不经心地把卡片翻过来。

顿时,我无话可说了。

那是中学时代的我的画像。

我突然发现,他们正津津有味地偷看我的表情。

我一面佯装平静,一面想把卡片揣到兜里。然而不凑巧,我喜欢的围裙,上下没有一个兜。

(节选自《情书》第 178～180 页)

五、相关阅读推荐

[1] 史文君. 岩井俊二《情书》大陆与台湾译本的对比研究 [D]. 太原:山西大学,2020.

[2] 孙英莉. 日本电影含蓄内敛的情感表达——以《情书》和《东京日和》为例 [J]. 黄冈师范学院学报,2017,37(5):73-75.

[3] 林晓兰. 追忆似水年华:《情书》小说和电影版的"回忆"叙事特征 [J]. 安徽文学(下半月),2014(2):53-54.

[4] 张文红. 畅销书理论与实践 [M]. 北京:中国传媒大学出版社,2011.

案例五：《黄金时代》

一、图书基本信息

（一）图书介绍

书名：《黄金时代》
作者：王小波
开本：32开
字数：131千字
定价：35.00元
书号：ISBN 978-7-5302-1660-6
出版社：北京十月文艺出版社
出版时间：2017年4月

（二）作者简介

王小波（1952—1997年）生于北京，1968年前往云南农场插队。云南的这段经历是小说《黄金时代》的创作背景，也成为王小波日后写作的重要素材。作者1973年回到北京当工人，1978年考入中国人民大学，1986年获得美国匹兹堡大学硕士学位。1988年回国后，他曾在北京大学、中国人民大学任教，教师生活是《三十而立》《似水流年》等小说的写作背景。他1992年辞去教职，成为自由撰稿人。王小波的代表作品有杂文集《沉默的大多数》《一只特立独行的猪》《爱你就像爱生命》，小说《黄金时代》《白银时代》《青铜时代》《黑铁时代》（未竟稿），电影剧本《东宫西宫》等。

二、畅销盛况

仿佛命中注定，《黄金时代》的坎坷命运与王小波的人生经历颇为相似。据王小波好友丁东描述，王小波生前想出版自己小说的心愿未能彻底实现，而他的杂文反倒先受到广泛认可。被王小波视为"副业"的杂文受到欢迎无法带动其"主业"小说的销售。1991年，《黄金时代》荣获第13届中国台湾《联合报》文学奖中篇小说奖，在中国台湾、中国香港出版发行，很受欢迎。1994年《黄金时代》（华夏出版社）在中国大陆出版。这本花费近二十年写成的心血之作，首版只印了6000本，直至三年后王小波去世时都没有售完。而《时代三部曲》的另外两部——《青铜时代》《白银时代》，稿件在华夏出版社积存两年，未能成功出版。1996年冬，王小波找到花城出版社，社长阅读后大为赞赏，试图出版《时代三部曲》。1997年4月11日王小波离世时，仍未能见到《时代三部曲》最终成书。王小波的逝世在当时引发了一场媒体地震，数百家媒体发表了相关报道，这或许成为了"王小波热"的开端。此后，花城出版社出版的《时代三部曲》作为王小波留下的最后的作品，开始受到人们追捧，一时洛阳纸贵。不同于《黄金时代》首次出版时的无人问津，《时代三部曲》问世后极为畅销，据花城出版社编辑钟洁玲回忆，2001年底合同到期前，《时代三部曲》加印十多次，印数约20万册。

此后近二十年里，长江文艺出版社、陕西师范大学出版社、译林出版社、云南人民出版社、北京理工大学出版社、重庆出版社等多家出版社出版过多达十几个版本的王小波作品集。2016年，王小波的遗孀李银河将王小波全部作品的版权独家授予新经典文化股份有限公司，新经典文化股份有限公司与北京十月文艺出版社联合出版了新版王小波精选小说套装，《黄金时代》即为此套装书目之一。

"新经典"版本的《黄金时代》于 2017 年 4 月出版。当年王小波位居"2017 年亚马逊中国 Kindle 年度付费电子书作家榜"前三名。据北京开卷信息技术有限公司数据显示,截至 2021 年 4 月,该书销量超过 51 万册,当当网新经典官方店商品评价超过 8 万条。截至 2020 年 12 月,此版本《黄金时代》累计印刷 25 次,长年占据各大图书销售网站畅销书榜单。

三、畅销攻略

(一) 图书内容

《黄金时代》不仅是一本畅销书,更是长销书。《黄金时代》能够畅销,其文本魅力方面的原因主要有以下几点。

1. 引人入胜的开篇

小说的开头至关重要,是抓住人心、吸引读者继续阅读的关键。《黄金时代》的开头写道:"我二十一岁时,正在云南插队。陈清扬当时二十六岁,就在我插队的地方当医生。我在山下十四队,她在山上十五队。"这与王小波所推崇的杜拉斯的《情人》一文有异曲同工之妙。《情人》开头写道:"我已经老了,有一天,在一处公共场所的大厅里,有一个男人向我走来。"这样的开头既真实又充满悬念,使读者能身临其境,自然而然地进入作者所营造的场景之中。看似轻而易举的描写、几句简单的陈述,实为举重若轻的从容,透露出作者本人对讲好故事的自信。

虽然王小波通篇采用第一人称"我"的叙述视角,但该书却更像是从证人的角度对往事进行回忆,故事如同一幕幕电影画面,清晰流畅地铺展在读者眼前。对生活细节的精确掌握、恰到好处的描写,使叙事过程任何奇异的戏剧性都不会显得唐突,使人感觉整个事件就应该这样发展。这才能称其为故事。这是他的小说之所以能唤起读者的热情、让人感兴趣、让读者得到持久快感的重要原因。

2. 语言口语化，阅读门槛低，趣味横生却不失理性思考

《黄金时代》一个重要的语言特色便是书中随处可见的通俗口语，这种通俗化的口语为文本语言带来了别样的风格魅力。比如，王二说出大量粗言粗语，其实正是其高压生活环境下的内心真实写照，这种粗俗的表达方式反而让王二的人物形象更加丰满且具体，也更加真实、有活力。这些口语让《黄金时代》具有很强的随意性和生活性，更加还原现实生活，具有特殊的表达魅力，因此更为贴合普通读者，能够引起读者探索内容的兴趣。

王小波浅白甚至略显粗俗的语言能够降低许多读者的阅读门槛，不至于让人面对文学巨著时望而生畏。王小波的语言简单，所用的也都是常用字词，例如："这是大师才被允许的简单。"其在舒缓的节奏中进行的日常化叙述使人物和事件都显得格外真切，即使虚构的叙述也能让读者身临其境。比如，下面这些看似小学生一般的语调，在文中比比皆是："我二十一岁生日那天，正在河边放牛。""陈清扬告诉我这件事以后，火车就开走了。"如此坦诚的描写，还原了生活本身的平淡和真实，产生了意想不到的效果；简单清晰的字句，勾勒出事情的原貌，真实再现了一个个云南边地的环境。通过简单的话语、简单的过渡句，整篇小说的舒缓节奏都得以顺畅体现。

3. 拥有自由主义内核和放荡不羁的灵魂

该书收录王小波最负盛名的三篇小说《黄金时代》《三十而立》《似水流年》。故事以20世纪70至80年代为背景，反思人的生存现状，并彰显了人性中的自由与本真。三篇小说以男主人公"王二"的人生经历为叙事顺序。在《黄金时代》中，王二处于二十岁左右的黄金时代，他觉得自己会永远生猛下去，什么也锤不了他。到了《三十而立》和《似水流年》，王二心态明显发生了变化，三十岁的他试图做个"好人"，只为了死后"塞进肛门的那团棉花"，到《似水流年》时他感慨生命的一切只是片刻的欢愉与不幸，终将归于似水流年。王小波在正叙、倒叙和预叙间不漏痕迹地来回切换。在每篇小说之中，他并非严格

以时间顺序来安排情节，而是站在一个更加整体的高度，将它们布置在最恰当的位置，最终使全篇具有一种特别的阅读感受。

提起对王小波的印象，被人提到最多的词就是"自由"。王小波将他想要的自由都融于小说里了，自由的文体和语言彰显了王小波自由的生命意识。作为一个具有浪漫情怀的行吟诗人，王小波建构的文学想象所具有的价值在时间的延展中被呈现。王小波的读者受众多为大学生和青年人，甚至有"26岁后不读王小波"这种说法。这个年龄段的读者极易被王小波作品中自由和荒诞不羁的言语、事情所吸引。但实际上，王小波的《黄金时代》既能唤起年轻读者的好奇与向往，又能激发其他读者的共鸣与感叹。

4. 金句频出，口口相传

王小波最为文艺青年所熟知的名句正出于《黄金时代》："那一天我二十一岁，在我一生的黄金时代，我有好多奢望。我想爱，想吃，还想在一瞬间变成天上半明半暗的云……"有影响的语句还有全文中最感人的一句话，即陈清扬的那句："好危险，差点爱上你。"在满篇荒诞不经的场景和离经叛道的语言里，偶然出现这么一鳞半爪关于爱的描写，让人觉得温柔得刺目。除此之外还有："就如世上一切东西，你信它是真，它就真下去；你疑它是假，它就是假的。我的话也半真不假。但是我随时准备兑现我的话，哪怕天崩地裂也不退却。就因为这种状态，别人都不相信我……""陈清扬说，人活在世上就是为了忍受摧残，一直到死。想明了这一点，一切都能泰然处之……"王小波的语言风格简短有力，文笔时而辛辣犀利，时而俏皮幽默，没有居高临下的说教，却能引人深思，激发读者的共鸣，这成为王小波语录在当代社交媒体上广泛传播的重要原因。

（二）作者的影响力

从20世纪90年代起，"王小波热"一直持续到今天，众多粉丝自诩为"王小波门下走狗"。或许曾有很多文化名人成为热点，但时过境迁，他们便走下神坛，被大众遗忘。唯有王小波依然被人们所欣赏，且始终拥有大量的年轻读者，他在人们心中好像从来都没有老去。如果想要了解王小波，必然逃不开对《黄金时代》的阅读。毕竟王小波曾说，《黄金时代》是他的宠儿。

"王小波热"的出现和持续有以下原因。

1. 王小波对年轻人具有天然的亲和力

北京理工大学出版社版本的《王小波全集》的简介中写道："他创造的文学美，他特立独行的思维方式，像透过时间阻隔的强光，给无数有思想、爱智慧的青年人带来光明。"王小波的创作被周国平比喻为《皇帝的新装》里的小孩："别人也看见皇帝光着身子，但宁愿相信皇帝的伟大，不愿相信自己的眼睛，他却不但相信自己的眼睛，而且把自己所看到的如实说了出来。"王小波的文字里表现出的是拒绝社会成规，他文字中的"智慧"经常表现为对成规的超越。他天马行空的风格符合年轻人的个性特点，年轻人自然会被他的文字所吸引。

2. 文化界集体合力的结果

王小波去世后，纪念他的文字、讨论、评论不断涌现。其中，妻子李银河和诸多文化名人的推荐在"王小波现象"中发挥了重要作用。

例如，刘心武说："小波伟大……是中国文化的经典。"高晓松说："在所有白话文的作家中，王小波是我心目中的第一位，并且甩开第二名很远，是神一样的存在。"冯唐评价道："小波的文字，仿佛钻石着光，春花带露，灿烂无比，蛊惑人心。"林少华将王小波称作"敢讲真话的人"。妻子李银河称王小波是"世间一本最美好、最有趣、最好看的书"。

3. 媒介对王小波的身份塑造发挥了重要作用

大众传媒的力量使王小波能够进入人们的阅读视野中。"王小波论坛""王小波在线"《南方周末》《三联生活周刊》等媒体共同建构了"王小波热"。王小波去世后，多家媒体对其逝世及新书出版的报道也是王小波迅速走红的重要原因之一。借助媒体的免费宣传，出版业得以趁势推广销售王小波的书。

进入互联网时代后，凭借网络的传播，王小波的影响力更加广泛。在如今的网络平台，王小波语录随处可见，"人的一切痛苦，本质上都是对自己无能的愤怒"等经典语句让人耳熟能详。王小波与李银河之间的爱情故事也是重要话题。就算没有看过王小波的作品，恐怕也听说过诸如"你好哇，李银河""一想到你，我这张丑脸上就泛起微笑"等著名情话。网络的传播使王小波再度收获一大批新粉丝，这也是其作品能够经久不衰的原因之一。

4. 杂文的影响力

1997年王小波的突然逝世，成为了"王小波现象"的开端，其作品被空前传播。一时间，社会上各种形式的王小波纪念会、作品研讨会层出不穷，热潮席卷文坛、文学评论界和民间。王小波现象的最初爆破点是杂文，他的杂文在其生前已经受到了大量关注。与王小波生前的情况相似，如今《黄金时代》等小说集的销量仍然不及《沉默的大多数》《一只特立独行的猪》等杂文集，就连出版社对小说集的营销力度也显得更为低调。相比于王小波杂文集宣传界面运用的大篇幅插画、卡通人物形象、流量明星推荐语等广告宣传，《黄金时代》在网上书店的商品详情仅简要地写上内容简介并摘抄书中精彩语句，因为该书的读者定位更偏向于高层次阅读群体。许多读者在看过王小波的杂文后，才进一步深入了解作者并购买小说集，王小波在杂文方面的影响力或许带动了其小说作品的销售。

（三）出版方的努力

王小波被誉为中国的卡夫卡，曾在海外华人文学界获得普遍称誉。但当他期望进入中国文坛时，却遭到了前所未有的冷遇，连出版作品都很困难。王小波在《黄金时代》的后记中说过："本书得以面世，多亏了不屈不挠的意志和积极的生活态度。必须说明，这些优秀的品质并非作者所有。鉴于出版这本书比写这本书困难得多，所以假如本书有些可取之处，当归于所有帮助出版它的朋友们。"

王小波拿着自己的小说四处推销，四处受阻，最后只有华夏出版社编辑赵洁平力排众议将《黄金时代》出版，还因此被总编辑批评。《黄金时代》出版后，在发行上也遇到了很大阻碍，无法公开打广告，无法参加图书订货会，赵洁平和王小波甚至需要推着自行车亲自去小摊兜售。作者生前得不到大众赏识确是一件悲哀的事，而赵洁平作为一个编辑不仅能慧眼识珠，而且能做出冒险出版的决定，更实属勇气可嘉。此后《黄金时代》的畅销也算是为赵洁平这个"伯乐"正名了。

《黄金时代》受到大众欢迎后，如何在多方抢夺之下争取到王小波作品的版权是比打造《黄金时代》这本畅销书更为困难的事情。2016年，在新经典文化股份有限公司获得王小波独家授权的新闻发布会上，李银河解释说，当前市面上王小波作品版本繁杂，且质量参差不齐，盗版侵权问题严重，为消除这一出版乱象，她才决定将王小波的作品版权独家授权给新经典文化股份有限公司。她主要是被新经典文化股份有限公司作为内容的发现者、创造者和守护者的品质所折服，其优势具体表现在三方面：第一，新经典文化股份有限公司在经营外国文学方面有很高的水准，对待几乎所有作家都是多年持续经营，多年全力推广和诠释；第二，其在经营文学作品方面更显深厚内功，尤其是在使经典作品重新焕发活力的能力方面，更是独具功力；第三，新经典文化股份有限公司始终很严肃地选择作家，不论经典作家还是大众作家，新经典文化股份有限公司选择的作家在国内读者中间都有着深厚而良好的口碑，这体现了新经典文化股份有限公司在版权竞争方面的实力。此外，新经典文化股份有限公司于2014年成立子公司新经典影业有限公司。当时路遥的《人生》、张爱玲的《红玫瑰和白玫瑰》等多部畅销作品的影视化都在进行中。王小波的作品有望被改编为影视作品也是李银河选择新经典文化股份有限公司的原因之一。

授权前，王小波作品版本繁多、质量参差不齐，在网上搜索"王小波"字样，能发现很多不同的版本。版权繁多和杂乱从侧面证明了王小波的作品经久不衰，一直占领着巨大的市场。当初有人说，"新经典"做了一桩赔本的买卖，市场上王小波的作品已经饱和了，而新一代的年轻人对王小波的作品可能并无多大的兴趣。其实，即使王小波作品的市场接近饱和，也无损于他新版作品的销售。因为，在逐渐清理过往作品销售市场之后，对王小波的作品重新进行编辑、修订和包装，靠出版质量取胜，可逐渐淘洗掉市场上那些残次的版本。在王小波逝世20周年推出精装纪念版并成功畅销，不失为一种精明的出版策略。

为打造王小波作品集，出版方可谓倾尽全力。他们组织了精干的编辑团队，重新阅读、编排、校对。光校对就进行了五次，将原有作品存在的错字、漏字、不规范的地方，均做了修订和更新。李银河提供了所有王小波已出版和未出版作品的手稿，以及王小波全部的书信和照片，并对全套书亲自进行了校勘。新经典文化股份有限公司试图将这套王小波作品集打造成市面上最亮眼、最准确、最有特色的版本，相信这个版本会"一统天下"。现在看来，当初的目标确实已经达到了。现在，《黄金时代》出现在各地书店的书架上，长盛不衰，每年都有新的读者关注王小波，阅读王小波。

每到王小波的祭日，人们都会自发举办纪念活动、发布纪念文章。自2016年接手版权起，新经典文化股份有限公司每年在4月11日（王小波逝世纪念日）举办纪念活动，2017年的文化沙龙、2018年的"吾爱王小波——纪念王小波逝世21周年"活动、2019年的"王小波之夜"朗读分享会、2020年的线上读书会等均引起了广泛的社会反响。同时，新经典文化股份有限公司的公众号、微博等网络平台每年也会发起关于纪念王小波的专题。用有趣的方式纪念有趣的王小波，也是使王小波的作品永葆活力的关键。

（四）图书设计

在图书设计方面，出版方的编辑们秉承新经典文化股份有限公司一贯的"将经典做成畅销，将畅销做成经典"理念，启用《百年孤独》和《解忧杂货店》的设计团队，用线条勾勒出符合作品气质的图片作为封面，以期走前卫和高端的路线吸引更多"90后"和"00后"的关注。该书装帧设计选用32开本的精装本，采用黑色为底色，以显示主题的严肃性，再配以金色的抽象线条画，流金溢彩。封面正面线条勾勒出一位女性丰满的身体曲线，这正是书中的女主人公陈清扬的剪影。封面设计达到了思想性、主题性和美感的统一。书籍还配备了金色腰封，腰封正面最显眼的一句话是："写出《黄金时代》之前，我从未觉得自己写得好。——王小波"，腰封背面是刘心武对本书的高度评价。这种设计能充分引起读者好奇，激发读者的购买欲。随书附赠的王小波写给许倬云的亲笔信让读者可以更亲切地感受王小波，且具有很强的纪念价值，能够显著增强读者的购买意愿，有效促进了图书的销售。

四、精彩阅读

晚上我在水泵房点起汽灯，陈清扬就会忽然到来，谈起她觉得活着很没意思，还说到她在每件事上都是清白无辜。我说她竟敢觉得自己清白无辜，这本身就是最大的罪孽。照我的看法，每个人的本性都是好吃懒做，好色贪淫，假如你克勤克俭，守身如玉，这就犯了矫饰之罪，比好吃懒做好色贪淫更可恶。这些话她好像很听得进去，但是从不附和。

陈清扬后来说，她始终没搞明白我那个伟大友谊是真的呢，还是临时编出来骗她。但是她又说，那些话就像咒语一样让她着迷，哪怕为此丧失一切，也不懊悔。其实伟大友谊不真也不假，就如世上一切东西一样，你信它是真，它就真下去。你疑它是假，它就是假的。我的话也半真不假。但是我随时准备兑现我的话，哪怕天崩地裂也不退却。就因为这种态度，别人都不相信我。

（节选自《黄金时代》第 10～12 页）

我开始辨认星座。有一句诗说：像筛子筛麦粉，星星的眼泪在洒落。在没有月亮的静夜，星星的眼泪洒在铃子身上，就像荧光粉。我想到，用不着写诗给别人看，如果一个人来享受静夜，我的诗对他毫无用处。别人念了它，只会妨碍他享受自己的静夜诗。如果一个人不会唱，那么全世界的歌对他毫无用处；如果他会唱，那他一定要唱自己的歌。也就是说，诗人这个行当应该取消，每个人都要做自己的诗人。

（节选自《黄金时代》第 112 页）

似水流年是一个人所有的一切，只有这个东西，才真正归你所有。其余的一切，都是片刻的欢娱和不幸，转眼间就已跑到那似水流年里去了。我所认识的人，都不珍视自己的似水流年。他们甚至不知道，自己还有这么一件东西，所以一个个像丢了魂一样。

（节选自《黄金时代》第199页）

五、相关阅读推荐

[1] 钟洁玲. 三见王小波 [J]. 花城，2010（5）：173-178.

[2] 王宇. 论王小波《黄金时代》的语言风格 [J]. 金山，2011，（6）：3-4.

[3] 李耀鹏. 自由狂欢与精神游牧——王小波文学精神的想象和建构 [D]. 沈阳：沈阳师范大学，2014.

[4] 王小波：黄金时代 [M]. 北京：北京十月文艺出版社，2017.

案例六:《许三观卖血记》

一、图书基本信息

(一) 图书介绍

书名:《许三观卖血记》

作者:余华

开本:32 开

字数:178 千字

定价:32.00 元

书号:ISBN 978-7-5063-6568-0

出版社:作家出版社

出版时间:2012 年 9 月

(二) 作者简介

余华 1960 年 4 月 3 日出生于浙江杭州,曾经在美国从事过 5 年的牙医工作,于 1983 年开始写作,已撰写并完成了多部长篇小说、中短篇小说集和随笔小说集。其作品被翻译成 20 多种语言,并在近 30 个国家出版。他先后获得意大利格林扎纳·卡佛文学奖(1998 年)、法国文学和艺术骑士勋章(2004 年)、中华图书特殊贡献奖(2005 年)、法国国际信使外国小说奖(2008 年)等。

当代作家王安忆是这样评价余华的："余华的小说是塑造英雄的,他的英雄不是神,而是世人。比如许三观,倒不是说他卖血怎么样,卖血养儿育女是常情,可他卖血喂养的,是一个别人的儿子,还不是普通的别人的儿子,而是他老婆和别人的儿子,这就有些出格了。像他这样一个俗世中人,纲常伦理是他的安身立命之本,他却最终背离了这个常理。他又不是为利己,而是问善。这才算是英雄,否则也不算。许三观的英雄事迹且是一些碎事,吃面啦,喊魂什么的,上不了神圣殿堂,这就是当代英雄了。他不是悲剧人物,而是喜剧式的。这就是我喜欢《许三观卖血记》的理由。"

余华是一个具有很强的理性思维能力的人,他借助一些有条不紊的逻辑转换词来将故事情节曲折但不隐晦地表述出来。余华是一个具有清晰的思想脉络的人,他常在小说中施放烟雾弹,并在烟雾中捕捉亦鬼亦人的幻影,而且他的能力是那么超卓,他曾经被认为是"小说革命的先锋拓展",他在创作上具有一定的苦难意识、宿命现象,并具有音乐语言化等特点,也常常使用一些灰色幽默的语言来创造出一些出奇的表达效果。

二、畅销盛况

《许三观卖血记》在亚马逊网上畅销不衰,并被中国百位批评家和文学编辑评为"20世纪90年代最有影响的10部作品"之一。在韩国,该作品入选《中央日报》100部必读书,并被韩国改编成电影上映。电影邀请了韩国小荧幕上顶级豪华阵容,包括尹恩惠、成东日、张光等大腕,阵容之华丽使韩国电影界为之震惊。2014年,艺术家邓伟杰将它改编成舞台剧,并在我国香港特区同流剧团上映,荣获香港小剧场奖三项提名。

从《活着》到《许三观卖血记》,再到《兄弟》《第七天》,余华的每一部作品都为读者带来了不一样的惊喜体验。

三、畅销攻略

一本书的畅销取决于多方面的因素,《许三观卖血记》及余华的另外一部作品《活着》都被翻译成了多种语言在多个国家出版,并被评为世界级的畅销书。这部作品从文本、选题再到图书装帧设计的特色,以及宣传营销的成功,实现了这部作品的畅销。

(一) 文本特色

1. 平等的故事主题

余华在《许三观卖血记》的韩文版自序里写道:"这是一本关于平等的书。"也可以说这是一本追求平等却无法获得平等的书。在《许三观卖血记》中,许三观的一生都在追求平等,小说的后半段更多展现的是一种现实社会中的不平等。在这种平等和不平等的抗衡之中,许三观树立起了自身的一种英雄主义的形象,实现了对自身的一种超越。这本书最核心的概念就是"血",全书以描述许三观卖血作为主脉络来讲述这个关于"平等"的故事以及对这种不平等的事情的回应。

许三观希望获得和别人一样的平等的感觉,这种感觉其实是心理上的平衡感,即平等感。余华笔下的许三观一生追求平等却无法平等,体现出了余华当时贴着人物写且尊重人物自身的声音,站在民间立场进行民间化叙事的写作主张以及具有悲悯情怀等写作特点。但是,许三观在个人之间是无法获得平等的,所以许三观一生追求平等却无法获得平等的对待,他不断地追求平等,平等感时而获得时而又失去,最终还是无法得到。许三观一生都想要实现平等,可是他发现,长在自己身上的毛都是不平等的。

2. 富有深度的故事内容

书籍的畅销不仅取决于书籍的装帧设计是否具有吸引力,选题是否得当,

案例六：《许三观卖血记》

还取决于内容是否具有一定的吸引力。余华笔下的故事以相对独立又平稳的方式顺延下去，打造出了一种平凡而又不失艺术魅力的叙事风格，展现出了他独具个性的行文风格，吸引了大量的读者，实现了世界级的畅销。

（1）讽刺意味透过情节自然地流露出来

《许三观卖血记》以许三观卖血为线索，将其贯穿作品的始终，并通过许三观不断面对危机来展现他"卖血"前后所遭遇的人和事，直接秉承了《儒林外史》的嘲讽世情、讽刺时弊的传统。作者对作品中的每个人物也都有不同程度的讽刺。例如，在体现许玉兰唯利是图的性格时，余华写道："当她的身体一抖一抖开始打嗝时，许三观数着手指开始算这个下午花了多少钱。'小笼包子两角四分，馄饨九分钱，话梅一角，糖果买了两次共计两角三分，西瓜半个有三斤四两花了一角七分，总共是八角三分钱……你什么时候嫁给我？''啊呀，'许玉兰惊叫起来，'你凭什么要我嫁给你？'许三观说：'你花掉了我八角三分钱。'"

在《许三观卖血记》中，余华通过对人物细节的描述以及幽默的写作风格展现出人物的个性特点，使作品呈现出了诙谐幽默的喜剧效果。例如，书中在许三观卖血回来后有一段叙述："四叔，我想找个女人去结婚了，四叔，这两天我一直在想这卖血挣来的三十五块钱怎么花。我想给爷爷几块钱，可是爷爷太老了，爷爷都老得不会花钱了。我还想给你几块钱，我爹的几个兄弟里，你对我最好，四叔，我刚才站起来的时候我突然想到娶女人了。四叔，我卖血挣来的钱总算是花对地方了……"这些话展示了许三观通过屡次的卖血来应对自己生活中的危机，对卖血产生了依赖。余华用尖刻而犀利的语言讽刺了许三观虚伪和要面子的性格，针对许三观这一类人的性格弱点进行了详细的刻画，体现了当时的文化和社会政治环境。

（2）具有一定的现实意义和人生哲理

这部小说通过对许三观一次次卖血的经历展现出了他绝望中有一丝希望，而后又是无边的绝望的心情。整篇采用悲喜交加的描写方法，揭露了在极度恶劣环境下的人性，启发人们在阅读过程中的思考。这部小说具有一定的现实意义。拜金主义和享乐主义的现象在现代社会随处可见，对生命的轻视和不爱惜也是非常普遍的现象，余华通过《许三观卖血记》这部作品向我们展示了穷苦老百姓生活的不易，在读者阅读过程中也会引发读者去思考"怎样活下去"的问题。同时，余华在这部作品中也向我们展示了人们在艰难生存时生活中的酸甜苦辣，以及老百姓在极端恶劣的生存环境下对生的渴望，同时展现出了人们是怎样冲破人性的枷锁、怎样进行自我的救赎的，引发了读者更多的思考，使这部作品也有了一定的深度和更加丰富的内涵。

3. 独具特色的语言风格

余华在以往的小说撰写过程中大多都具有一定的苦难意识，他所描述的苦难世界里，人们经历生存的危机和精神上的折磨，呈现出饥贫交加、生死交织的生存状态。在这部作品里，水灾带来了饥荒之年，余华将天灾作为故事的叙述背景来进行展现，以此来突出人与人之间的关系以及这种精神苦难给人们带来的压迫，由此来揭示人性和更多荒诞的现实。

此外，余华在文学创作过程中还从音乐作品中获得了一些创作灵感。他采用话语重复的方法来展现人物的性格特点和心理变化过程。例如，《许三观卖血记》中，一乐与许乐兰的对话多次使用了"我不愿意"，余华巧妙地运用重复语言手法，使其语言更加简练和集中。

余华在小说创作过程中经常使用极端反差的黑色幽默，并且这种幽默经常能起到出奇制胜的效果。《许三观卖血记》被认为是黑色幽默的代表作品，故事情节带有一定的悲情色彩。这部作品对黑色幽默和艺术特点进行了更加深入的探索，将苦难和贫困作为这部作品的基调，在整个表述过程中还穿插一定的喜剧情节，在悲情和喜剧的交叉表达过程中，使读者可以感受到悲喜交融的艺术效果，并且，利用喜剧的表述方式一定程度上化解了作品中黑色的沉重与压抑的气氛。余华用诙谐幽默的手法展现出了市井小人物的艰难生活，给读者带来意味深长的阅读感受。

（二）整体装帧设计

书籍的装帧设计对于书籍是否能成为畅销书具有很重要的影响。书籍不是一般的商品，书籍封面上的每一个符号、每一根线条都需要具有一定的设计思想，更需要体现出书籍的文化内涵。封面不仅需要有丰富的内容，也需要具有一定的审美价值。封面既是书的外貌，也要体现出书的内容、性质，还能提供给读者以美的享受，吸引读者。这样，不仅能达到促进销售的目的，还能保护书籍不受到损坏。此外，书籍的外部装帧设计的好坏对图书能否成为畅销书也具有非常重要的影响。

《许三观卖血记》封面整体设计以黑色为基调，给人一种压抑、沉重的视觉体验，白色的书名与黑色的封面形成了鲜明的对比，更加突出了书名，使之更加醒目。另外，封面上余华红色的签名也非常的醒目。余华其他的作品也大都采用类似的设计风格。书的外观整体简洁大方，但是放在众多书当中又具有自己的特色，很吸引人的注意力，不会被淹没。拿到手中，这本书给人的第一印象是，这本书有好的内容，即书的外观符合一些文艺青年的喜好。

（三）宣传营销手段

《许三观卖血记》的畅销得益于多方面的因素。畅销不仅与前期的宣传有关，与一系列衍生作品的发展也具有非常密切的关系。衍生作品在一定程度上有效地促进了这本书的销售，推动该作品成为世界级的畅销书。

1. 相关作品的力量

余华的另一部作品《活着》是他的代表作之一，这本书是余华作品中最受读者喜爱的。这本书受到了国内外大量读者的喜爱，并翻译成了多个版本，在国内外非常畅销，也使得余华逐渐积累了大量的粉丝，所以余华在推出《许三观卖血记》这部新作品时，也受到了大量读者的追捧，并获得了"美国巴恩斯·诺贝尔新发现图书奖"。所以，余华通过《活着》这个作品以及个人的魅力拥有了更多的人气，从而促进了他其他作品的销量，使得像《许三观卖血记》这样高质量的书得以畅销。

2. 签售会的影响

2021年3月28日，在北海市的签售会上，新华书店准备的多部余华的著作被读者抢购一空，图书馆影视报告厅也座无虚席，这足可见余华的影响力。余华用他诙谐幽默的语言风格吸引了大量的粉丝，为其书籍的畅销积累了一定的粉丝。余华以其独具特色的个人魅力，在此后的活动中，无论是签售会还是读者会，都能吸引很多读者。这为余华的作品带来了更多的生机，也大大增加了余华及他相关作品的知名度。

3. 衍生作品的影响力

《许三观卖血记》同名电影2013年在韩国上映，获得了非常大的关注。电影由韩国顶级演员阵容出演，在韩国获得了较高的人气，并获得了非常大的影响力。2000年韩国三大报之一的《中央日报》称，《许三观卖血记》是读者必读的100本书之一。另外，该作品被邓伟杰改编成同名话剧，2014年11月在我国香港特区同流剧团上演，并荣获了香港小剧场奖三项提名。不论是改编成电影还是话剧，都在一定程度上为这部作品积累了大量的粉丝。衍生作品为该作品的发展带来了一定的经济效应，将该作品更好地推广出去。这不仅使衍生品受到了粉丝的喜爱，更形成了环环相扣的良性产业链，推动该作品的长久销售，吸引大量的读者进行购书，提高了作者的知名度，实现了经济和文化上的双赢。

4. 新媒体的环境推动文学市场

互联网的迅猛发展，将一些传统的经典之作推到了大众视野。新媒体环境对文学市场的影响力越来越大，使传统的经典著作更容易传播。新媒体利用相关的数字技术、网络技术等，通过手机、电脑等终端，为用户提供更加个性化的内容，并凭借新媒体信息覆盖面广、信息传递及时及符合用户碎片化的阅读习惯的特点，使文学市场获得更快的发展。《许三观卖血记》这类篇幅较短、情感丰富的小说就很适合通过网络媒体在读者间广泛传播和分享。读者可通过微博或者微信读书等方式阅读，也可以通过移动终端选择一些听书软件进行听书，为自己带来方便的同时，也感受到了更加个性化的阅读体验，有效地促进了作品的传播。

四、精彩阅读

许三观是城里丝厂的送茧工，这一天他回到村里来看望他的爷爷。他爷爷年老以后眼睛昏花，看不见许三观在门口的脸，就把他叫到面前，看了一会儿后问他："我儿，你的脸在哪里？"许三观说："爷爷，我不是你儿，我是你孙子，我的脸在这里……"许三观把他爷爷的手拿过来，往自己脸上碰了碰，又马上把爷爷的手送了回去。爷爷的手掌就像他们工厂的砂纸。

他爷爷问："你爹为什么不来看我？""我爹早死啦。"他爷爷点了点头，口水从嘴角流了出来，那张嘴就歪起来吸了两下，将口水吸回去了一些，爷爷说："我儿，你身子骨结实吗？""结实。"许三观说，"爷爷，我不是你儿……"他爷爷继续说："我儿，你也常去卖血？"许三观摇摇头："没有，我从来不卖血。""我儿……"爷爷说，"你没有卖血，你还说身子骨结实？我儿，你是在骗我。""爷爷，你在说些什么？我听不懂，爷爷，你是不是老糊涂了？"许三观的爷爷摇起了头，许三观说："爷爷，我不是你儿，我是你的孙子。""我儿……"他爷爷说，"你爹不肯听我的话，他看上了城里那个什么花……""金花，那是我妈。""你爹来对我说，说他到年纪了，他要到城里去和那个什么花结婚，我说你两个哥哥都还没有结婚，大的没有把女人娶回家，先让小的去娶，在我们这地方没有这规矩……"坐在叔叔的屋顶上，许三观举目四望，天空是从很远处的泥土里升起来的，天空红彤彤的越来越高，把远处的田野也映亮了，使庄稼变得像西红柿那样通红一片，还有横在那里的河流和爬过去的小路，那些树木，那些茅屋和池塘，那些从屋顶歪歪曲曲升上去的炊烟，它们都红了。

许三观的四叔正在下面瓜地里浇粪，有两个女人走过来，一个年纪大了，一个还年轻，许三观的叔叔说："桂花越长越像妈了。"年轻的女人笑了笑，年长的女人看到了屋顶上的许三观,她问:"你家屋顶上有一个人,他是谁?"许三观的叔叔说:"是我三哥的儿子。"下面三个人都抬着头看许三观,许三观嘿嘿笑着去看那个名叫桂花的年轻女人,看得桂花低下了头,年长的女人说:"和他爹长得一个样子。"许三观的四叔说:"桂花下个月就要出嫁了吧?"年长的女人摇着头,"桂花下个月不出嫁,我们退婚了。""退婚了?"许三观的四叔放下了手里的粪勺……

(节选自《许三观卖血记》第一章第 2～4 页)

许三观在他叔叔的瓜田里一坐就是一天,到了傍晚来到的时候,许三观站了起来,落日的光芒把他的脸照得像猪肝一样通红,他看了看远处农家屋顶上升起的炊烟,拍了拍屁股上的尘土,然后双手伸到前面去摸胀鼓鼓的肚子,里面装满了西瓜、黄金瓜、老太婆瓜,还有黄瓜和桃子。许三观摸着肚子对他的叔叔说:

"我要去结婚了。"

然后他转过身去,对着叔叔的西瓜地撒起了尿,他说:"四叔,我想找个女人去结婚了。四叔,这两天我一直在想这卖血挣来的三十五块钱怎么花?我想给爷爷几块钱,可是爷爷太老了,爷爷都老得不会花钱了。我还想给你几块钱,我爹的几个兄弟里,你对我最好。四叔,可我又舍不得给你,这是我卖血挣来的钱,不是我卖力气挣来的钱,我舍不得给。四叔,我刚才站起来的时候突然想到娶女人了。四叔,我卖血挣来的钱总算是花对地方了……四叔,我吃了一肚子的瓜,怎么像是喝了一斤酒似的,四叔,我的脸,我的脖子,我的脚底,我的手掌,都在一阵阵地发烧。"

(节选自《许三观卖血记》第二章第 18～19 页)

第二天下午,许三观把许玉兰带到了那家胜利饭店,坐在靠窗的桌子旁,也就是他和阿方、根龙吃炒猪肝喝黄酒的桌前,他像阿方和根龙那样神气地拍着桌子,对跑堂的叫道:

"来一客小笼包子。"

案例六：《许三观卖血记》

他请许玉兰吃了一客小笼包子，吃完小笼包子后，许玉兰说她还能吃一碗馄饨，许三观又拍起了桌子：

"来一碗馄饨。"

许玉兰这天下午笑眯眯地还吃了话梅，吃了话梅以后说嘴咸，又吃了糖果，吃了糖果以后说口渴，许三观就给她买了半个西瓜，她和许三观站在了那座木桥上，她笑眯眯地把半个西瓜全吃了下去，然后她笑眯眯地打起了嗝。当她的身体一抖一抖地打嗝时，许三观数着手指开始算一算这个下午花了多少钱。

"小笼包子两角四分，馄饨九分钱，话梅一角，糖果买了两次共计两角三分，西瓜半个有三斤四两花了一角七分，总共是八角三分钱……你什么时候嫁给我？"

"啊呀！"许玉兰惊叫起来，"你凭什么要我嫁给你？"

许三观说："你花掉了我八角三分钱。"

"是你自己请我吃的，"许玉兰打着嗝说，"我还以为是白吃的呢，你又没说吃了你的东西就要嫁给你……"

"嫁给我有什么不好？"许三观说，"你嫁给我以后，我会疼你护着你，我会经常让你一个下午就吃掉八角三分钱。"

"啊呀，"许玉兰叫了起来，"要是我嫁给了你，我就不会这么吃了，我嫁给你以后就是吃自己的了，我舍不得……早知道是这样，我就不吃了。"

"你也不用后悔，"许三观安慰她，"你嫁给我就行了。"

"我不能嫁给你，我有男朋友了，我爹也不会答应的，我爹喜欢何小勇……"

于是，许三观就提着一瓶黄酒一条大前门香烟，来到许玉兰家，他在许玉兰父亲的对面坐了下来，将黄酒和香烟推了过去，然后滔滔不绝地说了起来……

（节选自《许三观卖血记》第三章第23～25页）

五、相关阅读推荐

[1] 初春雨.论《许三观卖血记》的悲剧特征有感[J].文学教育（上），2020（11）：20-21.

[2] 符小贝.论余华的《许三观卖血记》的艺术特色[J].东南西北，2019（10）：247.

[3] 徐珊珊.浅析电影《许三观》对原著的改编[J].汉字文化，2020（06）91-92.

[4] 黄旭东.浅谈《许三观卖血记》的讽刺特色[J].名作欣赏，2019（12）104-107.

[5] 焦娇.简述余华《许三观卖血记》中许三观的形象[J].名作欣赏，2020（27）134-135.

[6] 刘英鹏.论畅销书的选题策划[J].经济研究导刊，2009（21）168-169.

[7] 张文红.畅销书理论与实践[M].北京：中国传媒大学出版社，2011.

案例七:《挪威的森林》

一、图书基本信息

(一) 图书介绍

书名:《挪威的森林》

作者:[日] 村上春树

译者:林少华

开本:32 开

字数:201 千字

定价:30.00 元

书号:ISBN 978-7-5327-4312-4

出版社:上海译文出版社

出版时间:2007 年 6 月

(二) 作者简介

村上春树是日本当代知名作家,出生于日本京都市伏见区,毕业于早稻田大学第一文学部戏剧专业,代表作品有《且听风吟》《1Q84》《海边的卡夫卡》《挪威的森林》《世界尽头与冷酷仙境》等,作品涉及小说、随笔、游记、纪实文学多种类型,此外也有一些译作。

村上春树的作品通常体现对于青春岁月的感怀、在都市生活中现代人的迷茫和无奈、对恶的揭露和真善美的赞扬，写作风格自成一派。由于他十分喜爱阅读欧美文学作品，所以其文风在一定程度上受到欧美文学的影响，即文风不同于传统的日式小说，日语特征并不太明显，而是一定程度上带有欧美文风，体现出东西方语言风格交融的神韵，文字清新、明快、流畅，没有拖泥带水的滞重感，且擅长使用别致的比喻手法，把日常不太相关的事物巧妙地联系到一起，给人耳目一新的感觉，素有"村上体"之称。另外，其作品里时常有音乐元素的使用，或者某些章节会体现出与音乐有关的气氛。

多年来，村上春树获得了许多成就，其主要获得的奖项有1979年第21届《群像》新人文学奖、1985年第21届谷崎润一郎奖、2009年耶路撒冷文学奖、2006年弗朗茨·卡夫卡奖、2011年西班牙卡塔洛尼亚国际奖、2015年安徒生文学奖等。此外，他还是诺贝尔文学奖常年的热门候选人。

二、畅销盛况

《挪威的森林》是村上春树的第5部长篇小说，于1987年在日本首次出版。该书上市后便掀起了一阵热潮，在日本本土的销量超过了1500万册，相当于每6个人就有一本，堪称现象级畅销书。该书后被翻译成多种文字，在世界范围出版，影响力在东亚地区很大。在我国，《挪威的森林》最早于1989年由漓江出版社引进，后由14个出版社共出版过30多个版本，其中上海译文出版社出版的版本知名度最高，销量也最高。根据标准书目网的数据显示，上海译文出版社在2001年出版的《挪威的森林》销量共超过110万册。2007年《挪威的森林》问世20周年之际，上海译文出版社又推出了新的版本。迄今为止，各版销量总计超过400万册。2018年，上海译文出版社又推出了30周年纪念版，根据北京开卷数据显示，截至2021年5月，该版本销量超过了70万册，且在开卷榜单"小说"分类中排名第32位，在"外国都市、情感小说"的细分分类中排名第1位，可以说是畅销至今的经典作品。

三、畅销攻略

（一）优质的图书内容

1. 震撼人心的"爱"与"死"

在所有的人生体验中，爱情和生死是最具有普适性的，它们是人类共有的体会和喜欢思考的内容。将两者结合起来描写，会带来很大的情感冲击，所以"爱"与"死"一直都是畅销书中经久不衰的经典组合。同样，这两者也是贯穿《挪威的森林》全书的主线内容，是书的主题。本书描绘了很多种爱情。首先，小说情节围绕着男青年渡边和两位性格迥异的女孩之间的三角式爱情关系展开，除此外，还讲到了木月和直子青梅竹马的爱情，初美对永泽牺牲式付出的爱情。多种爱情关系的描写展示出了爱之光谱的多样性。爱情发生的原因是不一样的，每个人表达爱和体会爱的方式也是不同的，读者会从这些迥异的爱情关系中激发共鸣或升华感悟。村上春树在谈到自己的创作理念时强调，自己采用了现实主义的手法，与其说这是一部恋爱小说，不如说更像是一部成长小说。可以看出，村上春树通过描写主角渡边的爱情之路，阐述了一种成长式的爱情观，即从单纯青涩的依恋到灵肉合一的爱情的发展过程，从理想化的执迷到迎接可以面对现实生活的爱情的过程。但这种观念上的成长并不意味着对于过往的抛弃和决裂，而是在原有的基础上更加趋向成熟。这种生发于爱情的关于成长的哲思，正是本书能给人以心灵震撼的一大原因。

同样，本书中的死亡事件也很多。纵观小说全局会发现，书中一共出现了8次关于人物死亡的描绘，并且其中有一个选择自杀的人物是本书的女主角直子，这必然带给人很大的冲击。人们死去的原因和年龄都不同，这些迥异的死亡事件必定会引发读者的思考。而村上春树本人也通过这些情节设置，抒发了自己对于生死的理解和体味，即从存在主义视角来看待生死。多数情况下，人们通常恐惧死亡，甚至对之避而不谈。死亡被看作是生的结束，是一种非常态的事件。但存在主义观点却认为,死亡是存在于生存内部的,"死不是生的终结,而是生的一部分"。由此,生存和死亡融合在一起。这样的阐述对于读者来说无疑是一种比较新鲜的视角。

2. 对于孤独的独特感悟

对于孤独的探讨无疑是一个亘古不变的话题,每个人都有属于自己的对于孤独的理解,每位写作者也都用自己的方式来阐述自己对于孤独的态度。尤其是在工业发达、城市化进程加快的现代社会,人们的心灵距离进一步拉大,描绘孤独感的内容会引发强烈的共鸣。书中角色的关系并不复杂,基本局限在渡边和几位朋友间,甚至主角在很长的一段时间内都处于一定程度上和外部世界隔离的状态。但是,每个角色都有属于自己的孤独:木月和渡边一直局限在自己的小天地里,不愿和他人有什么牵扯;直子在木月去世后无论如何都无法再次走进现实;外号"敢死队"的室友总是自说自话,过着机械般的生活;外人看起来十分优秀的永泽背负着属于他自己的"绝不同情自己"的十字架;活泼开朗的绿子实际上缺乏父母的关爱,总会觉得"孤单得要命"。这些不同的关于孤独感的描绘,把握精准、细致入微,势必引起读者内心的感触。

书中的人物也都尝试着以自己的方式如以交谈、以践行所爱之事或者是以性去排解孤独,但孤独并不是一个可以完全排解的事情。由此,村上春树对此得出了"接受孤独、把玩孤独"的感悟,即并不把孤独看作一种避之不及的负面体验,而是在接受它的客观存在的基础上,与之共处。这是比较独特的一种视角。书中的"阿美寮"和渡边所畅想的"小木屋"正是代表游离于尘世的精神栖息地的存在,也很像是中国文人常说的世外桃源,是安放孤独、把玩孤独的栖身所。这种理想之地的存在是人们内心共有的渴望,对此的描绘势必引起读者的共鸣。

3. 独树一帜的语言风格

对于畅销书来说,文字应当具备易读性,即语言要通俗化,行文逻辑不能晦涩难懂，这些都是使图书适合更广泛群体阅读的重要因素。如果作者在这个基础上能形成自己比较明显的个人风格，就会更加具有独特性。村上春树在创作《挪威的森林》时，语言直白平实又清新淡雅，比较注重氛围感的营造，经常用青山、草地、细雨等意象，寥寥几笔勾勒出一幅画面，这种细腻的笔触和娓娓道来的风格，读起来十分流畅，而且能使人很快投入其中，即如译者林少华所说的那样，"可以随便翻开哪一章阅读"。这使得他这本书很适合大众。另一方面，村上春树本人又有比较独特的个人风格，因为他十分喜欢阅读欧美文学作品，也很喜欢西方的爵士乐和摇滚乐，于是他把西方文学的表达方式融入自己的写作风格中，把音乐的节律应用在文字中，这使得他的文笔呈现出一种东西方融合的观感。但是，他并没有过度西化，而是在日语写作的基础上增加了以上特点。并且，作者还经常运用天马行空的比喻和夸张手法，把日常不太相干的事物巧妙地联系到一起，让人耳目一新，素有"村上体"之称。这种既不晦涩又有特点的语言风格，正是村上春树的图书能够受到欢迎的一大原因。

（二）作者的影响力

早在1979年，村上春树就凭借《且听风吟》崭露头角，后来的作品也获得了不少奖项。1987年《挪威的森林》出版后，在日本的发行量超过了1500万册，打破了日本文坛沉寂的局面，从而爆红，形成了"村上春树现象"。随着对外版权输出，该书被翻译成各种语言文字发行，村上春树在国际上也逐渐享有了很高的知名度。但村上春树和走红后喜欢抛头露面的一些作家不同，他自己始终对现代文明保持着一定的距离，极少接受采访，这种与社会有些疏离的态度，有些逆时代潮流。这种和书中角色性格类似的鲜明个性，反而为他赢得了更高的关注和赞誉。学界一直以来对于村上春树的作品的分析和研究也很多，这些学术研究的文章也为文学作品的创作和畅销进一步打开了更好的局面。另外，还有持续不断的关于诺贝尔文学奖的话题效应。村上春树凭借写作拿下了不少知名奖项，且已经连续十多年都是诺贝尔文学奖的热门人选，但是却一直没有拿下这个奖项，2012年和莫言的诺奖角逐也曾引发了国内超高的关注和讨论，于是这份特殊的"诺奖陪跑"现象也和他紧紧捆绑在一起，每年都会被拿出来讨论。可以说，这也是使村上春树的作品一直长销不衰的重要原因。

（三）译者的选择

对于国外引进版的图书来说，译者的选择是很重要的，因为这涉及两种完全不同的语言文字的转化，翻译的水平决定了本国读者在阅读时能不能感受到作品本身的魅力，是否能够更加深入地理解作品的内涵。目前，《挪威的森林》在中国以林少华的翻译版本最为知名和畅销，这与林少华本人的翻译特点有很大的关系。林少华是我国著名的译者，尤其在翻译村上春树的作品方面有很好的口碑，共翻译村上春树的作品达40多部，可以说他本人对于村上春树的写作习惯、语言文字风格是非常熟悉的。并且，林少华本人曾说过："文学翻译不仅是语汇、语法、语体的对接，还是心灵通道、灵魂剖面、审美体验的对接。"即不是把外文翻译成一模一样意思的中文就够了，还要替换掉一些在中文语境下罕见的表达方式，免得出现令人不适的翻译腔，让我国读者更容易接受和理解，且还要通过自己的表达，传达出作品本身的艺术风格。《挪威的森林》在我国台湾地区还有赖明珠翻译的版本，与之相比，赖译本更加偏向于直译，没有做用语替换，在一些动词和形容词的翻译表达上，可能会让读者略感生硬。并且，其在语言风格上比较朴实、贴近口语化、简单明快，但在语言转化的过程中多少折损了一些艺术性。林译本在语言上更为丰富和华丽，不仅传达了原文的形态，而且放大了原文的神态，甚至还略带传统中式的朦胧美，从而使得这部外来作品更好地实现了本土化。正是因为有优秀的译者参与其中，才使《挪威的森林》在进入我国之后发挥出更大的魅力。这是促使其畅销的一大原因。

（四）出版社的努力

1. 定位和宣传重点的转变

《挪威的森林》在中国的图书定位及宣传重点经历过非常大的转变，具体可以分为三个阶段。第一阶段，在刚刚把它引入国内时，它是被定位为"情色小说"的。在这个阶段，宣传方式倾向于商业化和低俗化，把其中的情色描写作为卖点大肆宣传。这在当时还趋向于保守的我国，引起了一定的关注。第二阶段，则将之定位在"小资小说"。当时，由译者林少华作序，为读者介绍了小说中的文学价值和艺术特色，在宣传上也强调了该书是纯文学作品，描绘了都市生活带给人的孤独感。在这个阶段，该书开始被贴上"小资"的标签，读者群主要集中在都市白领和大学生。这逐渐成为了一个消费符号，彻底扭转了之前情色化的印象，但没有作出更大范围的改变。在2001年，由上海译文出版社接手后，该书的定位全面转化为"爱情小说"和"成长小说"。可见，此时的定位更加大众化，更有普适性。不仅如此，上海译文出版社还一举买下了村上春树更多作品的版权，有计划地出版了他的文集。据该社负责出版村上春树作品的编辑沈维藩说："喜欢村上春树的大概分两类人，一类是喜欢《挪威的森林》的人，一类是喜欢村上春树的人。"逐步出版文集的做法，进一步加强了作者的品牌影响力，也加强了系列图书和单本图书的互相带动，形成了一个良性循环。在出版《挪威的森林》20周年纪念版的时候，上海译文出版社还举办了译者林少华的签售活动，进一步巩固了"林译本"的地位，也带动了新的销售热潮。

2. 版本和装帧设计的更迭

对于图书来说，好的封面设计是吸引人的一个重要因素，而好的封面一方面要赏心悦目，一方面更要贴合图书本身的类型风格，如果能够通过画面表达内容主旨就更好了。《挪威的森林》早期在其他出版社的几个版本的封面，有向着三角爱情小说的方向去设计的，甚至有向艳情小说方向去设计的，比如在封面放置裸背女子的背影和一些令人想入非非的广告语。这种设计获得了一些关注，但这种风格显然有些低俗，是难登堂面的，完全无法比及在上海译文出版社接手后的装帧设计风格。作为一本文字淡雅、略带感伤的小说，上海译文出版社对《挪威的森林》的装帧设计基本按照清新雅致的风格来进行。在2007年的版本中，我们可以看到图书封面是干净的白色背景，上面有一幅看起来像蓝色藤蔓的抽象画，另外还点缀着两朵白玫瑰。除此之外，别无他物。封面的画面比较简洁，灰白蓝三种颜色的搭配和谐而素雅，传递出一种静谧中带着微微感伤的气氛，蓝色的藤蔓反映出了青春的迷惘，同时也和森林有一定的关联性，两朵白玫瑰则可能是代表两位女主角。对于平装书来说，不繁杂的设计也代表着较低的成本，于是定价也比较实惠，能够让更广泛的群体接受，是适合畅销书的设计方式。除此之外，上海译文出版社还推出了该书的20周年纪念版，纪念版是布面精装外加一个米白色的封皮，藤蔓和玫瑰的位置和平装本不同。这个版本限印10100册，十分具有纪念意义。此举做出了区分度，满足了不同读者的需求，也是助力图书畅销的其中一个原因。2011年《挪威的森林》电影上映，上海译文出版社出版了电影特别版，在书影联动方面作了一次很好的尝试。后续，还出版了村上春树精选作品集版本，《挪威的森林》30周年纪念版等。正是因为图书的版本和装帧设计一直与时俱进，一次次地强化了读者的记忆，《挪威的森林》才能做到长销不衰。

四、精彩阅读

即使在经历过十八度春秋的今天，我仍可真切地记起那片草地的风景。连日温馨的霏霏轻雨，将夏日的尘埃冲洗无余。片片山坡叠青泻翠，抽穗的芒草在十月金风的吹拂下蜿蜒起伏，逶迤的薄云紧贴着仿佛冻僵的湛蓝的天壁。凝眸望去，长空寥廓，直觉双目隐隐作痛。清风抚过草地，微微拂动她满头秀发，旋即向杂木林吹去。树梢上的叶片簌簌低语，狗的吠声由远而近，若有若无，细微得如同从另一世界的入口处传来似的。此外便万籁俱寂了。耳畔不闻

案例七：《挪威的森林》

任何声响，身边没有任何人擦过。只见两只火团样的小鸟，受惊似的从草木丛中蓦然腾起，朝杂木林方向飞去。直子一边移动步履，一边向我讲述水井的故事。

记忆这东西真有些不可思议。实际身临其境的时候，几乎未曾意识到那片风景，未曾觉得它有什么撩人情怀之处，更没想到十八年后仍历历在目。对那时的我来说，风景那玩意儿是无所谓的。坦率地说，那时心里想的，只是我自己，只是我身旁相伴而行的一个漂亮姑娘，只是我与她的关系，而后又转回我自己。在那个年龄，无论目睹什么感受什么还是思考什么，终归都像回飞镖一样转回到自己手上。更何况我正怀着恋情，而那恋情又把我带到一处纷纭而微妙的境地，根本不容我有欣赏周围风景的闲情逸致。

然而，此时此刻我脑海中首先浮现出来的，却仍是那片草地的风光：草的芬芳、风的清爽、山的曲线、犬的吠声……接踵闯入脑海，而且那般清晰，清晰得仿佛可以用手指描摹下来。但那风景中却空无人影。谁都没有。直子没有。我也没有。我们到底消失在什么地方了呢？为什么会发生这样的事情呢？看上去那般可贵的东西，她和当时的我以及我的世界，都遁往何处去了呢？哦，对了，就连直子的脸，一时间竟也无从想起。我所把握的，不过是空不见人的背景而已。

当然，只要有时间，我总会忆起她的面容。那冷冰冰的小手，那呈流线型泻下的手感爽适的秀发，那圆圆的软软的耳垂及其紧靠底端的小小黑痣，那冬日里时常穿的格调高雅的驼绒大衣，那总是定定注视对方眼睛发问的惯常动作，那不时奇妙发出的微微颤抖的语声（就像在强风中的山岗上说话一样）——随着这些印象的叠涌，她的面庞突然自然地浮现出来。最先出现是她的侧脸。大概因为我总是同她并肩走路的缘故，最先想起来的每每是她的侧影。随之，她朝我转过脸，甜甜地一笑，微微地歪头，轻轻地启齿，定定地看着我的双眼，仿佛在一泓清澈的泉水里寻觅稍纵即逝的小鱼的行踪。

（节选自《挪威的森林》第一章）

日落天黑，宿舍院里十分寂静，竟同废墟一般，国旗从旗杆降下，食堂窗口亮起灯光。由于学生人数减少，食堂的灯一般只亮一半。左半边是黑的，只有右半边亮。但还是微微荡漾着晚饭的味道，是奶油炖菜的气味儿。

我拿起装有萤火虫的速溶咖啡瓶，爬上楼顶天台。天台上空无人影，不知谁忘收的白衬衣搭在晾衣绳上，活像一个什么空壳似的在晚风中摇来荡去。我顺着天台角上的铁梯爬上供水塔。圆筒形的供水塔白天吸足了热量，暖烘烘的。我在狭窄的空间里弓腰坐下，背靠栏杆。略微残缺的一轮苍白的月亮浮现在眼前，右侧可以望见新宿的夜景，左侧则是池袋的灯光。汽车头灯连成闪闪的光河，沿着大街往来川流不息。各色音响交汇成的柔弱的声波，宛如云层一般轻笼着街市的上空。

萤火虫在瓶底微微发光，它的光过于微弱，颜色过于浅淡。我最后一次见到萤火虫是很早以前。但在我的记忆中，萤火虫该是在夏日夜幕中拖曳着鲜明璀璨得多的流光。于是我一向以为萤火虫发出的必然是那种灿烂的、燃烧般的光芒。

或许，萤火虫已经衰弱得奄奄一息。我提着瓶口轻轻晃了几晃，萤火虫把身子扑在瓶壁上，有气无力地扑棱一下。但它的光依然那么若隐若现。

我开始回想，最后一次看见萤火虫是什么时候呢？在什么地方呢？那情景我是想起来了，但场所和时间却无从记起。沉沉暗夜的水流声传来了，青砖砌就的旧式水门也出现了。那是一座要一上一下摇动手柄来启闭的水门，河并不大，水流不旺，岸边水草几乎覆盖了整个河面。四周一团漆黑，熄掉电筒，连脚下都不易看清。水门内的积水潭上方，交织着多达数百只的萤火虫。萤火宛似正在燃烧中的火星一样辉映着水面。

我合上眼帘，许久地沉浸在记忆的暗影里。风声比平时更为真切地传来耳畔。尽管风并不大，却在从我身旁吹过时留下了鲜明得不可思议的轨迹，当睁开眼睛的时候，夏夜已有些深了。

我打开瓶盖，拈出萤火虫，放在大约向外侧探出3厘米的给水塔边缘上。萤火虫仿佛还没认清自己的处境，一摇一晃地绕着螺栓转了一周，停在疤痕一样凸起的漆皮上。接着向右爬了一会，确认再也走不通之后，又拐回左边。继

案例七：《挪威的森林》

之花了不少时间爬上螺栓顶，僵僵地蹲在那里，此后便木然不动，像断了气。

我凭依栏杆，细看那萤火虫。我和萤火虫双方都长久地一动未动。只有夜风从我们身边掠过。榉树在黑暗中摩擦着无数叶片，簌簌作响。

我久久、久久地等待着。

过了很长很长时间，萤火虫才起身飞去。它顿有所悟似的，蓦地张开双翅，旋即穿过栏杆，淡淡的萤光在黑暗中滑行开来。它绕着水塔飞快地曳着光环，似乎要挽回失去的时光。为了等待风力的缓和，它又稍停了一会儿，然后向东飞去。

萤火虫消失之后，那光的轨迹仍久久地印在我脑海中。那微弱浅淡的光点，仿佛迷失方向的魂灵，在漆黑厚重的夜幕中往来彷徨。

我几次朝夜幕中伸出手去，指尖毫无所触，那小小的光点总是同指尖保持一点不可触及的距离。

（节选自《挪威的森林》第三章）

"喂，喂喂，说点什么呀！"绿子把脸埋在我的胸前说。

"说什么？"

"什么都行，只要我听着心里舒坦的。"

"可爱极了！""绿子，"她说，"要加上名字。"

"可爱极了，绿子。"我补充道。

"极了是怎么个程度？"

"山崩海枯那样可爱。"

绿子仰脸看着我："你用词倒还不同凡响。"

"给你这么一说，我心里也暖融融的。"我笑道。

"来句更棒的。"

"最最喜欢你，绿子。"

"什么程度？"

"像喜欢春天的熊一样。"

"春天的熊？"绿子再次仰起脸，"什么春天的熊？"

"春天的原野里，你一个人正走着，对面走来一只可爱的小熊，浑身的毛活像天鹅绒，眼睛圆鼓鼓的。它这么对你说道：'你好，小姐，和我一块儿打滚玩好么？'接着，你就和小熊抱在一起，顺着长满三叶草的山坡咕噜咕噜滚下去，整整玩了一天。你说棒不棒？"

"太棒了。"

"我就这么喜欢你。"

（节选自《挪威的森林》第九章）

五、相关阅读推荐

[1] 张文红. 畅销书理论与实践 [M]. 北京：中国传媒大学出版社，2011.

[2] 魏海燕. 出版 30 年再品《挪威的森林》[J]. 出版广角，2018（5）87-89.

[3] 金海.《挪威的森林》中孤独感的解读 [N]. 山东农业工程学院学报，2019（36）.

[4] 崔岩. 翻译风格与再创作——以林少华版《挪威的森林》为例 [N]. 沈阳大学学报（社会科学版），2015（17）.

[5] 翟文颖. 论《挪威的森林》在中国的传播 [J]. 名作欣赏，2016（10）65-67.

[6] 周进. 如何做好文艺类畅销书的设计 [J]. 编辑学刊，2007（5）60-62.

案例八:《曾国藩》

一、图书基本信息

(一) 图书介绍

书名:曾国藩
作者:唐浩明
开本:16 开
字数:1092 千字
全套定价:99.00 元
书号:ISBN 978-7-5354-8378-2
出版社:长江文艺出版社
出版时间:2016 年 3 月

(二) 作者简介

唐浩明是湖南衡阳人,1946 年出生,文学硕士、著名作家,先后担任过岳麓书社编辑室主任、副总编辑、总编辑等职,长期致力于近代文献的整理出版与历史小说创作,著有经典长篇历史小说《曾国藩》《杨度》《张之洞》等,另外还著有《唐浩明评点曾国藩家书》《唐浩明评点曾国藩奏折》等。

二、畅销盛况

《曾国藩》共包含三部曲：《血祭》《野焚》《黑雨》。1990年，《血祭》在湖南文艺出版社出版；1991年，《野焚》出版；1992年，《黑雨》出版。《曾国藩》三部曲自出版后一直畅销书市，走红中国图书界，先后获湖南省图书最高奖、国家"八五"图书奖长篇小说奖，并被推荐参与"茅盾文学奖"的角逐。1999年，该书被《亚洲周刊》评为20世纪华文小说百强之一，2003年获得首届姚雪垠长篇历史小说奖。《曾国藩》自出版至今，已销售近千万册。

三、畅销攻略

（一）适时顺应的时代背景

20世纪90年代，人们的思想观念在冲破"左"的和右的某些条条框框的束缚之后进一步得到了解放。如果把视角放大到宏观的历史视角，可以说，20世纪90年代处于世纪之交，中国传统的政治、经济、文化等各个方面的变化都在跌宕中加速。那是一个大变局的时代，在变局中，人们一方面会存在精神的迷惘，另一方面又会产生某种希望。人类走在20世纪的最后时刻，同时准备着接受新世纪的曙光。这种时代特征在文学的精神性方面表现得特别突出。因此，那个时代出现的长篇叙事文学都有对传统文化的嵌入式留恋，而且体现出对精神家园的不懈探求，这与人们在时代变局中体现出的精神需求是极度契合的。《曾国藩》体现出的这种对传统文化的追求精神，很好地顺应了当时的这种思潮，很容易在读者中引起共鸣。同时，读者争相阅读历史题材文本的热闹景象，也为《曾国藩》培养了大量的读者群体。

随着时代的发展，人们产生了日常生活中的实用性精神诉求，而《曾国藩》的内容体现了与现代人生活密切相关的职场、官场、人性等方面的智慧，这也吸引了很多的阅读受众。

（二）自带流量的名人效应

曾国藩（1811—1872）是近代中国家喻户晓的著名人物，是晚清时期的名臣，也是湘军的创立者和统帅，他对清王朝的发展产生了很大的影响，同时也是一个在中国近代史上引人注目而又颇有争议的人物。一百多年来，不同的阶级、不同的政治派别甚至同一派别的不同人物都曾对他作出过不同的评价，或褒或贬。这使他集大毁大誉于一身。一些人认为，他是地主阶级的代表人物，维护了腐朽的封建落后制度，是扼杀农民起义的刽子手；也有一些评论认为，他是中国近代政治家，不仅维护了清王朝的统治，也为中国近代的发展奠定了基础。

除了学术界、出版界对他的研究之外，政界、工商界对曾国藩的兴趣似乎也非常浓厚，以至于出现"从政要读《曾国藩》，经商要读《胡雪岩》"的流传话语。不论对他是褒誉或是毁贬，都足以说明今人对他的广泛关注和评论，也足以说明其思想和言行在中国近代文化史上留下的痕迹之深，以至于今天在人们的性格、心理、思维方式及观念形态等方面都或多或少地受到他的影响。

现在，随着对曾国藩的研究越来越深入，曾国藩的名人效应越来越大，在微博上，以"曾国藩"为话题的内容，有1228万人次阅读，1.2万次讨论；抖音上，以"曾国藩"为话题的内容，视频播放达到8.7亿次，有2.2万个视频，而以"曾国藩全集"为话题的内容，视频播放则达到629万次。以上内容涵盖婚姻家庭、育儿教子、职场之道、官场、职场等各个方面。可以说，曾国藩这个名字是聚集读者群、产生畅销效应的一大原因。

（三）引人入胜的小说情节

《曾国藩》共包含三部曲：《血祭》《野焚》《黑雨》。三部曲之间紧紧相扣，承上启下，每曲的情节设置跌宕起伏，都有主题和矛盾的展开，而且情节设置层层递进，令读者目不暇接。

第一曲《血祭》：冲破艰难险阻出师，创建湘军，沥血奋战，激荡战场验忠魂。

第二曲《野焚》：星火燎于金田、灭于金陵，终成千秋伟业。

第三曲《黑雨》：黑云压顶，大雨滂沱，日暮穷途，人间再无曾国藩。

《血祭》以曾国藩回籍丁母忧开始进入故事主线，讲述曾国藩在长沙创办团练抵御太平天国，中间经历各种艰难：在湖南靖港之战中，太平军以少胜多，惨败后的曾国藩跳河自杀，幸被随从挽救；在九江又被翼王石达开的水军挫伤，险些被俘，恼羞成怒跳河自杀，又被身边将领营救；后又在江西被石达开第三次击败。与此同时，湘军也取得了攻取武昌、田镇大捷等战役的胜利。《血祭》以这五大战役为主线，讲述了波澜壮阔的战争场景。同时，讲述了湘军组建的过程和艰难，主要人物也一一登场。最后讲到，正当湘军陷入江西鏖战时，曾国藩的父亲突然去世，曾趁此机会回籍丁父忧。

《野焚》以曾国藩丁忧在家的转变展开，讲述曾再次出山，携九弟曾国荃出山带领湘军继续战斗，水师方面重用彭玉麟、杨载福，进军皖中，强围安庆，最后直取金陵。《野焚》战争场面描写减少，更多地展示了战争之外的人情世故和整体局势的波谲云诡，例如，曾国藩重新出山后的性格转变，曾国荃对金陵的烧杀抢掠，忠王李秀成携幼子洪天福贵逃离京城被抓获后曾国藩与朝廷一系列的暗中较量，等等。

《黑雨》从曾国藩裁撤湘军讲起，讲述太平天国灭亡后，湘军势力日益强大，朝廷担忧曾家拥兵自重，曾国藩深感忧虑。此时，蒙古族王公僧格林沁与捻军作战被杀，西北少数民族暴乱。而曾国藩经过深思熟虑，主动请求裁军减员，消除了朝廷猜疑。之后，朝廷下旨曾国藩北上征捻。曾国藩与幕僚商定以河防之策将东西捻军消灭。后来，曾国藩又被派去处理天津教案。他因向洋人妥协而荣誉扫地。再后来他南下巡视，并上书朝廷，主张设立江南制造总局。

从以上三部曲的内容可以看出，《曾国藩》这部书讲述的内容非常丰富：战争情节贯穿其中，令读者目不暇接、心念神往；社会场景，上至庙堂之高，下至江湖之远，权术、宫闱、市井、乡野、沙场，无不涉及。可以说，这部书形象而生动地展现了当时清朝政治、经济、军事、文化等各方面的图景，引人入胜。

（四）广阔丰富的思想内涵

《曾国藩》除了情节引人入胜外，还展示出了丰富的思想内涵。首先，该书的历史叙事是独具思想冲击力的。小说中的曾国藩，从本质上来讲是个悲剧人物，作者在叙述中，一直以悲悯的心态贯穿其中。这种悲剧感，不是传统的对封建统治人物的简单批判，而是站在历史大裂变中的大错位视角来描写人物。在那个时代，曾国藩以做一名中兴名臣的信念，临危受命，以文从军，用中国传统思想修行历练自己，最后挽大厦于将倾，完成了自己的历史使命。但他身在其中，深刻地体会到帝国的腐朽和没落，自己的种种努力也许只是这个王朝黄昏中一曲无情的挽歌。整个小说以思想来立意叙事，以人性来讲述矛盾，以人的视点切入历史，用文化来融合政治、阶级与道德的冲突。

小说从三个方面穿插论述，不厌其烦，思想内涵比较突出。

第一，从军事方面。因为曾国藩是文人，思想上更多地受到儒家传统道德观念的影响，所以他以纲常伦理去治军，以乡土亲缘去培植私人势力，并最终通过改革军制，独创湘军，克服了原有绿营兵的弊病和陋习，大大提高了湘军的战斗力。书中对湘军创建过程的描述，深刻地体现了曾国藩的这种军事思想。可以说曾国藩大大提升了人们对军队中私人兵权势力的重要性的认识。比如，在军阀割据时代，军阀们都非常明白，要使自己的地位长久不衰就必须握有兵权，要握有兵权就得培植自己的军队，使之绝对服从、绝对忠于自己。而要达到这个目的，除了西方现代军队理念的运用外，还必须用中国传统文化中的封建纲常伦理去教育属下，以影响、驾驭和控制兵将。曾氏提出的"爱民为治兵第一要义"的格言，"带兵之道，用恩莫如用仁，用威莫如用礼"的思想，都有很深刻的思想内涵。受曾国藩的影响，李鸿章是这样做的，袁世凯也是这样做的。可以说曾国藩的军事思想潜移默化地影响了中国近代很多文人、武将。

第二，在人生观方面。曾国藩作为一代儒学大师，可以说很多儒家人生哲学观在他身上得到了淋漓尽致的体现，比如齐家治国平天下、仁义礼信、求取功名、事君如父等思想。除此之外，在受尽挫折、苦闷彷徨之际，他也潜心于黄老道学，忍辱退让、与世无争、明哲保身等黄老思想也深深影响了他。中国传统思想对他的影响在书中很多情节得以具体体现，而这种人生观，观照现实，也渗透于当代社会的各个精神领域。他手下之所以能聚集众多人才，他的军队之所以听他的指挥、宁死为他效劳，他的亲戚朋友、子弟师长之所以对他信任、颂扬，都是由于他的人生哲学适合于很大一部分人的心理和口味。

第三，在家庭教育方面。在《曾国藩》三部曲中，也辑录了不同背景下曾国藩写给家人的书信，谆谆教导，不厌其烦。曾国藩因常年带兵在外，对家人的思念不同常人，而其在遭遇困厄或偶有所成之际写给家人的书信，更是融入了对家人无限的关爱。另一方面，曾国藩寒窗数十年，备受艰辛，深知名誉、地位、家业的确来之不易，因而十分渴望自己的儿孙显赫万世、永不衰败。曾国藩明白，自己身份特殊、阅历丰富，所以有很多独特的人生体验，这种体验一定要让儿孙们能够吸收和传承。他从传统文化中寻找精神依据，再冷静思索，然后温言细语地对子女言传身教。可以说，不论在哪个时代，家庭教育问题一直是长久不衰的热点话题，尽管时代不同，家庭教育的内容和标准大不相同，但教育子女的方式和方法却有一定的相通之处。因为曾国藩家书言语精真、精神立意高、道德教育理念丰富，从清末到现在，其治家遗风、治家思想和治家方法已经渗透到各个阶层的民众之中。

丰富的思想内涵使该书脱离单纯的历史叙事小说的窠臼，在精神层面上很大程度地延展了文本的可阅读性，增加了书籍的阅读价值。读者能够在深度阅读过程中获得有益的思考、启发及思想的升华。这为图书的畅销提供了根本的保障。

（五）翔实的史实支撑

《曾国藩》这部小说以翔实的史实资料为支撑，又有很大的文学演绎成分，基于历史，但不局限于历史。在读者读起来，一切显得浑然天成，天衣无缝。这得益于作者的编辑身份，以及对曾国藩第一手资料的深入研究。

毕业于文学史研究专业的唐浩明，被分配到出版社当编辑后，负责《曾国藩全集》的编纂计划。他曾经从曾府百年老档中整理出约百万字的曾氏家书，在完成了 30 大册、1500 万字的曾氏全集后，发表了七八篇研究曾氏的学术论文，并有了为曾国藩作传的念头。直到 120 万字的《曾国藩》完成，唐浩明沉浸于曾国藩的世界整整十年有余。最终，作者跳出"三立完人"和"汉奸卖国贼刽子手"的传统习见，从对人物历史化的反思入手，探索小说主人公的心路历程。它摒弃了非甲即乙的简单是非判断，在史实的处理上坚持"大事不虚、小事不拘"的原则，调动多种艺术手段，将主人公置于矛盾冲突之中，在时代急流的漩涡上起伏浮沉，忧乐荣枯，从而成功地塑造了这个有着复杂多重人格、集功罪于一身的晚清重臣的文学形象。这个人物形象有血有肉，像是与我们一样的平凡人，这很能走进读者的内心，产生巨大的艺术影响力。

（六）多元化的营销手段

《曾国藩》三部曲在 1990 年 12 月由湖南文艺出版社出版、发行以来，在图书的营销方面，一直紧跟时代步伐，加大宣传。在这么多年的出版历程中，随着不同出版社推出不同版本，《曾国藩》一直保持着很高的话题热度。同时，借助多样化的创新推广手段，《曾国藩》也经常走进我们的关注视角。比如，由岳麓书社在 2018 年 7 月出版的《曾国藩》，通过数字化技术，将文本阅读升级为视听盛宴，通过扫描书中二维码，可以聆听唐浩明先生录制的独家视频。2020 年 12 月 30 日，在《曾国藩》出版 30 周年之际，岳麓书社《曾国藩》（手稿本）新书发布会在湖南长沙举行。这次的手稿本体现出与以往版本的不同，它是根据作者原珍贵手稿制作而成的，完全影印，随书还附有唐浩明手写墨宝，具有独特的艺术价值、文献价值和收藏价值。广东人民出版社 2016 年出版《曾国藩》以来，常年在电商平台及线下书店进行推广，并且积极和直播达人进行合作推广，2020 年上半年在掌阅带货量达到一万册以上。这种不同出版社、多维度的推广，对《曾国藩》保持长销也有很大的推进作用。

四、精彩阅读

太平军撤离长沙,阖城官绅大大地舒了一口气,穷苦百姓却深感惋惜。他们巴不得大军进城来,多杀掉几个贪官劣绅,为穷人出气申冤。听说药王庙里出了明朝的传国玉玺,长沙城内和四乡的百姓,都认为今后的江山是太平军的,对将来的日子有了指望。许多家中无牵挂的年轻人随着太平军走了。他们要跟着洪杨去打天下,建新朝。

张亮基以巡抚名义大摆宴席,犒劳这两个多月来为守长沙城出力的全体官绅,并特地请黄冕、孙观臣、贺瑗和欧阳兆熊坐在第一席上,并保证立即申报朝廷,偿还他们借的十二万两银子。又封那座立了功的炮王为"红袍大将军"。又循鲍起豹之请,为城隍菩萨重新塑像,封他为"定湘王"。又要左宗棠赶紧起草奏章,题目就叫作"长沙大捷贼匪败窜北逃折",向朝廷邀功请赏。

左宗棠却不像张亮基那样喜形于色,他在深思。这些年来,左宗棠以一个旁观者的身份,对朝廷的腐朽、官场的龌龊、绿营的窳败,看得非常清楚。他知道洪杨起事,是由于走投无路而被逼上梁山,其战斗力非同小可,况且又得到百姓的拥护。长沙城能守住,并非是由于官军的力量,而是因为洪杨志不在此。天下从此将要大乱,不可乐观过早。河西之役失败后,他就想到今后与洪杨作战,不能指望绿营。看来只能仿照过去与白莲教打仗的样子,组织团练,从团练中练出一支劲旅来。现在,长毛已退,必须赶紧筹办这事。各县都要像湘乡、新宁、湘潭等地那样建团练,省里由一人统领。谁来筹办此事呢?他首先想到罗泽南。

罗泽南是个出名的理学家,但他并不空谈性理,而注重经世致用,他的弟子中能人不少,从去年以来,他在湘乡主办团练,集合了一千多人。由于练勇有功,已被保举候补训导。不过,罗泽南虽然办团练有经验,但毕竟位卑人微,长沙不是湘乡,他难以在此站住脚。自己出面吗?也觉资望尚浅,恐别人不服。这个大任,由谁来担负呢?他想起江忠源,但长沙城防离不开他。郭嵩焘呢?他是个典型的书生,不堪烦剧。欧阳兆熊呢?此人太不讲法规,不能充当领袖人物。想来想去，无一人合适。左宗棠在房间里踱来踱去，突然把脑门一拍，大喜道："我怎么一时忘了此人！"

他急忙走到签押房，以少有的兴奋情绪对张亮基说："中丞，这主办省团练的人有了。"

"谁？"张亮基高兴地问。

"中丞看，正在湘乡原籍守制的曾涤生侍郎如何？"

"涤生侍郎的什么人亡故了？"

"他的母亲在六月间就已去世。他由江西主考任上折转回籍奔丧，回家已有两个来月了。"

"这段日子给长毛冲得六神无主，也不知道涤生兄回籍来了，真正对不住。要是由他来主办，那当然是再好不过的事。"略停一下，张亮基说，"不过，听说曾涤生为人素来拘谨，最讲名教，他正在服丧期间，能出山办事吗？"

"这点我也虑及了。墨绖从戎，古有明训。涤生重名教，但更重功名事业。只要大人作书恳请，一面上报朝廷，请皇上下诏，我看他会出山的。"

湖南乡下有躲生的习俗。

十月十二日，是曾国藩四十三岁的生日。自从道光十九年冬散馆进京，他已是十二个生日没有在家过了。父亲和弟妹们暗暗地准备为他热热闹闹办一场生日酒。远近的亲朋好友早就在打听消息。他们中间有真心来祝贺的，但更多的是借此巴结讨好。

曾国藩童稚时期，正是家境最好的时候，后来弟妹渐多，父亲馆运常不佳；叔父成家后亦未分爨，叔母多病，药费耗去不少。到他十多岁后，家境大大不如前，因而从小养成了俭朴的生活作风。回家来，他看到家里的房屋建得这样好，宅院这样大，排场这样阔绰，又惊异又生气。母亲的发丧酒办了五百多桌，惊动四乡八邻，也是曾国藩不曾想到的。他把几个弟弟重重地责备了一顿，为着表示对他们这种讲排场、摆阔气的不满，他决定不办生日酒，并到离家十五里路远的桐木冲南五舅家去躲生。

南五舅对此很感动。外甥回家两个月来，不知有多少阔亲朋来接他去住，他都谢绝了，唯独看得起自己这个穷舅父，一住便是几天，给老娘舅很增了光彩。

  曾国藩也的确敬重这个既无钱又无才的南五舅。南五舅是国藩母亲的嫡堂兄弟。他也读过几年私塾。后来父亲死了，家道中落，他辍学在家种田，过早地肩负起家庭重担。南五舅为人忠厚朴讷，从小起就对国藩好，人前人后，总说国藩今后有出息。国藩两次会试落第，心里不好受，南五舅都接他到桐木冲，一住就是半个月，常鼓励他："宝剑锋从磨砺出，梅花香自苦寒来。不要怕挫折，多几番磨炼，日后好干大事业。"

（节选自《曾国藩》第一部《血祭》第 65～66 页）

五、相关阅读推荐

[1] 朱水涌. 历史·现实与精神探寻——90年代长篇小说论析 [J]. 厦门大学学报（哲社版），1998（3）：64-69.

[2] 刘起林. 论曾国藩的审美价值及当代意义 [J]. 湖南师范大学社会科学学报，1994（23）：74-78.

[3] 张卫明，周义顺. "曾国藩现象"因由探析 [J]. 益阳师专学报，2020，22（4）：94-96.

[4] 翟兴娥，季桂起. 新的历史变革中的文学转折——对20世纪90年代文学动向的一个回顾 [J]. 德州学院学报，2004，20（1）：1-7.

案例九:《白鹿原》

一、图书基本信息

(一)图书介绍

书名:《白鹿原》(出版20周年精装典藏版)

作者:陈忠实

开本:32开

字数:530千字

定价:39元

书号:ISBN 978-7-02-009029-7

出版社:人民文学出版社

出版时间:2012年11月

(二)作者简介

陈忠实1942年生于西安市灞桥区。他青少年时期就喜欢读书、热爱文学艺术。早在初中二年级时,他就在作文本上写下了平生第一篇短篇小说《桃园风波》。高中二年级时,他在西安市第三十四中学组织了"新芽"文学社。他担任过农村中小学教师,从事过基层文化工作,并于1965年初发表散文处女作《夜过流沙河》。陈忠实 1979 年加入中国作家协会。作品《信任》获得 1979 年全国短篇小说奖，《渭北高原——关于一个人的记忆》获 1990—1991 年全国报告文学奖，长篇小说《白鹿原》获第四届茅盾文学奖（1998 年），迄今已出版的作品有《陈忠实文集》《陈忠实小说自选集》、散文集《生命之雨》《家之脉》和《原下集》等。有的作品被翻译成英语、日语、韩语、越南语等文字出版，其中《白鹿原》已被改编成秦腔、连环画、雕塑等多种艺术形式，相关的话剧、电视连续剧、电影也已问世。2005 年 10 月，陈忠实被聘为西安工业学院教授、人文学院名誉院长。同时，西安工业学院成立陈忠实当代文学研究中心，陈忠实担任主任。陈忠实曾任中国作家协会副主席，陕西省作家协会主席，2016 年去世。

二、畅销盛况

《白鹿原》最初发表于人民文学出版社主办的《当代》杂志，该刊 1992 年第 6 期和 1993 年第 1 期分两期刊载了这部作品。这两期杂志一出版就销售一空，连陈忠实自己都没有买到。1993 年 6 月，人民文学出版社出版了《白鹿原》单行本，首印 14850 册。由于是按征订数目印刷的，印量比较保守，所以印刷厂此后一印再印，到 1993 年 10 月进行了第 7 次印刷，累计印数达到了 564850 册。《白鹿原》由人民文学出版社出版后，各种版本的《白鹿原》如雨后春笋般出现，中国香港天地图书有限公司、中国台湾新锐出版社、日本中央公论社、中国台湾金安文教机构、韩国文院、越南岘港出版社、法国色以出版社等分别出版了中文繁体字版、日文版、韩文版、越南文版、法文版《白鹿原》。内蒙古人民出版社蒙古文版，克孜勒苏柯尔克孜文出版社柯尔克孜文版，新疆美术摄影出版社、新疆电子音像出版社维吾尔文版，新疆人民出版社锡伯文版等版本也都陆续出版，平装本、精装本、线装本、毛边本应有尽有。2012 年 9 月，人民文学出版社出版了 4 册一套的手稿本，这是我国首次为健在作家的作品出版手稿本。此外，由于《白鹿原》在文学界的崇高地位、小说内容本身的厚重经典及影响力，《白鹿原》还被收入"百年百种优秀中国文学图书""中国当代名家长篇小说代表作""茅盾文学奖获奖书系""茅盾文学奖获奖作品全集""新中国60年长篇小说典藏""新中国70年70部长篇小说典藏"等多部藏书系列。截至《白鹿原》20周年精装典藏版出版时，仅人民文学出版社一家出版的《白鹿原》就多达11个版本，累计印数1383350册。《白鹿原》以每年5万到10万册的数量长销不衰，到2016年作者去世时，已发行逾160万册。

三、畅销攻略

《白鹿原》的创作本身就是作者对自己痴迷文学的一生给出的一种庄严而崇高的答复。用作者自己的话来说，《白鹿原》是一部能让作者自己离世睡在棺材中时能够将其作为枕头的著作。仅凭这一点就可以说明，陈忠实在创作未完成之前就已经把《白鹿原》看作自己作为作家的一生中最重要的作品。站在畅销案例分析的角度来看，《白鹿原》从1993年第一版问世至今长销不衰的根源，一定是与陈忠实这样的一种创作动机密不可分的。但为了令《白鹿原》畅销案例的研究更加具体化，以下选取人民文学出版社于2012年出版的《白鹿原》出版20周年精装典藏版为例加以具体分析。

（一）学术和文艺名家联袂推荐活动的带动

作为出版20周年精装典藏版，人民文学出版社为本版《白鹿原》的面世举办了别开生面的揭幕仪式。2012年9月12日，由人民文学出版社举办的"《白鹿原》出版20周年庆典暨名家学术论坛"在中国人民大学逸夫会议中心举行。作者陈忠实、电影《白鹿原》导演、舞剧《白鹿原》导演、《白鹿原》首版责任编辑等人及现场嘉宾围绕《白鹿原》的独特魅力与价值，以及该书在中国当代文化史上的意义展开深入交流。之后，他们一起为人民文学出版社全新推出的《白鹿原》出版 20 周年珍藏纪念版和《白鹿原》手稿限量珍藏版揭开了神秘的面纱。该活动吸引了众多媒体的争相报道，这为此版《白鹿原》的销售掀起了一股高潮，此后，人民文学出版社在特殊的日子，如陈忠实的去世纪念日等，都会举办一些有关《白鹿原》的纪念活动。人民文学出版社总经理办公室主任宋强 2013 年曾对《新京报》反映："社里也越来越重视这些经典老书的新市场，比如对《白鹿原》20 周年的纪念活动就是其一。""当时推出的《白鹿原》精装本首印 5 万册，很快就卖完了，现在已经卖了 20 万册。"

（二）图书内容

1. 宏大厚重的叙事背景

《白鹿原》选择了清朝灭亡到新中国成立初期，以西安北郊白鹿原为中心，陕西及周围地区广袤的乡土上发生的一系列悲欢离合、波谲云诡的历史演变作为小说的叙事逻辑，通过对辛亥革命、镇嵩军围攻西安城、农民运动、解放战争等载入史册的轰轰烈烈的政治变革在白鹿原乡民中的影响的描写，以及对旱灾、瘟疫等天灾在白鹿原乡民中引起的深重苦难的描写，为读者呈现出社会变迁中不同社会群体和个人错综复杂的命运。

2. 接地气的语言特色

《白鹿原》不但内容宏大厚重，而且在语言风格上极富地域特色。全书普遍使用了原汁原味的方言表达，这样的表达在刻画人物甚至在描绘场景时，都使得被描写的对象更加生动且富有活力。《白鹿原》在方言表达的用词方面也十分讲究，使读者即便不懂方言也可以从字面意思理解作者要表达的具体含义。例如，三十四章中鹿兆鹏的一句话"你老早就喊在原上刮起一场'风搅雪'，而今到了刮这场'风搅雪'的日子了，我听你的口气怎么不斩劲？"中，"斩劲"一词是关中方言富有特色的发音，有威风、厉害的意思。"斩"和"劲"两个字很好地表达了果敢强劲的意思。

3. 深刻揭示社会的本质

《白鹿原》中故事的历史跨度是从中国近代的封建专制时代到现代民主时代，但书中对人物的刻画及对社会矛盾的反映却充满了复杂性和不确定性。在作者笔下，主人公白嘉轩恪守道德，做事光明磊落，讲仁义、敢担当，但却很难适应社会思潮的急剧变化，只是刻板地奉行乡约族规，成为革命事业的"封建堡垒"。而田福贤、镇嵩军之流大搞机会主义，明里暗里地搜刮民脂民膏，彰显了人性的丑恶。而田福贤在鹿子霖遇难时及营救鹿兆鹏时却显示出其作为白鹿原上的一分子的难得的仁义。整个作品对那些像白嘉轩一样注定要被历史抛弃的人写得有夕阳之美，对最早迎接未来的鹿兆鹏、黑娃、田小娥那样的人写得又有朝阳的绚丽，在离合悲欢中富有变化。

4. 1993年首版无删改再现，并附有作者创作手记等重要创作资料

《白鹿原》问鼎茅盾文学奖时，茅盾文学奖评委会曾建议作者对这部作品某些地方进行修改，作者陈忠实说他自该作问世后也打算对其中个别地方作修改，于是就有了修改本的《白鹿原》。1997年12月，修改后的《白鹿原》作为"茅盾文学奖获奖书系"中的一个作品问世，这个版本此后又被多次出版。所以，对读者来说，获得未删改版的《白鹿原》一直是一种期待与愿望。此次出版的《白鹿原》出版20周年精装典藏版以1993年初版的原貌呈现，而且在书中还收录了作者的创作手记、手稿照片等重要创作资料，这些也是本版《白鹿原》的重要亮点。

（三）广泛的受众基础与崇高的文学地位

《白鹿原》1993年首版问世后迅速销售一空，后来不断改版加印，具有广泛而忠实的受众基础，这在畅销盛况中已经写到，在此不再赘述。而1998年《白鹿原》获得了中国文学最高奖项之一——茅盾文学奖后，又一次被更多的读者所熟悉，之后，文学界的多位专家对《白鹿原》的评价甚高，认为其不

仅仅获得了茅盾文学奖，而且堪称众多获奖作品中的扛鼎之作，以至于《白鹿原》以"茅盾文学奖获奖作品"、《陈忠实集》等系列图书的重要组成部分的形式出现在读者群中，屡销不衰。这样的销售情况在一定程度上为《白鹿原》出版20周年精装典藏版的热卖铺平了道路。

（四）IP产业的辐射带动

《白鹿原》原著问世之后就不断被改编为广播、秦腔、话剧、电影、电视剧等多种艺术形式，每次相关艺术作品的问世都会掀起新的售书狂潮，其中电影、电视剧作为受众面广、影响力强的大众化作品形态，对图书销售的影响也更为明显。电影《白鹿原》2012年9月15日在全国上映前后，西安图书大厦四天两次进货，9月11日购进100册《白鹿原》，9月14日再次购进300册《白鹿原》。据该书店相关销售人员反映，在2010年电影《白鹿原》开拍的时候，小说的销量激增，后来《白鹿原》定档期，又有了一个增长期，随着电影的上映再次热销。出版方在9月又加印了20万册书投放到市场。本书作者收集了人民文学出版社于2012年出版的《白鹿原》出版20周年精装典藏版的相关数据：首印5万册，此时距电影《白鹿原》上映不久，电影的热映对此版《白鹿原》的热销产生了重要影响。从2012年至2016年末，此版本的《白鹿原》累计印数为254600册，平均每年以6万多册加印，而2017年4月电视剧《白鹿原》的热映在一定程度上又将本版《白鹿原》的销售掀到了高潮，2017年5月到6月，图书版《白鹿原》的销量是电视剧播出前的十倍，京东的图书售卖专区中，《白鹿原》销量进入销量榜前十位。

此外，基于电影《白鹿原》拍摄的需要，陕西旅游集团有限公司于2013年在陕西蓝田县前卫镇斥资6亿打造了以小说《白鹿原》及同名电影为文化载体的民俗文化产业园，而白鹿仓景区、白鹿原民俗村等旅游产业的大力发展都对小说《白鹿原》的热销产生了影响。

总体而言，通过IP全产业链开发以达到相关产业主体的共生共赢，已经成为文化产业深度融合发展的重要表现，也越来越成为各文化产业主体做大做强的共识。从《白鹿原》IP 开发的过程来看,《白鹿原》图书的销售与影视剧、旅游产业之间的关系也是相互促进的。

(五) 书籍装帧精美,质量上乘

作为出版 20 周年精装典藏版,此版《白鹿原》的书籍装帧设计十分用心:封面上端为土黄色,下端为黑色的白鹿原大景纹理,布纹质地的封面压出了"白鹿原"书法体下凹的文字,环衬用克重适中的硬质珠光纸印有白黄色调的与封面呼应的大图,版权页后又增加了首版白鹿原书影、白鹿原手稿、陈忠实近照及相关精美照片,照片中兼有陈年旧照与作者近照,而照片的色彩、亮度明显是经过仔细调整的,与页面米黄色背景统一且协调,此外还有多幅美术设计插图作为折页和插图页出现在相关段落间,其色彩延续了土黄色主题,折页插图的美术风格质朴大气,画面张力十足,书签带、堵头布、书腰等图书部件一应俱全,质量上乘,使该书的收藏价值得以彰显。此外,书腰上的宣传语从五个方面——出版 20 周年珍藏、1993 年原版再现、累计印数 1383350 册、茅盾文学奖获奖作品、电影美术设计插图首次面世——为该版书的畅销助威。

四、精彩阅读

从去年腊月直到此时的漫长的大半年时月里,鹿子霖都过着一种无以诉说的苦涩的日子。他的儿子鹿兆鹏把田福贤以及他在内的十个乡约推上白鹿村的戏楼,让金书手一项一项揭露征收地丁银内幕的时候,他觉得不是金书手不是黑娃而是儿子兆鹏正朝他脸上撒尿。就是在那一瞬间,他忽然想起了岳维山和兆鹏握在一起举向空中的拳头;就是在那一瞬间,他在心里迸出一句话来:我现在才明白啥叫共产党了!鹿子霖猛然挣开押着他的农协会员扑向戏楼角上的铡刀,吼了一声"你把老子也铡了"就栽倒下去。他又被人拉起来站到原位上,那阵子台下正吼喊着要拿田福贤当众开铡，兆鹏似乎与黑娃发生了争执。他那天回家后当即辞退了长工刘谋儿。他听说下一步农协要没收土地，又愈加懒得到田头去照料，一任包谷谷子棉花疯长。他只是迫不得已才在午间歇晌时拉着牲畜到村子里的涝池去饮水，顺便再挑回两担水来。老父鹿泰恒也说不出有力的安慰他的话，只管苦中嘲笑说："啥叫羞了先人了？这就叫羞了先人了！把先人羞得在阴司龇牙哩！"

田福贤回原以后，那些跟着黑娃闹农协整日价像过年过节一样兴高采烈的人，突然间像霜打的红苕蔓子一夜之间就变得殷黑蔫塌了；那些在黑娃和他的革命弟兄手下遭到灭顶之灾的人，突然间还阳了又像迎来了自己的六十大寿一般兴奋；唯有鹿子霖还陷入灭顶之灾的枯井里，就连田福贤的恩光也照不到他阴冷的心上。田福贤回到原上的那天后晌，鹿子霖就跑到白鹿仓去面见上级，他在路上就想好了见到田总乡约的第一句话"你可回咱原上咧！"然后两人交臂痛哭三声。可是完全出乎鹿子霖的意料，田总乡约嘴角咂着卷烟只欠了欠身点了点头，仅仅是出于礼节地寒暄了两句就摆手指给他一个座位，然后就转过头和其他先他到来的人说话去了，几乎再没有把他红润的脸膛转过来，鹿子霖的心里就开始潮起悔气。两天后田福贤召开了各保障所乡约会议，十个乡约参加了九个独独没有通知他，他就完全证实了面见田福贤时的预感。鹿子霖随后又听到田福贤邀白嘉轩出山上马当第一保障所乡约的事，他原先想再去和田福贤坐坐，随之也就默自取消了这个念头。鹿子霖一头蹬脱了一头抹掉了——两只船都没踩住。先是共产党儿子整了他，现在是国民党白鹿区分部再不要他当委员，连第一保障所乡约也当不成了。鹿子霖灰心丧气甚至怨恨起田福贤。在憋闷至极的夜晚只能到冷先生的药房里去泄一泄气儿。别人看他的笑话，而老亲家不会。冷先生总是诚心实意地催他执杯，劝他作退一步想。冷先生说："你一定要当那个乡约弄啥？人家嘉轩叫当还不当哩！你要是能掺三分嘉轩的性气就好了。"鹿子霖解释说："我一定要当那个乡约干氇哩！要是原先甭叫我当，现在不当那不算个啥，先当了现时又不要我当，是对我起了疑心了，这就成了大事咧！"冷先生仍然冷冷地说："哪怕他说你是共产党哩！你是不是你心里还不清楚？肚里没冷病不怕吃西瓜。我说你要是能掺和三分嘉轩的性气也就是这意思。"

鹿子霖接受了冷先生的劝说在家只待了三天，冷先生给他掺和的三分嘉

案例九：《白鹿原》

轩的性气就跑光了。田福贤在白鹿村戏楼上整治农协头子的大会之后，鹿子霖再也闭门静坐不住了，跑进白鹿仓找到过去的上司发泄起来："田总乡约，你这样待我，兄弟我想不通。兄弟跟你干了多年，你难道不清楚兄弟的秉性？我家里出了个共产党，那不由我。兆鹏把你推上戏楼，也没松饶我咯！他把我当你的一伙整，你又把我当他的一伙怀疑，兄弟我而今是猪八戒照镜子里外不是人……"田福贤起初愣了半刻，随之就打断了鹿子霖的话："兄弟你既然把话说到这一步，我也就敲明叫响，你家里出了那么大一个共产党，不要说把个白鹿原搅得天翻地覆，整个滋水县甚至全省都给他搅得鸡犬不宁！你是他爸，你大概还不清楚，兆鹏是共产党的省委委员，还兼着省农协副部长，你是他爸，咋能不疑心你？"鹿子霖赌气地说："他是啥我不管，我可是我。我被众人当尻子笑了！我没法活了！你跟岳书记说干脆把我押了杀了，省得我一天人不人鬼不鬼地受洋罪……"田福贤再次打断他的话："兄弟你疯言浪语净胡说！我为你的事跟岳书记说了不下八回！我当面给岳书记拍胸口作保举荐你，说子霖跟我同堂念书一块共事，眼窝多深睫毛多长我都清楚，连一丝共产党的气儿也没得。岳书记到底松了口，说再缓一步看看。你心里不受活说气话我不计较，你大概不知道我为你费了多少唾沫？"鹿子霖听了，竟然双手抱住脑袋哇的一声哭了："我咋么也想不到活人活到这一步……"

鹿子霖站在祭桌前眯着眼消磨着时间，孝文领读的乡约条文没有一句能唤起他的兴趣，世事都成了啥样子了，还念这些老古董！好比人害绞肠痧要闭气了你可只记着喂红糖水！但他又不能不参加。正当鹿子霖心不在焉站得难受的时候，一位民团团丁径直走进祠堂，从背后拍了拍他的肩膀："田总乡约请你。"

一个"请"字就使鹿子霖虚空已极的心突兀地猛跳起来。鹿子霖走进白鹿仓那间小聚会室，田福贤从首席上站起来伸出胳膊和他握手，当即郑重宣布："鹿子霖同志继续就任本仓第一保障所乡约。"在田福贤带头拍响的掌声中，鹿子霖深深地向田福贤鞠了一躬，又向另九位乡约鞠了一躬。两个黑漆方桌上摆满了酒菜，鹿子霖有点局促地坐下来。田福贤说："今日这席面是贺老先生请诸位的。我刚回到原上，贺老先生就要给卑职接风洗尘，我说咱们国民党遵奉党规不能开这吃请风之先例。今天大局初定全赖得诸位乡约协力,又逢子霖兄弟复职喜事,我接受贺老先生的心意,借花献佛谢承诸位。"贺耀祖捋一捋雪白的胡须站起来:"我活到这岁数已经够了,足够了。黑娃跟贺老大要铡了我,我连眨眼都不眨。我只有一件事搅在心里,让黑娃贺老大这一杆子死狗赖娃在咱原上吆五喝六挦红捏绿,我躺在地底下气也不顺,甭说活着的人了!福贤回来了原上而今安宁了,我当下死了也闭上眼睛了!"鹿子霖站起来:"承蒙诸位关照,特别是田总乡约宽宏大量,明天受我一请。"立即有几位乡约笑说:"即使天天吃请也轮不到你,一个月后许是轮上……"田福贤打断说:"诸位好好吃好好喝听我说,原上大局已定,但还是不能放松。各保障所要一个村子一个寨子齐过手,凡是参加农协的不管穷汉富户,男人女人,老的小的,都要叫他说个啥!把弓上硬,把弦绷紧,把牙咬死,一个也不能松了饶了!要叫他一个个都尝一回辣子辣。如若有哪个还暗中活动或是死不改口,你把他送到我这儿来,我的这些团丁会把他教乖。再,千万留心那些跑了躲了的大小头目的影踪……"田福贤回过头对坐在旁边的鹿子霖说:"前一向你没到任,第一保障所所辖各村动静不大,你而今上任了就要迎头赶上,这下就看你的了。"田福贤说的是真心话。白鹿村在原上举足轻重的位置使他轻易不敢更换第一保障所的乡约,出于各方面的考虑,他仍然保全了鹿子霖,只有他可以对付白嘉轩。

(节选自《白鹿原》第十四章)

五、相关研究推荐

[1] 张瑾,孙宏哲.陈忠实《白鹿原》中的乡土文化人格塑造[J].散文百家(理论),2021(3):17-18.

[2] 廖明洁.《白鹿原》中比喻修辞的艺术魅力[J].名作欣赏,2021(09):117-118.

[3] 戴庆,刘郁琪.论《白鹿原》的版本流变及其革命叙事[J].佳木斯大学社

会科学学报，2021，39（1）：142-145.

[4] 姚敏.长篇小说《白鹿原》版本考证[EB/OL].（2019.01.25）[2022.4.20] https://baijiahao.baidu.com/s?id=1623610709619326580&wfr=spider&for=pc.

[5] 王曼利.《白鹿原》展现的文化之间的复杂关系[J].新阅读，2020（09）：68-69.

[6] 吴梦迪.浅析《白鹿原》小说的电影改编[J].牡丹，2020（10）：164-165.

[7] 杨柳.陈忠实乡土小说的家族文化研究[D].南京：南京师范大学，2020.

[8] 李伟.论小说《白鹿原》中伦理书写的对立化叙事[J].广西社会科学，2019（6）：166-172.

[9] 陶丽娟.小说《白鹿原》的叙述视角研究[J].鸭绿江（下半月），2019（9）：29-30.

[10] 李梁桥.《白鹿原》传播研究[D].浙江：浙江传媒学院，2019.

[11] 陈忠实.何谓益友——《白鹿原》出版的前前后后[J].当代学生，2016（Z2）：86-88.

[12] 徐爱华.一部小说的产生[D].苏州：苏州大学，2009.

案例十:《克苏鲁神话》(1、2、3)

一、图书基本信息

(一)图书介绍

书名:《克苏鲁神话1》

作者:[美]H.P.洛夫克拉夫特

译者:姚向辉

开本:32开

字数:163千字

定价:68.00元

书号:ISBN 978-7-5339-4614-2

出版社:浙江文艺出版社

出版时间:2016年11月

书名:《克苏鲁神话2》

作者:[美]H.P.洛夫克拉夫特

译者:姚向辉

开本:32开

字数:209千字

定价:82.00元

书号：ISBN 978-7-5339-5111-5

出版社：浙江文艺出版社

出版时间：2018 年 1 月

书名：《克苏鲁神话 3》

作者：[美] H.P. 洛夫克拉夫特

译者：姚向辉

开本：32 开

字数：163 千字

定价：72.00 元

书号：ISBN 978-7-5339-5509-0

出版社：浙江文艺出版社

出版时间：2019 年 1 月

（二）作者简介

H.P. 洛夫克拉夫特（Howard Phillips Lovecraft）（1890—1937 年）是美国恐怖、科幻与奇幻小说作家，尤以恐怖小说著称。他 1890 年出生于普罗维登斯安格尔街 194 号，3 岁时父亲因精神崩溃被送进医院，五年后去世。14 岁时祖父去世，家道中落，他一度打算自杀。18 岁时深受精神崩溃的折磨，未毕业便退学。29 岁时母亲也精神失常，两年后死于手术。34 岁时结婚，但婚后生活并不幸福。不久，妻子的帽子商店破产，身体健康恶化。他因此陷入痛苦与孤独，五年后离婚。

一贫如洗的洛夫克拉夫特回到家乡普罗维登斯后，将所有精力倾注于写作。然而，因为他的 80 多篇小说内容与思想过于超前，所以，直到 46 岁被诊断出肠癌时，他都未从小说得到名利回报。次年，他在疼痛与孤独中死去。

洛夫克拉夫特呕心沥血的作品之一便是后来被称为《克苏鲁神话》的系列小说，其中，《克苏鲁的呼唤》《超越时间之影》《印斯茅斯的阴霾》《疯狂山脉》《夜半低语》等单篇小说知名度非常高。洛夫克拉夫特身故后在普罗维登斯与家人合葬，没有一块自己的墓碑。后来他的读者为他制作了一块墓碑，上面刻着一个一语双关的句子："I AM PROVIDENCE"，意为"我是普罗维登斯人"，也可以理解为"吾乃天命之人"。

虽然洛夫克拉夫特的读者群体在他有生之年寥寥无几，但在他去世后，人们逐渐开始重新审视他的作品，其文坛地位也随之上升，今天，洛夫克拉夫特已被公认为 20 世纪最具影响力的恐怖小说家之一。乔伊斯·卡罗尔·欧茨说，洛夫克拉夫特与 19 世纪的埃德加·爱伦·坡对后世恐怖文学做出了无可估量的贡献。斯蒂芬·金称洛夫克拉夫特是 "20 世纪最伟大的古典恐怖故事作家"。

同时，洛夫克拉夫特的代表作《克苏鲁神话》被学术界认为是 20 世纪影响力最大的古典恐怖小说体系，并成为无数恐怖电影、游戏、文学作品的滥觞。

二、畅销盛况

目前，国内对于《克苏鲁神话》的关注度越来越高，受众群体对于 IP 的需求也随之升级。在供不应求的大环境下，对于中文版本及实体书的需求越来越高。早年由于没有进行正规渠道的引进，导致国内读者一直处于与世界同好及学术研究隔绝的状态，仅有的中译本内容相当零乱，再加上早期的翻译者对于洛夫克拉夫特本人及《克苏鲁神话》相关内容缺乏了解，翻译质量也参差不齐。

现在国内市面上流行的《克苏鲁神话》中文畅销书版本如下：

2012 年　重庆大学出版社　《克苏鲁神话》（上、下）

2015 年　重庆大学出版社　《克苏鲁神话 2》

2016 年　浙江文艺出版社　《克苏鲁神话》（1、2、3）

2016 年　人民文学出版社　《克苏鲁的呼唤》

2017 年　重庆大学出版社　《克苏鲁神话 合集》

2019年　作家出版社　《克苏鲁神话》（1、2、3）

2020年　北京时代文化书局　《死灵之书》

其中，本书分析的浙江文艺出版社出版的《克苏鲁神话》（1）一书自2016年11月1日上市后，短短四个月时间内就加印了20万册，取得了非常好的市场业绩。当前，该书仍然以良好的市场表现位居亚马逊网奇幻文学排行榜第四名。

该书在历经数年后仍然能出现在榜单之上，足以证明其畅销盛况。同时，该书逐渐转为长销书。

三、畅销攻略

（一）文本自身的魅力

1. 主题——源自未知的恐怖

《克苏鲁神话》之所以闻名后世，并不是因为其拥有大量对于恐怖事物的描写。正如阿西莫夫所说，令人恐惧的从不是黑暗，而是未知。洛夫克拉夫特笔下的文字并不是一个个单纯的恐怖故事，而是对人类对于世界的认识中未知的空白最消极和最恐惧的揣测。浩瀚无垠的星空，是否存在吞噬一切的诡异颜色？亿万年前雷电交加的夜晚，诞生生命最初氨基酸的时刻，是否已有诡异可怖的巨兽在原始的地球上踱步？眼前陌生的海滨小镇，是否暗藏着不可言说的怪诞生物？白雪皑皑的南极深处，是否藏有史前地外文明的痕迹？阅读恐怖文学本就是为了寻求一场刺激紧张的梦，所以，读者知道这是一场假的冒险，不会有性命之虞。洛夫克拉夫特的作品也不例外。不同的是，他并不会直接说出答案，而是抛出一个可能，一个最卑劣冷酷的可能，足以使人脊背发凉。当读完他的书后，读者仍不时会想起这个可能，也许在某个独自凝望星空的夜晚，也许是走在漆黑小巷中的时候。而开发出这种源自未知的意识流恐惧，正是洛夫克拉夫特的伟大之处。

2. 内容

《克苏鲁神话》的大部分笔墨刻画了被称为"古神"的生物"旧日支配者"。在洛夫克拉夫特笔下，这些生命来自宇宙的深渊，曾经在史前时代降临并统治过地球，但后来因为莫名的原因，它们或重归宇宙深空或在地球上隐秘的崇山深海中进入假寐，等待重新崛起的那一天。它们的存在会激起人类最原始、最强烈的恐惧，从而使人精神崩溃、步入癫狂。当它们苏醒之时，便是人类文明毁灭之日。

但是，洛夫克拉夫特生前从未用过"克苏鲁神话"的说法。"克苏鲁"是他笔下一位旧日支配者的名字。在他生前创作的小说之间，故事中的人物、场景虽然时有呼应，其实并没有真正意义上的核心人物或主线故事，也没有固定的历史背景。

实际上，作者对于克苏鲁体系的构想和设定十分宏大，不过这个框架没有清晰的、充足的内容去支撑。也许是洛夫克拉夫特故意有所保留，以留给每个读者丰富的想象空间去想象自己心中的克苏鲁世界。总之，在他生前，"克苏鲁神话"只是一个体系的萌芽。

洛夫克拉夫特去世后，他的好朋友德雷斯尽力整理他的作品，加入了很多新的内容，逐渐形成了今天我们所看到的克苏鲁神话。作为作品版权的继承者，德雷斯不仅完善了克苏鲁神话体系，还将一部分基督教的价值观、善恶二元论融入了克苏鲁神话，对洛夫克拉夫特笔下混乱的、联系松散的宇宙做了补充。

1939年，德雷斯创立了一个名为"阿卡姆之屋"的小型出版机构，专门出版洛夫克拉夫特的作品，同时鼓励和扶持年轻作家，模仿洛夫克拉夫特的小说风格进行创作出版。经过这些后来者的努力，克苏鲁神话终于形成了一个清晰完整的体系，说到这里，就介绍完了当今的克苏鲁神话体系：围绕不可名状的存在与人类世界所产生的各种故事。

值得一提的是，很多研究者认为，这个经过后世补充和完善的体系，与洛夫克拉夫特冷漠的宇宙观相悖，因此不少爱好者拒绝承认它的正当性。这里，我们暂时不去追究今天克苏鲁神话的原教旨性，只要去理解作者本人所坚持的思想就可以了。

3. 语言风格

洛夫克拉夫特行文风格所流露的恐怖可以归为以下三种：对未知的恐惧、真相与表象的强烈反差、绝望无助感。其中，对未知的恐惧作为克苏鲁神话表达的主旨之一，简单来说，可以解释为因为对未知充满恐惧，绝大多数人都希望生活在自己的舒适圈内。如果直接阐明给读者，那就不是未知的恐怖了，这个时候想象力自然成为了写作的关键。

洛夫克拉夫特刚刚创作克苏鲁神话的时候，读者们不买账的原因是，读者都认为这个人不过是在胡言乱语。与之相反，作家们却纷纷发出好评。因为克苏鲁神话的本质正是靠着模糊不清的描述来激发读者的想象力，让读者自行根据蛛丝马迹脑补出恐怖的事实。

真相与表象的强烈反差作为克苏鲁神话所要表达的主旨之二，指的是在虚假和平的表象后面，是世界的残酷真相。成年人应该在现实生活中对这一点深有体会。如果是未成年人，恐怕还需要依赖一下想象力。设想一下，有一个一直待在温室中的花朵，从未经历过温室外面的严寒，天真地以为这个世界一直就像温室里那样温暖美好，当有一天温室中的花朵来到外面的世界……这种强烈反差所带来的冲击其实无比震撼。

克苏鲁神话所要表达的主旨之三是绝望无助感。洛夫克拉夫特一直都在作品中努力营造一种绝望压抑的氛围，希望读者因此被绝望的恐怖包围。这种恐怖来源于人类意识到在浩瀚的宇宙面前自己什么都做不了。这种细思恐极、不寒而栗的创作风格，才是克苏鲁神话所要达到的效果。

（二）整体装帧设计

装帧设计是图书能够畅销的重要因素之一。装帧设计就像我们的日常穿戴，从细节上体现着审美、和谐、个性等多方面的要求。作家自身在书中提供精彩内容之后，出版社的编辑们需要尽心完成图书装帧设计。

1. 封面及内封设计

图书的"长相"如何决定了它留给读者的第一印象，对之后的销售影响很大，而这当中，封面设计往往是重中之重。在大多数情况下，一间书店如果有充足的空间，肯定会尽量避免书脊面对读者。毕竟，图书封面的吸引力决定了读者在这本书前停留的时间长短。

由果麦和浙江文艺出版社联合打造的《克苏鲁神话》（1、2、3）在装帧设计上简约、神秘、端重，实现了之前同题材图书前所未有的突破。三本图书封面整体基调分别是墨绿色、暗红色和深棕色，在视觉上给人一种晦暗幽邃的感受。封面勾勒出古神形象，不同于通过花哨轻浮图案吸引读者眼球的封面。这种别出心裁、紧贴主题的设计使得这三本书在琳琅满目的书架上散发的阴郁气息不禁让人打个寒战。另一方面，内封设计也十分夺目。《克苏鲁神话》（1、2、3）内封与外封同样采用冷色调，但内封上巴洛克式的群星和占卜图案与外封的沉稳形成了鲜明的对比。外封封面弥漫着探索未知的恐怖，绚烂的内封又充满了华丽的想象，两者相得益彰，在视觉效果上冲击强烈，符合奇幻文学爱好者的审美情趣。

2. 内文版式设计

一本书版心的大小需要根据书本的性质、种类和既定开本来确定。《克苏鲁神话》（1、2、3）属于小说类图书，因此版心可以做小些，四周空出较多，让版面整体看起来明朗、清爽。《克苏鲁神话》（1、2、3）的内文版式相较其他类似排版风格的畅销书而言，留白成为了最大特点。由于洛夫克拉夫特的作品里短篇非常多，因此本书收录的很多文章篇幅都不长，少则几千字，最多也不过十万字。短小的篇幅为设计时的留白创造了很大的机会。但要说明的是，正文不能只以留白多为吸引点，还要在题目与正文之间、配图四周、单篇短文结尾等处都使用留白，使版面干净简洁。虽然小版心一直是散文随笔类书籍常用的设计，但很多事情却没有定规。阴郁晦暗的文字和干净利落的版面这两者的搭配带来的反差强烈的感受，再加上版心与留白的设计与内容和谐统一，给读者带来了极佳的阅读体验。

3. 插图设计

良好的插图设计可以为畅销书注入更多的活力，而插图的作用在于为读者提供身临其境的阅读气氛，同时也符合未来图书出版发展的需求。图片在书籍设计时的组合形式、创意点及对个性的彰显是打造畅销书时需要充分考虑的部分。如今，市面上绝大部分畅销书都或多或少地在书中配有图片，同时不少文学名作也都在再版时进行了图文增订。这都起到了良好的传播效果。虽然图文结合受到广大读者的欢迎是显而易见的，但我们也要意识到，图文结合的书籍不一定都会畅销。图片与文字合理结合、图文能起到积极的化学反应才是一本书畅销的关键。

在《克苏鲁神话》（1、2、3）中，插图大多采用20世纪20年代的黑白照片、略显潦草的手记和剪下的旧报纸，让人感到时光亘长。同时，部分章节根据内容搭配了冷色系的手绘，平添了一丝神秘色彩，与洛夫克拉夫特怪诞深刻的文字、对比强烈的版面相嵌合。翻开这本书，使人感觉仿佛打开了一个女巫的衣橱，踏上了一场未知的旅途。本书定位于奇幻文学，所以，书中人物手绘及剪报、信件的插入增加了本书烘托的氛围感，且与作品定位完美结合，生动、细腻地增添了阅读时幻想里的真实底蕴。

（三）宣传营销手段

对今天的出版行业而言，畅销书宣传营销与微博密切相关。随着互联网的飞速发展，传播渠道的变化使得传统媒体远不如新媒体有影响力。而《克苏鲁神话》（1、2、3）这种在全世界拥有极大影响力和宣传力的作品，出版商也利用其优势，通过微博最大程度地进行传播。从市场表现来看，宣传达到了很好的宣传效果。

本书作者在做《克苏鲁神话》（1、2、3）的市场调查时充分感受到了这套书在国内引进出版时的宣传力度。值得一提的是它的出版方——果麦和浙江文艺出版社的影响力。作为"半个畅销榜"的果麦在出版物营销方面一直是国内出版行业研究绕不开的对象。《克苏鲁神话》（1、2、3）在全国很多书店并不像其他畅销书一样码垛摆放，而是精心摆放在书店最佳的位置。

据北京某书店的工作人员回忆，《克苏鲁神话》（1、2、3）的海报被安置在进门拐角处，相比于在电子屏幕上滚动播放，海报的摆放更利于吸引读者的视线，而且书店的进门处是读者来往最多的地方，海报的摆放能够引起大量消费者的关注。

（四）社会现实意义

克苏鲁神话本质上是基于哲学观点的创作，它的内核是对人性的践踏，读者向他人推荐时常常会用到的"细思极恐"就是指这种情况。未知本身就是一种恐怖，在如今这个信息爆炸的时代，人们对任何新颖的事物或者观点都有逐渐了解的机会，基本上所有信息都可以用逻辑化的语言进行表述。但是，假如某一天，你的面前出现了用世界上所有的语言都无法描述的事物（甚至不应该说"面前"，因为这其实就变成了可名状之物），你的所有感官逆转，最初的危机感变成冷漠，你知道它在逐步侵蚀你甚至杀死你，却连呼救或是预警都无法传达出去，你对自己遭遇的一切毫无头绪。这种感受就是克苏鲁神话给人最直接的感受。

克苏鲁神话的重点在于认知。打个通俗些的比方，假如一个人现在穿越到过去，告诉古人地球是圆的，说相对论，说量子力学，古人只会觉得他脑子有病。但是，如果三天三夜一刻不停地向古人讲这些结论是怎么推导出来的，从公式的基本名词说起，直到证明出相对论、量子力学是真实存在的，那么，这个时候他就不再是以前的那个人了。换句话说，在古人接受了这些对于他来说怪诞的现代知识的那一刻，他就部分脱离了愚昧，此时，他脑海中的知识会帮助他重塑三观，以全新的角度去认知整个世界。当然，也有可能他会直接疯掉，并且有非常大的概率，而这正是克苏鲁神话中的经典结局。那么，假如，一个现代人遇到了所谓神明"帮助"他脱离愚昧，会怎样呢？克苏鲁神话非常强调一个观点是：愚昧可以保护你，进步则会毁灭你。现在来看，这是对人探索欲的扼杀，是对天性的扼杀。但结合洛夫克拉夫特生活的时代来看，当时正值第一次世界大战前夕，战争的阴云笼罩世界。如果下一步人类真的在认知宇宙的路上遇到了瓶颈，再多往前走一步就会毁灭，那将是多么恐怖的一个景象。

四、精彩阅读

　　二十二年来，我一直生活在噩梦与恐惧中，只有坚信自己的某些念头全都源自虚构的神话才能支撑下来。虽然在1935年7月17日到18日的夜间，我觉得自己在西澳大利亚发现了一些东西，但我不愿意担保这件事情就是真实的。我的确有理由去期望自己的经历完全，或者部分，是幻觉——事实上，有各式各样的理由可以解释所发生的事情。然而那段经历实在真实得可怕，以至于我有时候会觉得自己的奢望是不可能实现的。如果这一切都是真的，人类必须准备好接受一些关于宇宙的全新看法，接受自己在这个翻腾动荡的时间漩涡里的真实处境。仅仅提起这一切就足以让人呆若木鸡了。更重要的是，人类必须准备好去应对某种潜伏躲藏起来的特殊威胁——虽然它永远都不可能吞噬掉整个人类族群，但依旧有可能为某些莽撞的家伙带来怪异且又无法想象的恐怖。也正是因为自己全力强调的后一个原因，我才最终放弃了之前做出的所有努力，不再去发掘我的探险队原本计划去勘探的那些不知名的原始巨石遗迹。

　　假如我当时真的头脑清醒、神智健全，那么在此之前应该还没有人经历过我所遭遇的一切。此外，这件事情也可怖地证明了所有我曾妄图归结为神话或噩梦的东西全都是真实存在的。万幸的是，我没有证据证明它的确发生过。因为在慌乱中，我弄丢了最无可辩驳的铁证——如果它真的存在，而且的确是从那邪恶的深渊中被带出来的话。我独自面对了恐怖的一切——而且到现在为止，我未曾向任何人说起这件事情。我没法阻止探险队里的其他成员朝着那个方向继续探寻，但到目前为止，运气与移动的沙丘使得他们一无所获。而现在，我必须对事情的始末做出明确的陈述——不仅仅是为了寻求自己心灵上的平静，也为了警告那些可能会严肃认真阅读这一切的人。

而今，我在回家的轮船船舱里写下这些文字——对于那些经常阅读普通报刊与科学杂志的读者来说，前面的大部分内容会非常熟悉。我会将这些文件交给我的儿子，密斯卡托尼克大学的温盖特·匹斯里教授——当我在很久之前患上离奇失忆症的时候，他是所有家庭成员中唯一信任并支持我的人；此外，他也是最了解内情的人。当我谈到那个改变我命运的夜晚时，他也许是这个世界上最不会嘲笑我的人。直到登船前，我都没有向他提起自己的经历，因为我觉得他最好还是通过文字来了解所发生的事情。阅读以及闲暇时的反复翻阅也许会留给他一些更可靠的印象，起码比我含糊不清的舌头所陈述的内容要可靠得多。他有权对这些文件做任何他觉得最合适的处理——公开它们，并且在任何写得下的空白里附上合适的评论。为了让那些不太清楚我之前的经历的读者更好地理解整件事情，我为自己准备揭露的事情写了一些引言——它非常完整地总结了整件事情的背景。

我名叫纳撒尼尔·温盖特·匹斯里。如果有人还记得十年前的报纸新闻——或是六七年前心理学杂志上刊登过的信件与文章——那么他应该知道我是谁。报纸上详细记述了我在1908年到1913年间患上离奇失忆症时的表现，其中的大部分内容都是我当时以及现在所居住的那座马萨诸塞州古老小镇上私下流传的一些牵涉恐怖、疯狂与巫术的传说。然而，我早该知道，不论是遗传还是我的早年生活都不存在任何疯狂或者邪恶的地方。鉴于那个来自其他地方的幽灵降临得如此突然，这一事实有着非同寻常的重要意义。或许，几百年黑暗阴郁的历史使得阿卡姆——这座逐渐衰落、流言盛行的城市——特别容易受到那些幽灵的侵扰——然而，就连这点理由似乎也有些站不住脚，因为后来的研究显示，那些更加文明和现代的地区也曾发生过同样的事情。但我想要强调的是，不论我的祖先还是家庭背景都非常平凡，毫无特别之处。至于到底发生了什么，以及那一切源自其他什么地方，直到现在，我很难用简单平白的语言做出断言。

我是乔纳森·匹斯里与汉娜·匹斯里（温盖特）的儿子。我的父母都来自黑弗里尔市、健康正常的古老家族。我出生在黑弗里尔市博德曼大街上一座靠

案例十：《克苏鲁神话》（1、2、3）

近戈登山的老农庄里，并且在那里长大。直到十八岁考入密斯卡托尼克大学前，我从未去过阿卡姆。1889年，我从密斯卡托尼克大学毕业，进入哈佛大学研究经济学。1895年，我回到了密斯卡托尼克大学，成为了一名政治经济学讲师。随后的十三年里，我的生活一帆风顺、幸福快乐。1896年，我在黑弗里尔与爱丽丝·凯莎结为夫妻。我们的三个孩子，罗伯特、温盖特和汉娜先后于1898、1900、1903年来到世上。1898年，我当上了副教授，1902年又晋升为教授。在那时候，我对神秘主义与病态心理学没有一丁点的兴趣。

然而，在1908年5月14日，星期四，我患上了一种奇怪的失忆症。变故来得很突然，但后来回顾整件事情的时候，我意识到在事发前的几个小时里，自己曾经有过一些短暂、模糊的幻觉——那些混乱的幻觉让我觉得颇为心神不宁，因为我从未遇见过这样的情况——它们肯定就是病发前的征兆。在当时，我觉得头痛难忍，并且产生了一种完全陌生的古怪感觉，就好像有其他人正在试图占据我的思想。

真正的灾难发生在早上10：20，当时我正在给三年级以及几个二年级学生上政治经济学的第六课——过去与现在的经济趋势。起先，我看到了一些奇怪的轮廓，并且觉得自己正站在一个怪异的房间里，而非教室中。接着，我的思绪与发言开始偏离了课堂内容。就连学生们也注意到事情有些不对劲。随后，我突然倒了下去，不省人事地跌坐在椅子上，陷入了没人能够唤醒的昏迷状态。当我再度恢复正常，重新见到我们这个寻常世界里的阳光时，已经是五年零四个月十三天后的事情了。

随后发生的事情自然都是我从其他人那里听来的：我被送回了位于克雷恩大街27号的家里，并且接受了最好的医疗看护。但在长达十六个半小时的时间内，我始终处于不省人事的状态。随后，在5月15日凌晨三点，"我"睁开了眼睛，并且开始说话，但没过多久家人与医生们都被"我"的表情与言语给吓坏了。醒过来的那个人显然不记得与自己的身份——或者过去——有关的任何事情；但出于某些原因，"我"似乎急于掩饰记忆上的缺失。"我"的眼睛奇怪地盯着身边的人，而"我"的面部肌肉也呈现出一种完全陌生的扭曲状态。

就连"我"的言语也跟着变得笨拙与陌生起来。"我"笨拙地使用着自己的声带，摸索着发出一个个音节，而且在措辞时也显得非常古怪与生硬，就好像"我"完全是通过书本学会英语的一样。除此之外，"我"的发音也显得非常粗野和怪诞，所使用的习语既包含了一些零散的奇怪古文，也有一些完全无法理解的表达方式。二十多年后，在场医生中最年轻的那个依旧记得其中某一段无法理解的词句。那段词句给他留下了非常深刻——甚至是恐怖——的印象。因为，后来这个短语真的在社会上流行了起来——它起先出现在英格兰，后来又传到了美国——虽然这个短语非常复杂，而且毫无疑问是个新生事物，但它与1908年阿卡姆镇上那个奇怪病人口里喊出来的某段费解词句别无二致。

虽然"我"的体力很快就恢复了，但"我"却需要重新学习如何使用双手、双腿以及身体上的其他部分。由于这些奇怪的行为，以及失忆导致的其他障碍，"我"在随后的一段时间内依旧受到严格的医疗看护。在发现自己无法掩饰失忆带来的问题后，"我"非常坦率地承认了自己的状况，并且开始渴望接触各种各样的信息。事实上，在医生看来，当"我"接受了失忆症，并且将它当作一件自然和正常的事情后，"我"就对自己原有的身份信息毫无兴趣了。他们发现"我"的主要精力全都集中在了学习知识上，所学习的内容涵盖了历史、科学、艺术、语言与民俗的某些方面——其中一些内容非常深奥，而另一些内容则是小孩都知道的事实——但非常奇怪的是，许多小孩都知道的事实，"我"却一无所知。

（节选自《克苏鲁神话2》第245~247页）

五、相关阅读推荐

[1] 蒋文多. 青年亚文化视角下的克苏鲁文化传播解读——基于克苏鲁小众粉丝迷群的研究 [J]. 视听，2020（12）：127-129.

[2] 王云翔，黄文山. 初探克苏鲁神话的起源、发展以及影响 [J]. 戏剧之家，

2020（27）：215-216.

[3] 付鹏.恐怖文学克苏鲁神话的创作美学探究[J].青年文学家，2020（18）：141-143.

[4] 马慧捷.论德雷斯对克苏鲁神话的意义[J].汉字文化，2019（S1）：105-106.

[5] 孔潇逸.21世纪以来恐怖文学体系"克苏鲁神话"的发展[J].菏泽学院学报，2019，41（4）：120-125.

案例十一：《沙海》

一、图书基本信息

（一）图书介绍

书名：《沙海 1：荒沙诡影》

作者：南派三叔

开本：16 开

字数：220 千字

定价：32.80 元

书号：ISBN 978-7-5354-4902-3

出版社：长江文艺出版社

出版时间：2013 年 5 月

书名：《沙海 2：沙蟒蛇巢》

作者：南派三叔

开本：16 开

字数：196 千字

定价：32.80 元

书号：ISBN 978-7-5354-6563-5

出版社：长江文艺出版社

出版时间：2013 年 8 月

（二）作者简介

南派三叔，本名徐磊，1982 年出生于浙江省嘉兴市，毕业于浙江树人大学，毕业后曾就职于广告、软件、国际贸易等诸多行业。南派三叔年幼时曾听外婆讲述了在村中一家大户人家中挖掘出血尸的故事，这是他人生中第一个与尸体有关的故事。从此，他对神秘的地下世界产生了浓厚的兴趣，并常会以自己身边的朋友为原型进行文学创作。2006 年 6 月 26 日，南派三叔开始以"218.109.112.*"为 ID，在论坛中连载他的第一篇小说《七星鲁王宫》。南派三叔凭借其极佳的文笔与氛围营造能力，受到了广大网友的热捧，并有了自己的书粉。所以，他逐渐被起点中文网看中并挖掘，他的小说连载也由贴吧转至起点中文网。2006 年 7 月，《盗墓笔记》在起点中文网正式开始连载。在作品连载期间，其收获了大量的粉丝，积攒了巨大的网络人气。在经过半年的文稿整理工作之后，盗墓笔记系列第一本实体书《盗墓笔记：七星鲁王宫》顺利出版。该书一经上市就掀起了销售狂潮，是网络小说实体化的成功案例。

2011 年 11 月份，《盗墓笔记：大结局》上下两册上市出版，上市首周其销量就突破了 100 万册。这标志着盗墓笔记系列的完结。至此，盗墓笔记系列九部书总销量超过 1200 万册。南派三叔以 1580 万元的版税收入荣登 "2011 第六届中国作家富豪榜"第二名。

2013 年，南派三叔出版了与《盗墓笔记》故事环环相扣但内容独立的《盗墓笔记》后传《沙海 1：荒沙诡影》和《沙海 2：沙蟒蛇巢》。

二、畅销盛况

《沙海 1：荒沙诡影》和《沙海 2：沙蟒蛇巢》于 2013 年出版，在开卷 2013 年第 11 周虚构类畅销书排行榜中排名第一，并且连续两周蝉联冠军。2015 年，由南派三叔投资成立的公司宣布启动"盗墓笔记大计划"，对其名下的"盗墓笔记""藏海花"和"沙海"等多个 IP 进行全版权开发。2018 年，由秦昊、吴磊主演的《沙海》网播剧在腾讯视频上线播出。该剧刚上线 5 个小时网络播放量就破亿，到同年 9 月 15 日，该剧全网播放总量已突破 50 亿，为"沙海"IP 带来了巨大的热度。随后，出版社趁机出版了网剧的影视同期书《沙海 典藏纪念版》，不久，该书在同期小说阅读榜的新书出版榜中排名第五，后曾在当当网青春文学畅销榜排名第 37 位。

三、畅销攻略

（一）坚持以内容为王吸引书籍读者

1. 以新奇的叙事视角吸引读者

《沙海》系列小说改变了《盗墓笔记》系列书籍以主人公吴邪第一人称叙事的方式。《沙海》系列小说完全以第三人称视角展开。该书抛弃了《盗墓笔记》本传中吴邪原有的视角，讲述了普通高中生黎簇被卷入了一个设计精巧的巨大阴谋之中，在破局的过程中结识了以旅行摄影家关根自居的吴邪，并一步步地揭示了吴邪的身份，也逐渐地披露了吴邪所经历的事情。《沙海》系列小说不仅继承了《盗墓笔记》本传神秘诡谲的叙事风格，还添加了一些悬疑元素。小说内容主要以黎簇作为故事线，其间穿插着他人的故事线，通过不同故事之间的串联与不同视角之间的切换推动着故事的发展，吸引着读者的目光。

2. 以新颖的人设吸引 IP 粉丝

吴邪作为《盗墓笔记》系列书籍的绝对男主，从第一部书中天真无邪的行业新手小白，随着书籍的更新，逐渐成长为第七部书中与胖子和小哥完美配合的行业老手。随着吴邪的成长，读者也逐渐成长起来，因此《盗墓笔记》IP 的粉丝都对吴邪有着别样的情感。在《沙海》小说中，南派三叔为粉丝呈现了一个武力超强、狠戾但仍坚持其心中的善良的吴邪，这样的吴邪让 IP 粉丝心疼，也使粉丝好奇在这本书中吴邪到底经历了些什么，这些故事内容刺激了消费者购买和阅读书籍。

此外，这本小说的主人公黎簇和他的两位好友苏万、杨好组成的新版"铁三角"与《盗墓笔记》本传中由吴邪、张起灵和王胖子三位主角组成的"铁三角"相呼应，也吸引着粉丝通过阅读去了解全新"铁三角"的冒险成长之旅。

（二）准确市场定位，精准营销

《沙海》小说承接了《盗墓笔记》第八部的故事，讲的是在张起灵进入青铜门之后，吴邪为了兑现十年之后接张起灵出青铜门的十年之约，褪去天真、费尽心机，在少年黎簇、苏万和杨好等人的帮助下，消灭汪家人，打破千年之局的故事。《沙海》被称为少年版《盗墓笔记》和《盗墓笔记》后传，所以在一定程度上继承了《盗墓笔记》的粉丝，同时，因为有不同于《盗墓笔记》的主角，有新的行文方式和叙事风格，还吸引了其他的粉丝，拥有着巨大且扎实的粉丝基础。

《沙海1：荒沙诡影》和《沙海2：沙蟒蛇巢》（以下称《沙海1、2》）早期的目标销售对象就是原著IP的粉丝，所以在《沙海1、2》两本书籍的腰封上有"无邪仍在，不见天真""盗墓笔记后传奇"等宣传文字，在《沙海1、2》刚上市之时，南派三叔举办了巡回签售会吸引粉丝购买书籍。

五年之后出版的《沙海 典藏纪念版》以小说原著粉丝和网剧演员粉丝为目标受众，以《沙海》网剧的扩大受众群为次要受众。《沙海 典藏纪念版》作为网剧的影视同期书，以套装的形式捆绑销售《沙海1、2》两本书籍，并随书附赠网剧剧情大海报和明信片，并在典藏纪念版套装封面上标注"吴磊（黎簇）""秦昊（吴邪）""主演同名剧，暑假重磅开播"等宣传语，这样可以吸引网剧演员粉丝购买小说，帮助他们提前知悉网剧内容，并且随书赠送腾讯视频会员，在一定程度上帮助网剧引流。

（三）系列性书籍装帧设计，强化系列印象

《沙海》系列书籍选取类似牛皮纸颜色的黄色作为主题色，以深色沙丘形状的暗纹作为底纹装饰封面，并且以潇洒有力的毛笔字体书写标题，封面中使用了玉佩、古蛇等小图片，以凸显"盗墓"主题图书独有的神秘诡谲之感，从而吸引消费者购买。

作为南派三叔名下的著名系列图书，《藏海花》《盗墓笔记》和《沙海》系列图书都采用了系列性书籍装帧设计，以类似牛皮纸的黄色作为其主题色，在书籍封面左面精心地设计了红色丝带悬挂不同玉佩的图案，根据每本书不同的内容选择相呼应的玉佩图案，例如《沙海1：荒沙诡影》选择了在小说内容中出现的双鱼玉佩作为封面玉佩图案。《盗墓笔记》系列最早出版的第一本书也采用了以上所描述的书籍装帧设计方案，给书迷粉丝留下了深刻的印象。《藏海花》和《沙海》作为《盗墓笔记》系列的分支系列，在封面设计上顺延了《盗墓笔记》的封面装帧方案，可以很好地巩固读者粉丝对系列书籍的印象，吸引读者购买书籍。

（四）打造南派三叔作者个人品牌，进行同人文化运营

南派三叔作为明星作家，其微博粉丝数量高达 1300 万，"南派三叔"百度贴吧的关注数量也已经超过 10 万。南派三叔懂得通过微博这个十分开放的社交平台发布言论对粉丝群体进行吸引与管控。在《沙海 典藏纪念版》书籍刚刚上市及《沙海》网剧还在拍摄之时，南派三叔就利用微博上的"微访谈"功能，回答粉丝们提出的关于书籍和网剧的内容，达到了良好的营销效果。南派三叔经营的微信公众号"南派三叔的盗墓笔记"所发布的文章，每篇浏览量均超过 10 万。南派三叔作为作者具有强大的号召力及粉丝黏性，可以很好地助力《沙海典藏版》的宣传。

此外，南派三叔前所未有地开放了其名下 IP 的同人版权，使得 IP 粉丝可以无后顾之忧地进行同人文化创作，内容丰富的同人文化不仅有效地延长了《盗墓笔记》IP 的生命周期，也使得《盗墓笔记》IP 成长为国内的殿堂级 IP，使得该 IP 的热度经久不衰。《盗墓笔记》从 2007 年出版至今，拥有着数量巨大的同人粉丝群体，其微博超话 2016 年建设至今，有 51.3 万粉丝，相关话题"沙海"的阅读量高达 3.8 亿，为《沙海》的书籍销售提供了坚实的粉丝基础。

并且，南派三叔也感受到了同人文化运营的好处，并有意识地推动这种运营。耽美文化是同人文化的一个重要的分支，是同人运营模式流量的主要来源之一，由《沙海》IP 所衍生的"瓶邪"和"黑花"两大 CP，其 CP 粉丝群体始终保持着较高的活跃度，贡献着流量，南派三叔对此也秉持着比较宽容的态度，其在《沙海》的图书宣传微博微访谈中还曾提及"瓶邪"CP 的题词，这进一步刺激了 CP 粉丝的热情，助力了书籍销量。

（五）运营超级 IP，开发多维度价值

早在 2014 年，南派三叔就已预感到 IP 开发的重要性，2014 年 6 月，其名下的公司举办了"盗墓笔记大计划"启动发布会，在会上宣布了"盗墓笔记

大计划"，即基于《盗墓笔记》IP 对其进行为期 10 年预估市值达到 2000 亿的 IP 开发计划。

1. IP 裂变

南派三叔在完成《盗墓笔记》本传 8 本书之后，有意识地创作了《藏海花》《沙海》《盗墓笔记之重启极海听雷》以及目前还在更新的《盗墓笔记之灯海寻尸》等作品。他通过不断地创作，扩大了《盗墓笔记》IP 的产品规模，并且不断地在完善"盗墓笔记"世界的时间线与世界观，以此来不断提升《盗墓笔记》主 IP 价值。

在"盗墓笔记大计划"启动之后，南派三叔将《盗墓笔记》IP 进行分裂，分裂出了《藏海花》《新月饭店》《老九门》《沙海》等子 IP 进行多维度的 IP 开发，这些 IP 的内容与《盗墓笔记》IP 之间有着紧密的联系和十分清晰的脉络。南派三叔通过对《盗墓笔记》IP 的有序分裂实现了《盗墓笔记》作为超级 IP 的产品升级。

《老九门》是《盗墓笔记》前传，"老九门"的概念出于《盗墓笔记》本传，讲的是被称为"老九门"或"九门提督"的老长沙的九个盗墓世家。据说几乎所有的冥器买卖只要在长沙就必经过其中一家。"老九门"被分为上三门、中三门和下三门，小说主角吴邪就是中三门吴老狗的孙子。《老九门》以平和简短的风格讲述着"老九门"各人的故事，通过为读者描述规矩严格、等级森严的长沙倒斗界，为《盗墓笔记》故事的展开提供了基础。

《沙海》是《盗墓笔记》的后传，讲述普通少年黎簇莫名被卷入神秘计划之中，认识了已步入中年的吴邪，然后两人开始了新的冒险。

《盗墓笔记之重启极海听雷》是《盗墓笔记》系列小说的续作，讲述的是在福建一座千年雨村隐居的"铁三角"吴邪、张起灵和王胖子，因为一封来自"三叔"吴三省的神秘短信，重新踏上寻找南海王墓之旅的故事。

2. IP 多维度开发

"盗墓笔记大计划"根据《盗墓笔记》IP 及其旗下衍生的《老九门》《藏

海花》《沙海》以及《重启》等子IP的内容、上市时间和粉丝偏好，对其进行了全方位多维度的IP开发。

早在"盗墓笔记大计划"宣布之初，欢瑞世纪影视传媒股份有限公司就宣布了要拍摄制作季播剧《盗墓笔记》，2015年6月《盗墓笔记》网剧在爱奇艺上开播，每周五更新一集。该剧在开播第一天就创下了上线两分钟网络播放量达2400万次，上线22小时网络播放量破亿，微博话题"盗墓笔记"的阅读量3小时内增长1亿的纪录。至2015年年底，《盗墓笔记》网剧以27.54亿的播放量成为2015年网剧收视率冠军。此外，根据欢瑞世纪影视传媒股份有限公司所公布的财务报告，《盗墓笔记》网剧的广告分成和会员利润高达5280多万。《盗墓笔记》网剧的成功为《盗墓笔记》IP接下来的多维度开发提供了坚实的基础。接下来，欢瑞世纪影视传媒股份有限公司就《盗墓笔记》IP的子IP《老九门》进行了开发，2016年7月，由张艺兴、陈伟霆等人主演的《老九门》在东方卫视和爱奇艺同步上映。这是国内首部台网联播的周播剧，更是第一个全网播放量突破百亿的IP剧，并且获得了"2017年爱奇艺尖叫之夜年度剧王"的称号，这极大地提高了《老九门》IP的含金量，之后《老九门》IP番外版的网络电影陆续在爱奇艺上线，获得了好评。

此后，依托"盗墓笔记大计划"，腾讯公司对《沙海》IP进行了开发。其邀请南派三叔作为编剧，并且选择了吴磊、秦昊等有粉丝基础且演技、实力俱佳的演员，拍摄了《沙海》季播网剧。《沙海》网剧凭借着具有电影质感的镜头，演员和原著人物的高契合度，以及网剧内容的原著情怀，以原著内容为话题，唤起了原著粉丝的共鸣。《沙海》网剧在营销上对受众进行了细分，并且针对不同的受众对相关话题边界进行延伸，通过不同的话题兴趣点将原本"窄向"的盗墓笔记情怀与更多人文、情感、心理等要素进行关联，并借此使更多的观众产生情感共鸣，从而实现了扩大受众群的目的，使《沙海》网剧获得了巨大的成功。

《沙海》的巨大成功，使更多的影视公司意识到《盗墓笔记》及各个子IP的巨大潜力，并继续对其IP进行开发。在对IP进行影视化改编的同时，《盗墓笔记》IP也逐步输出了6部话剧，其中包括由本传IP改编的四部话剧《盗墓笔记 1：七星鲁王宫》《盗墓笔记 2：怒海潜沙》《盗墓笔记 3：云顶天宫》《盗墓笔记话剧：长白山特别版》和由《藏海花》和《新月饭店》两个子 IP 改编的《藏海花》和《新月饭店》两部话剧。截至 2016 年，话剧总票房已达到 1.5 亿。目前，话剧仍在巡回演出，不断为 IP 创造价值。

除了话剧之外，基于《盗墓笔记》及其子 IP 的网络游戏、漫画、有声书和动漫等多维度、多形式的改编均获得了不错的成绩，丰富了"盗墓笔记大计划"的产品矩阵。

（六）跨媒体营销，扩大宣传效果

在信息化时代，信息传播的方式日渐多样化。随着媒体技术的发展，新媒体的传播力不断增强、不容小觑。同时，出版社学会了利用不同形式的媒体之间的相互配合进行书籍的宣传，以此刺激书籍的销售。除了在传统媒体中进行宣传，《沙海》系列丛书在微博、微信公众号、百度贴吧和豆瓣等新媒体平台上也进行了宣传。至今，微博上关于《沙海》话题的阅读量已达到 38.2 亿，讨论量达到 1434.3 万，话题的原创人员有 40.2 万；南派三叔的微信公众号"南派三叔的盗墓笔记"的 WCI 指数为 1094.89，有 67.85 万活跃粉丝。《沙海》这个项目从成立到最终上映，从线上到线下平台，从作者到演员，从影片拍摄现场到幕后花絮，与《沙海》相关的信息无孔不入，形成了一种强大的宣传力。这种跨媒体的营销方式具有极其强大的渗透力，使得消费者沉浸在各种媒介营造的"沙海"情景中难以自拔，极大地推动了《沙海》系列书籍的销售，促成了《沙海》IP 的书籍与网剧两个产品相互营销、相互成就。

四、精彩阅读

30 年后，浙江。

长安镇的小路上，解雨臣一个人默默地走着。

案例十一：《沙海》

　　如他所料，那个孩子并没有从楼房里追下来。那个年纪，还不知道主动的意义。在遇到这样复杂的事情时，往往是选择思考、犹豫。

　　这是人最容易犯的错误。其实在这种时候，他更应该追上来，把问题问清楚、就地解决，这才是最方便也最能够扰乱这计划的设计者的途径。

　　当然，如果那小鬼真的这样做，自己也有办法对付他。

　　解雨臣一边走，一边从衣服里掏出手帕，开始抹脸上的妆容。然后，一张精致的俏脸从那浓妆后面显露出来。她的腰肢并没有僵硬，身形也没有变高大，扭腰行走的动作不改灵动轻快，反而显得身体更加柔软。

　　最后，她捏了捏喉咙，从喉咙中拔出一根银针，丢在一边的垃圾桶里。她咳嗽了几声，发现已经恢复梁湾的声音。

　　变声的技巧是古代戏曲从业者一代一代完善的，男声变女声，女声变男声，都有相应的戏曲曲种，用针灸麻痹肌肉变声，则属于外八行的技巧，是行骗的手段。

　　梁湾的这只针上粘着麻药，麻痹肌肉进入咽喉并不疼，但是刺入的时候，她还是恐惧得要死。

　　梁湾一路走着，来到了八九百米外的旅馆，进了房间后，就把高跟鞋蹬了，整个脚都放松了下来。她去了化妆台那边，仔细看了看自己脸上是否已涂抹干净。然后找出了自己的小包，用里面的卸妆水把脸部的妆给卸了干净。等这做完，她回头，看到了放在茶几上的那只"石匣"。

　　她之前和黎簇分开后，就被人带进这间房间。那会儿，这只"石匣"并未被放在茶几上，应该是她离开之后有人放置进来的。她并未感觉突兀，她知道这东西的来历。

　　"石匣"是完全的青石打磨出来，非常精美，能看到"石匣"的四周刻了罗汉形象的浮雕以及许多连环扣的纹样，纹路底下还有金丝或者鎏金镶边的金属——因为氧化已经发黑发红。

　　石匣有蓝罐曲奇大小，不是规则的对称形状，而是一边窄、一边宽。在匣面，没有任何的花浮雕，只是有着同蟒蛇皮一样纹路的天然石头。

　　梁湾知道，这东西叫作石函，是寺庙里用来存放重要器物的容器。

这个石函，是三峡工程的时候，蓄水前期搬迁一个古庙工程中，从庙中的佛肚里挖掘出来的。因为这个工程不属于重点文物保护体系，使不法商贩有机可乘，在运输途中将石函偷了出来。

而这只石盒子里装的东西，可以说是一切事件的起因。

梁湾摸了摸匣子，点了一根烟，仔细回忆关于这只石函的信息。

拥有这个匣子的人，现在还没有名字，但是打开这只盒子的人，名字叫黄严，是一个三十多岁的中年男人，据说是一个靠盗墓为生的混子。

黄严之前和这件事情并没有直接联系，他是一个非常本分的伙计，做倒斗这一行有十几年了，在跟吴家之前，一直没有人看好。当时有一个团伙人丁凋零，需要人做事，他被破格提拔，这才显现出自己的能力来。他最大的特长，是他对于古代的锁合机关，有很深的研究。而他被牵扯进来，正是因为这只石盒子上的锁。

这只石函的锁合机关十分奇怪，所有的机关全部都在盒内，但是打磨石函的部件非常精细，可能只有几丝米，几乎可以说毫无缝隙。石函扣上之后，如果不破坏，从外面是不可能打开的。

也就是说，这只石函关上之后，存放物品的人没有打算再将其打开。

发现石函的那尊佛像修于汉代，通体泥塑，盒子应该是烧制佛像的时候就烧进去的，年代非常久远。买到石函的人不敢晃动或者敲击这个石匣，怕里面的东西会灰飞烟灭，他们知道黄严对机关锁很有研究，于是请他想办法打开石函。

他开始变得废寝忘食，变得狂热。他身边的人都意识到，这种狂热不在于打开这个盒子的成就感，或者这个盒子内文物本身的价值。有人形容，黄严对于希望打开这个盒子的强烈欲望就如同盒子里关押着他最爱的女人，他必须要解开盒子放她出来一样。

他变得无比阴郁、怪癖，对于除石函以外的其他东西都不感兴趣。他的手指在操作过程中被严重割伤过一次，那段时间他无法操作，但他仍旧每天待在工作室里，呆滞地盯着盒子，往往一盯就是二十几个小时。

用有些人的话说，这个人，似乎和盒子里的东西有了某种交流。这个盒

案例十一：《沙海》

子里存在一些邪魅，控制了黄严的神志。

然而，在这段时间的后半段，临近结束的时候，情况又发生了变化。黄严变得开始害怕这个盒子，他的精神状况已经非常不对劲，经常自言自语别人听不懂的话。

起初，因为这些传言，所有人对这个盒子的好奇心都上升到了顶点，但是黄严一直打不开这个匣子，这种好奇心也就慢慢地消磨干净了。到了后期，也就没有人再关注这个事情和黄严这个人了。

大约是在黄严拿到盒子三个月后的某一天，应该是在入夏之后，忽然在行内传来了一个消息：那个奇怪的匣子，终于被打开了。

但是，却没有流传出盒子里面装了什么东西，不管是盒子的拥有者，还是有可能知道内情的人，没有一个人透露出哪怕一丁点传言。不管是多么有能耐的人去问，也没有任何结果。

他们只打听到了一件事情，就是黄严在打开盒子之前，做了一件非常奇怪的举动，他给自己的父母打了电话，交代了自己的后事，然后把自己的存款都做了整理，处理了自己大部分的纠纷和债务。

这些行为都是非常隐秘地进行的，似乎他感觉到打开这个匣子之后，会发生什么可怕的事情。

他把自己所有的后事都安排妥当，才和匣子的主人联系，说自己即将打开这个匣子。

那是所有人能打听到的最后一条消息，在这之后，关于黄严、关于匣子和里面的东西，一下子都变成了讳莫如深的话题。

（节选自《沙海2：沙蟒蛇巢》第1～6页）

案例十二:《云边有个小卖部》

一、图书基本信息

(一)图书介绍

书名:《云边有个小卖部》

作者:张嘉佳

开本:32 开

字数:215 千字

定价:42.00 元

书号:ISBN 978-7-5404-8764-5

出版社:湖南文艺出版社

出版时间:2018 年 7 月

(二)作者简介

张嘉佳 1980 年 6 月 22 日出生于江苏南通,作家、编剧、导演,毕业于南京大学。张嘉佳大学毕业后,担任过杂志主笔、电视编导等。张嘉佳在 2005 年出版了首部长篇小说《几乎成了英雄》,2010 年出版小说《情人书》,2011 年首次担任电影编剧,凭借《刀见笑》获得第 48 届中国台湾电影金马奖最佳改编剧本提名,2013 年出版书籍《从你的全世界路过》,一年销售超过 400 万册，创下单本小说历史记录，并入选第五届"中国图书势力榜文学类十大好书"。张嘉佳 2014 年 7 月至 8 月担任江苏卫视《非诚勿扰》现场点评嘉宾，2014 年 7 月 21 日出版《让我留在你身边》，预售当天夺得预售榜单第 1 名，半年销量突破 80 万册。2015 年年底，张嘉佳宣布与张一白合作，将其知名 IP《从你的全世界路过》交由张一白执导，自己则出任编剧。张嘉佳 2018 年 7 月 1 日出版中文简体版《云边有个小卖部》，2018 年末至 2019 年初出版该书繁体版。2020 年 5 月，电影《云边有个小卖部》正式立项，张嘉佳出任该影片的编剧，由乌尔善、白敬亭、丁禹兮、张天爱等人主演。

二、畅销盛况

《云边有个小卖部》是张嘉佳写作的长篇青春文学小说，2018 年 7 月 1 日出版，2018 年末至 2019 年初出版繁体版。这是继《从你的全世界路过》后，张嘉佳最受欢迎的作品。自 2018 年出版至今，已创下百万销量，该书在 2018 年度豆瓣温暖治愈栏目排行第 5，豆瓣评分 8.5，在 2020 年磨铁畅销书排行第 2，2021 年 4 月在当当青春文学榜排名第 2，2021 年 5 月在亚马逊电子书畅销排行第 24。

三、畅销攻略

在继《从你的全世界路过》大火之后，2018 年 7 月 1 日，张嘉佳出版长篇小说《云边有个小卖部》。这部小说依旧是以青春治愈为主题，描写了云边镇少年刘十三的成长故事。

（一）作品内容青春可感

1. 主题依旧治愈

　　《云边有个小卖部》是继《从你的全世界路过》后又一部青春文学类型的作品，符合青年群体的阅读口味。在社会生存压力加大、人际关系错综复杂、学业负担加重的现实状况下，这类人群的心理急需治愈，心中的负面情绪也急需释放。爱情的背叛、工作的失意、好友的离去等一系列不顺利给刘十三的生活留下了沉重的阴影。他这个集各种失意于一身的人，仿佛给了人们一种错觉，使人觉得他仿佛就是某一方面的自己，也恰好应了书中写的："算是，也不是。"好在即使穷途末路时，外婆王莺莺还一直守在故乡，为他留着一间房；童年伙伴程湘的出现也给他带来了生命中最绚烂的一缕光；孤女球球则陪他一起走向未来的日子。正所谓上帝在给你关闭一扇门的同时，也会给你打开一扇窗。刘十三的经历给了人们一个情绪的发泄口，使得读者在阅读过程中得到自我救赎。虽然这部小说最后人物的结局大都较为凄惨，符合青春疼痛文学的特点，但是却都在意料之外、情理之中。

2. 语言辛辣微酸

　　语言是小说的肌肤，是思想、心灵的外在显示形式。"80后"小说家的语言青春、优美、创新、自我，在某种程度上体现出迥异于前代的精神风貌和个性特征。张嘉佳体的小说也呈现出这种特点。张嘉佳在创作《云边有个小卖部》时讲，要采用白描的手法来记叙亲情，不炫技不写金句，努力甩掉撰写《从你的全世界路过》时的矫情。这部小说也确实做到了，但同时保留了"80后"作者语言接地气的风格。比如，刘十三在和小平头打架时，围观同学的话语："虽然热闹没有看成，但这几把伞实在很热血。""确实炸裂，大家全部湿掉，不知道这几把伞有几把意义。"还有，刘十三在与小平头打完架后，在回校的路上突然讲道："掉头！掉头！送我去医院！我需要临终关怀！"此外，还有一些口语化表达，如："扎心了老铁！"这些话语大都能显示出其语言的

案例十二：《云边有个小卖部》

青春自我，不符合传统意义上的书面表达。

另外，作品大打青春牌，将青春的特点展现得淋漓尽致，比如关于矫情一词，文中这样进行解释："生活中常常会出现不合时宜的矫情，比如小时候大家春游，你头痛，但你不说，嘟着嘴，别人笑得越开心，你越委屈。事实上没有人得罪你，也没人打算欺负你，单纯只是没有人关注你而已。当委屈到达一个临界点，当事人哇的哭出来时，身边的人却莫名其妙：明明一块儿踏青、野炊、点篝火，大自然如此美好，哭什么？难道触景生情，哭的是一岁一枯荣？"

3. 叙事节奏拖沓

张嘉佳在大一时便自导自演了多场学生话剧，发表了近百万字的文章。从大二开始，他就在南京、上海、北京的一些电视栏目里做兼职工作，担任过杂志主笔、电视编导、专栏作家等，并在《超级震撼》节目组工作过。2003年大学毕业后，张嘉佳作为电视编导，参与了南京电视台《震撼星登场》、江苏电视台《欢乐伊甸园》等多档节目的制作。多年的实战经验为他以后的成功打下了坚实的基础，这也是当时《从你的全世界路过》爆红的重要原因之一。《从你的全世界路过》是微博短故事合集，比较接近张嘉佳以前的写作领域，故而其成功也有一定的必然性。

但是，《云边有个小卖部》是作者首次尝试写作长篇小说，前期经验积累薄弱，因而在文章结构的搭建上稍显拖沓，与其短篇小说相比，优点和缺点显而易见。豆瓣网友小川叔评论："张嘉佳的长篇作品，与他的短篇作品比起来，优点和缺点一样明显。他有非常强烈的个人风格，不论是用词还是情节。相反，因为是长篇作品，所以很容易在布局和节奏上显得拖沓。众多出场的人物、乌托邦一样的乡愁小镇、屌丝青年、绕不开的出轨，这些应该是张嘉佳内心的对所有美好事物和纠结的投射。故事情节直到第13章婚礼才出现了大的转折和矛盾冲突。在这之前，我一度以为，这个故事要完蛋了。好在后面的结尾和亲情的炸弹，依旧炸出了眼泪。煽情一向是张嘉佳的强项。这本书更适合那句别人的宣传语——最后五章，让你失声痛哭。对于群戏的把握，个别人物的塑造，还有很多上升的空间。尤其是毛弟的转变，略微有些莫名其妙。球球的结局也不太好。"

（二）设计风格温暖治愈

1. 封面设计吸人眼球

封面之于一本书，无异于一张脸之于一个人，其重要性不言而喻。井狩春男曾经说过："书店要平摆、秀出封面，才能成就畅销书。"尤其是在互联网时代，网上销售或宣传已成为必然选项，读者很难直接接触到实体书带给人的质感与冲击。读者在选购图书时，大部分依靠图书简介与图书封面来选购，这就在一定程度上加重了封面设计的压力。这与菲利普·科特勒关于包装的观点是一致的："在这个竞争激烈的环境中，包装或许是销售者影响购买者的最后机会。它变成了一个'五秒钟商业广告'。好的包装能使企业获得竞争优势……相反，设计糟糕的包装会令消费者头疼，因此使企业失去销售机会。"《云边有个小卖部》一书的封面主要由暖橙、暖黄、浅蓝三色组成，封面文字为黑色，整体颜色属于偏暖的色系，阳光、乐观，很温馨，也很干净，使人一眼望去便觉内心温和平静，忍不住想要拿起、一览究竟。

2. 图书名称雅致秀气

书名就好像是一本书的灵魂。井狩春男认为："只靠书名就能成为畅销书。"这样的观点虽然有点极端，但对于一本好书来讲，配合一个好的书名来宣传，必然会增色不少。但若书的内容质量本身就存在问题，那么即使书名再吸引人，也难以成为持续畅销的书。正如陈颖青所说："一本书有没有魅力，能不能吸引人，书名只是部分原因。有书名不怎么样但销量和口碑都很棒的书，也有书名伟大得不得了但内容一团糟糊的书。"我们不得不承认，一个好书名可能在各种机缘巧合下成就一本原本很有畅销潜质的书，烂书名却极有可能会毁掉一本原本很有畅销潜质的书。从这一点来看，井狩春男的观点也不无道理。

好的书名未必一定要精准地传达一本书的内容，但要做到让读者眼前一亮，产生想要拿起来看的欲望。平淡的书名则会让人无感，直接飘过。《云边有个小卖部》这个书名有文艺感又清新，每个字、每个词都很平淡无奇，但是组合在一起便有一种说不出的韵味。

3. 文字插图韵味深长

该书封面文字和扉页插图文字韵味深长，引起了众多读者的共鸣，给人留下深刻的印象。《云边有个小卖部》的封面上写着："写给离开我们的人，写给陪伴我们的人，写给每个人心中的山与海。"短短三个句子，包含了人生中存在的三种人——离开的、现在的、向往的。尤其是"每个人心中的山与海"，更是成为读者离不开的一个讨论话题，甚至有些商家以此作为宣传语来招揽顾客。本书作者曾在北京一条知名的网红街上看见一家很受欢迎的食品店，门上牌匾处就化用了该句话。该书封底的宣传文字写着："写给我们所遇见的悲伤和希望，和路上从未断绝的一缕光。"这句话既暗含了主题，又给人以希望，有文艺感的同时又如一股清泉缓缓滋润人们的心田。该书扉页插图文字的配备也很走心，大都选取小说中的一些精品句子。此外，这部书在一开始便展示了几幅卡通图片，这些图片在读者呼吁度排行榜上排名最为靠前。

（三）市场定位直击要点

《云边有个小卖部》之所以畅销，很重要的原因之一是它抓住了一部分读者的市场需求，找到了合适的受众群体。青春文学的核心群体有两部分：首先是 13 至 17 岁的初中生和高中生，他们的特点是阅读行为易受家长及社会的影响，阅读兴趣广泛但阅读时间有限。另一部分是 18 至 25 岁的大学生和研究生，此群体的特点是阅读范围兼顾学校与社会，关心所学专业，更关心即将面临的现实生活与工作，阅读更广更深。这两大群体具有强烈的了解世界、追逐社会发展的需要和坚挺的购买力，是畅销书的市场保证。这本书与大部分的青春文学小说相似，围绕爱情、亲情、友情进行刻画，呈现出一个情感盛宴。现在社会里的都市人，特别是"80后""90后"，均面临激烈的社会竞争和生存压力，双重压力使得他们容易身心俱疲。这种青春文学所具有的温暖、励志、安抚人心的属性对当代青年群体是一种独特的"治愈"。

（四）作家人气带动

张嘉佳作为"80后"青春文学的一个知名畅销作家，拥有着较高的读者认可度。最初他在微博上写故事的时候，被广大网友疯狂转发，其中包括"微博女王"姚晨等明星。张嘉佳的粉丝也从最初的几万人，一跃突破200万人，至今粉丝数已达1121万人，超话帖子数量达9445。另外，张嘉佳的多重身份也为他赢得了较高的支持度。他与文圈的苏童、张大春都有着较为密切的关系，出版该书时两位也写了一段书评来评价此书；作为导演、编剧和词曲家，他与娱乐圈的蔡康永、陶晶莹等也有所交集。

（五）充分开发IP价值

IP为Intellectual Property（知识产权）的英文缩写，在时下的中国出版语境中，它特指基于影视开发的文学图书出版。影视行业的"IP热"，对图书出版产生了巨大影响。一方面，文学作品成为影视改编追逐的对象；另一方面，在文学作品成为影视改编"IP基地"的同时，影视节目同样也反哺了IP图书出版。"张嘉佳"系列图书也一直是这样做的。在此之前，张嘉佳过去已有多部作品被改编成电影，包括《摆渡人》《刀见笑》《从你的全世界路过》等。这些相关影视作品的开发再次带动了图书的热销。而《云边有个小卖部》由于连续的热卖，在2020年5月正式立项，由张嘉佳出任编剧。

（六）市场营销带感

《云边有个小卖部》在市场宣传上的节奏感很强，线上线下交相呼应，相得益彰。该书营销时，注重与读者群积极互动，采访、图书签售会和讲座环环相扣。2018年8月23日，在图书正式开始营销宣传之前，张嘉佳曾接受《十点人物志》的专访，里面讲到了他创作该书的初衷。他想通过这部书向读者说明爱情只是人生一个阶段的主题，亲情才是永恒不变的真理。他也有意地把创作的主题向亲情靠拢，没有过多的炫技，只有最简单真实的平铺直叙。在2018年上海书展和2019年台北书展，张嘉佳都进行了图书签售会，并回答了一些读者的问题。在台北书展上，张嘉佳携手Peter Su和刘若英分别进行了讲座。该书营销过程还充分利用社交媒体进行宣传，比如微博和豆瓣。其中，微博依旧是宣传主场，张嘉佳的个人微博一直坚持高频更新，分享自己的一些生活体验。他与粉丝的有趣互动也成为图书宣传的一个助力，在这种互动下，粉丝在豆瓣积极进行图书宣传分享，使读后感、书评等纷纷刷屏，豆瓣书评达970条，读书笔记达626条。此外，张嘉佳还不时开展一些微博领券活动。

（七）品牌认可度高

出版社是图书产品的生产商，具有优良口碑的出版社是图书质量的保证。近年来，品牌建设成为出版人关注的话题之一，许多出版社有意识地从策划、编辑、营销等多方面加强自身的品牌建设。品牌图书是出版社资源优势长期积累形成的社会形象标志，代表一个出版社的总体出书方向。品牌图书的运作必须有一个长期的规划，要具有一贯性，不能朝令夕改，否则就无法在读者心中树立稳定的品牌形象，也会使出版社的工作缺乏目的性和系统性。《从你的全世界路过》是湖南文艺出版社与中南博集天卷文化传媒有限公司合作出版的一部畅销作品。除此以外，两者还合作出版了多部其他较为畅销的图书，比如《流金岁月》《谢谢你离开我》《晚安，我爱的人》《无常店》《如果你曾奋不顾身爱上一个人》等。博集天卷策划出版过较多同类型的图书，积累的经验比较丰富。此外，营销手段和包装能力也为图书的宣传增添了强大的助力。湖南文艺出版社也出版过许多畅销书，比如《断舍离》等，而张嘉佳之前的《从你的全世界路过》也是由湖南文艺出版社出版的,这也为后来两者的合作奠定了基础。

四、精彩阅读

1.

主任说,癌症来的时候静静悄悄,不声不响,一旦长大,摧枯拉朽。

主任说,住院没有意义,她自己也想回家。老年人这种情况,都想回家。

主任迟疑一会儿,又说,运气好的话,能撑到新年。

他开出杜冷丁,告诉刘十三,按照恶化程度,前两个月她就很疼,撑到现在,已经不用管剂量大小,三小时一支,打在脊柱上。

外婆入院后,刘十三整宿整宿睡不着,一闭上眼,就想,王莺莺现在会多痛?

镇痛泵打完,她都痛到哀号。那前两个月,她做饭的时候,会有多痛?她在家等待的时候,会有多痛?

他不敢想,念头一起,难受得喘不过气。

主任最后说:"一次不能开太多,用完过来取。高蛋白开两瓶,吊命用。收拾好东西,去办出院手续吧。"

回到病房,王莺莺打过镇痛泵,睡着一会儿,醒了,小口吃着程霜剥的龙眼肉。

刘十三声音是哑的:"外婆,我们回家。"王莺莺鼻下挂着氧气管,精神不错,听说能回家,开心地催程霜扶她起来:"早说不要进医院,耽搁几天,赶上下雨。"她伸出胳膊,让程霜给她穿外套,"最怕过个脏年,地都扫不干净。"

刘十三用手掐自己大腿,心痛得不行,勉强开口:"我去办出院手续。"

他一出房门,王莺莺垮掉似的,身子一软,程霜赶忙扶她缓缓往后靠,王莺莺摇头,喘息着穿好衣服,坐在床边。

案例十二：《云边有个小卖部》

她干瘦的手，抖着去抓程霜的手，说："小霜，外婆知道你的事，我去找罗老师聊过天。"她把程霜的手贴着胸口放，用尽全力贴着，似乎要用苍老的身体去保护什么，说："别怕，小霜别怕，你这么好的姑娘，老天爷心里有数的，不会那么早收你的。"

程霜眼泪哗地下来了。

她笑着说："外婆，我撑了二十年了，医生都说是奇迹，你也可以的。"

王莺莺一只手握着她，另一只手去替她擦眼泪："外婆不成了，就想告诉你，你要喜欢那小子，是他的福气。你要不喜欢，就别管他，随他去，外婆留了钱给他，他能活下去的。"

程霜眼泪吧嗒吧嗒，王莺莺把她的手贴上自己的脸，程霜发现手心也是湿漉漉的，外婆也哭了，那个耀武扬威的王莺莺哭了。

程霜抱住她，怀里的身体又轻又瘦，她哽咽着说："外婆，你没事的，我们都能活很久的……"

王莺莺笑了："知道了，傻孩子，那，外婆就不说谢谢你了。"

在女孩的怀里，老太太轻柔地说："因为啊，一家人。"

回家后，王莺莺时而迷糊，时而清醒。清醒的时候，她让刘十三取她照片，去年补办身份证拍的，说这张照片好看，头发梳得时髦，留着放大当遗像。

讲到自己好看，她口气还很得意。

头脑模糊的时候，刘十三紧紧握住她的手，老太太手心冰冷，一滴汗都没有。她会无意识地流眼泪，说天太黑，走路害怕。刘十三把家里的灯都打开，她还是说太黑。

腊月二十三，这几天莺莺小卖部都有熟人。年长的婆婶们知道，丧葬的事刘十三不懂，一个个自发地忙前忙后。刘十三守在卧室，大家奇异地保持安静，没有吵醒睡着的王莺莺。

街道办的柳主任告诉刘十三，他请了和尚，刘十三道过谢。

昏睡几天的王莺莺突然咳嗽一声，醒了，刘十三赶紧凑过去："外婆，我在这儿。"

王莺莺瘦得皮包骨头，轻微地喊："十三啊。"

"外婆，是我。"

"我的外孙啊。"王莺莺手动了动，刘十三深呼吸，弯腰，脸贴着她的脸。

王莺莺说："我的孙媳妇呢？"

王莺莺没头没脑冒出这一句，刘十三一愣，旁边程霜一直听着，这时候握住王莺莺的手："我也在呢。"

王莺莺转动眼珠，看着两个年轻人，说："你们结婚吗？"

程霜说："结的。"

老太太说："什么时候？"

程霜说："马上。"

王莺莺笑了，笑意只回荡在眼里。她松开刘十三的手，从枕头底下摸出一支录音笔。她递不动，攥着录音笔，搁在床边。

王莺莺仿佛很累很累，咕哝出最后一句："十三，小霜，你们要好好活下去，活得漂漂亮亮的。"

然后她闭上了眼睛。屋内哭声四起，一名和尚双手合十，掌中夹着念珠，快速念起经文。

南无阿弥多婆夜，哆他伽多夜，哆地夜他，阿弥利都婆毗，阿弥利哆悉耽婆毗，阿弥利哆毗迦兰帝，阿弥利哆毗迦兰多。伽弥腻，伽伽那，枳多迦利，娑婆诃。

2.

王莺莺腊月二十三走了，云边镇已经满满过年的气息。卖场放着《恭喜恭喜你》，街角孩童炸起零散的爆竹声，人们身上的衣服越来越鲜艳，年轻人陆续返乡，笑容洋溢在每一张面孔上。

腊月二十四葬礼，和王莺莺有交情的，都来帮忙，人依旧少，快过年了，普通人还是害怕晦气。刘十三拒绝了一切仪式，他只想让王莺莺好好躺着，好好休息，好好在这个院子里，能平静地度过最后一夜。

腊月二十五火化，刘十三心中空空荡荡，一丝裂痕悄悄升起，疼得浑身

案例十二：《云边有个小卖部》

都麻木了。但他没有哭，他和程霜忙所有的事情，他要挺住，不然王莺莺会骂他。他甚至忘记了，程霜也没经历过，女孩戴着黑袖章，咬着牙和他一起撑着。

腊月二十六夜里，飘起细密的雪花，清晨白了连绵的山峰，街道满布脚印。除了超市，只剩卖兔子灯的、爆竹店和腊货铺子营业。家家户户开了自酿的米酒，随便一个窗户，都会飘出来蒸汽和腌菜肉丝包子的香味。小雪带点冰珠，和着人们的欢声笑语，在小镇飘了一天。

腊月二十九小年夜，程霜掀开刘十三家门口的白布幡，屋檐挂着白条，满院子的雪没铲，眼内全是一片白。正屋门槛后，花圈靠着台子，桌台上摆一幅老太太的黑白遗像，哪怕这几天日日相见，她眼泪还是流了下来。

明天除夕，也是王莺莺的头七。《天气预报》说，晚上暴雪，上山的路政府用护栏封了。但刘十三一声不吭，小心翼翼整理灯笼，万一哪支蜡烛没有芯子，点不着。

雪太大，上不了山，挂不了灯。程霜知道，但没有劝他，无声地蹲在他身边，跟着整理灯笼。天黑后，程霜没走，和刘十三一起，肩并肩坐在灵堂前，守好最后一夜。

后半夜，程霜头耷拉在门框上，被冻醒，她起身，腿脚一阵酸，走到院子，一抬头，鹅毛大雪扑落，灯光中翻飞不歇，跌在身上也不融化。

刘十三坐在桃树下，默不作声，全身是雪，头发衣服白了，不知道已经多久。

程霜坐到他身边，没有伸手去替他拍掉雪花，默默守着，让夜空无数洁白不知疲倦地坠落。

慢慢地，院子里的两个人，变成雪人。

年三十，大雪封山，不能给王莺莺点灯，镇上的人陆续冒雪而来，灵堂前鞠躬。刘十三和程霜一一回礼，送走大家。下午两三点，就没人来了，毕竟是除夕，尽早表了礼，还要过年。

黄昏时分，天就黑了。路灯打亮飞舞的雪花，爆竹震天响。小孩子成群结队，提着花灯，到处拜年，到谁家喊一声新年好，就收到一个红包。欢笑声，劝酒声，阖家团圆有说不完的话，汇聚成河，流淌在云边镇的街道。河流绕开一个院落，院内白素在寒风中摆动。

刘十三轻轻抱住程霜，说："谢谢，罗老师会等你的，总得回去吃个年夜饭。"

程霜摇头："她说让我看着你，我不走，怕你犯傻。"

刘十三勉强扯下嘴角，说："怕我去点灯？不可能的，封路了，这么多灯笼，我一个人怎么挂。"

程霜认真地说："如果你要去，我陪你。"她鼻子冻得通红，昨夜雪中坐了半宿，浑身湿了，也没回去换衣服，白天一个一个鞠躬回礼，这会儿脸上浮起不正常的红晕。

刘十三说："会感冒的，你回去洗个热水澡，我就在这儿，不走。等你来了，我们一起把灯笼挂院子里。王莺莺那么厉害，看得见的。"

程霜哆嗦着往掌心呵了口气，点头说："好，那你等我。"

（节选自《云边有个小卖部》第 280～286 页）

五、相关阅读推荐

[1] 张北. 最会讲故事的人回来了 [J]. 出版人，2018（8）：26-29.

[2] 槿深知. 一幕余晖挽清风 [J]. 快乐阅读，2019（13）：75.

[3] 彭琪涵. 云 [J]. 初中生，2020（35）：26-27.

案例十三：《文城》[一]

一、图书基本信息

（一）图书介绍

书名：《文城》
作者：余华
开本：32 开
字数：245 千字
定价：59.00 元
书号：ISBN 978-7-5302-2109-9
出版社：北京十月文艺出版社
出版时间：2021 年 3 月

（二）作者简介

余华，1960 年 4 月出生，浙江杭州人，中国当代作家，北京师范大学教授。

余华从 1983 年开始写作，同年出版发表第一篇小说《第一宿舍》，1987

[一] 本案例系北京印刷学院校级研发计划项目"基于大数据的出版业商业模式创新研究（项目代码 EC202008）"阶段性成果。

年先后发表《十八岁出门远行》《一九八六年》《四月三日事件》等作品，确立了作家的地位。同年，他赴北京鲁迅文学院进修。1990年，余华在作家出版社出版首部小说集《十八岁出门远行》，同年，首部长篇小说《在细雨中呼喊》出版。1992—1995年，《活着》和《许三观卖血记》先后出版。1992年，余华获得庄重文文学奖。1998年，他凭借《活着》获得意大利文学最高奖——格林扎纳·卡佛文学奖。2003年，英文版《许三观卖血记》获美国巴恩斯·诺贝尔新发现图书奖。2004年，余华被授予法兰西文学和艺术骑士勋章。2005—2006年，余华先后出版长篇小说《兄弟》上下部。2008年5月，余华出版随笔集《没有一条道路是重复的》。同年10月，其凭借小说《兄弟》获得法国国际信使外国小说奖。2013年，余华发表长篇小说《第七天》，并凭借该小说获得第十二届华语文学传媒大奖年度杰出作家奖。2014年，他获得意大利朱塞佩·阿切尔比国际文学奖，2015年，出版首部杂文集《我们生活在巨大的差距里》，2018年1月，凭借小说《活着》获得作家出版社超级畅销奖，同年7月，出版杂文集《我只知道人是什么》，并获得塞尔维亚伊沃·安德里奇文学奖和意大利波特利·拉特斯·格林扎纳文学奖。2021年，自《第七天》出版八年后的首部长篇小说《文城》出版。

二、畅销盛况

《文城》是余华继《第七天》出版八年后推出的一部全新的长篇小说。该书由北京十月文艺出版社和新经典文化股份有限公司出版发行。2021年3月3日，《文城》在全国完成统一上市。

余华这本最新长篇小说力作打破的不只是时空上的局限。它讲述的是一个南方小镇上各色人物的爱恨悲欢的故事，在读者面前铺开了一幅荡气回肠的时代画卷，谱写了一曲关于命运的荒诞史诗。预售第一天，《文城》便登上当当网新书销量榜第一，《活着》登上京东图书畅销总榜第一，余华的其他作品也冲上了畅销榜前列。新书首印50万册，预售第二天加印10万册。

案例十三：《文城》

《文城》是京东第一季度新书销售排行榜的第一名，中国当代小说销售榜第一名，当当网第一季度新书销售排行榜第一名，四月畅销书排行榜第二名，豆瓣图书虚构类热门榜第一名，亚马逊Kindle电子书第一季度新书销售排行榜第三名。

2021年3月，京东自营图书、电子书、有声书排行榜显示，《文城》稳坐虚构类畅销榜的榜首、电子书榜第三的位置（见表13-1、表13-2）。

表13-1 虚构类图书畅销榜

排号	书名	作者	出版社
1	文城	余华	北京十月文艺出版社
2	三体（套装3册）	刘慈欣	重庆出版社
3	活着	余华	北京十月文艺出版社
4	暂坐	贾平凹	作家出版社
5	晚熟的人	莫言	人民文学出版社
6	如果历史是一群喵（套装7册）	肥志	广东旅游出版社、黑龙江美术出版社
7	白夜行	[日]东野圭吾	南海出版公司
8	遥远的救世主	豆豆	作家出版社
9	沉默的巡游	[日]东野圭吾	南海出版公司
10	挪威的森林	[日]村上春树	上海译文出版社
11	克拉拉与太阳	[英]石黑一雄	上海译文出版社
12	解忧杂货店	[日]东野圭吾	南海出版公司
13	杀死一只知更鸟	[美]哈珀·李	译林出版社
14	人生海海	麦家	北京十月文艺出版社
15	东野圭吾四大推理套装（套装4册）	[日]东野圭吾	新经典文化股份有限公司
16	夜晚的潜水艇	陈春成	上海三联书店
17	霍乱时期的爱情	[哥]加西亚·马尔克斯	南海出版公司
18	候场	李诞	上海文艺出版社
19	长安十二时辰	马伯庸	湖南文艺出版社
20	银河帝国：基地	[美]艾萨克·阿西莫夫	江苏凤凰文艺出版社

据开卷网数据调查显示，在第一季度的新书榜中，余华的新作《文城》稳居榜首位置，且与其他新书在销量上拉开极大的差距。

据开卷网数据调查显示，在2021年上半年的新书榜中，余华的新作《文城》稳居总榜榜首，且销量与其他图书拉开了较大的差距。

表 13-2　虚构类电子书畅销榜

排号	书名	作者	出版社
1	穷查理宝典	[美]彼得·考夫曼	中信出版集团
2	价值	张磊	浙江教育出版社
3	文城	余华	北京出版集团，北京十月文艺出版社
4	三体全集	刘慈欣	海南电子音像出版社
5	赘婿	愤怒的香蕉	上海阅文信息技术有限公司
6	蛤蟆先生去看心理医生	[英]罗伯特·戴博德	天津人民出版社
7	冯唐成事心法	冯唐	北京联合出版公司
8	干法	[日]稻盛和夫	机械工业出版社
9	认知觉醒：开启自我改变的原动力	周岭	人民邮电出版社
10	原则	[美]瑞·达利欧	中信出版集团
11	古董局中局	马伯庸	湖南文艺出版社
12	文明、现代化、价值投资与中国	李录	中信出版集团
13	三体2	刘慈欣	海南电子音像出版社
14	深入理解Java虚拟机：JVM高级特性与最佳实践	周志明	机械工业出版社
15	东线：1941年的冬天	朱世巍	重庆出版社
16	邓小平时代	[美]傅高义	生活·读书·新知三联书店
17	Python编程：从入门到实践	[美]埃里克·马瑟斯	人民邮电出版社
18	金字塔原理：思考、表达和解决问题的逻辑	[美]芭芭拉·明托	南海出版公司
19	项目管理知识体系指南（PMBOK指南）	美国项目管理协会	电子工业出版社
20	富爸爸穷爸爸	[美]罗伯特·清崎	北京经纬纵横图书发行有限公司

据开卷网数据显示，《文城》是2021年上半年新书榜总榜TOP30总榜第一名，2021年上半年虚构类畅销书榜TOP30第七名（见表13-3、表13-4）。

表 13-3　2021年上半年开卷网新书榜总榜TOP30

排名	ISBN	书名	出版社	作者	定价
1	9787530221099	文城	北京十月文艺出版社	余华	59
2	9787530597972	趣读三十六计（漫画版）（上中下）	天津人民美术出版社	韩晶	158
3	9787559651211	把自己当回事儿	北京联合出版有限责任公司	杨天真	56
4	9787520208147	碎嘴许美达的生活碎片	中国大百科全书出版社	许美达	58
5	9787540258405	全球高考（收藏版礼盒）	北京燕山出版社	木苏里	180
6	9787513719391	父与子全集(作文故事版)（彩色注音版）	中国和平出版社	[德]埃·奥·卜劳恩	98
7	9787511568687	在峡江的转弯处：陈行甲人生笔记	人民日报出版社	陈行甲	48

案例十三:《文城》

续表

排名	ISBN	书名	出版社名	作者	定价
8	9787513342919	刘擎西方现代思想讲义	新星出版社	刘擎	79
9	9787516827147	非自然死亡：我的法医笔记	台海出版社	刘晓辉	52
10	9787559456021	烟与镜	江苏凤凰文艺出版社	[英]尼尔·盖曼	48
11	9787540498627	江湖	湖南文艺出版社	郭德纲	59.8
12	9787516523933	蒙台梭利智力游戏训练（全5册）	中航出版传媒有限责任公司	[意]玛丽娅·蒙台梭利	100
13	9787557024413	如果历史是一群喵(8)—盛世大唐篇	广东旅游出版社	肥志	59.8
14	9787516224434	民法典（实用一本通）(图解漫画版)	中国民主法制出版社	郭小明	48
15	9787556254521	斗罗大陆（第四部）—终极斗罗（26）	湖南少年儿童出版社	唐家三少	32
16	9787515521763	吴邪的私家笔记	金城出版社	南派三叔	55
17	9787521728330	气候经济与人类未来	中信出版集团	[美]比尔·盖茨	68
18	9787544262705	希望之线	南海出版公司	[日]东野圭吾	59
19	9787556257782	斗罗大陆（第四部）—终极斗罗（28）	湖南少年儿童出版社	唐家三少	32
20	9787556254538	斗罗大陆（第四部）—终极斗罗（27）	湖南少年儿童出版社	唐家三少	32
21	9787010233222	国家科技安全知识百问	人民出版社	《国家科技安全知识百问》编写组	22
22	9787010233215	国家生物安全知识百问	人民出版社	《国家生物安全知识百问》编写组	24
23	9787010233239	国家核安全知识百问	人民出版社	本书编写组	20
24	9787547739228	起床后的黄金1小时	北京日报出版社	[日]池田千惠	55
25	9787535083715	"加油，宝贝"名家大奖系列（套装全10册）	海燕出版社	刘兴诗，冰波，安武林	88
26	9787555715252	神奇的动物立体书	成都地图出版社	哈皮童年	198
27	9787521730593	给孩子的中国国家地理（全8册）	中信出版集团	李栓科	318
28	9787521726930	秒赞：文案女王20年创作技巧与心法	中信出版集团	林桂枝	59
29	9787111671251	这就是茅台：千亿企业成长逻辑	机械工业出版社	张小军，马玥，熊玥伽	80
30	9787545561722	学会管自己：儿童自律能力培养系列故事绘本（全8册）	四川天地出版社	小麒麟童书馆	100

表 13-4　2021 年上半年开卷网新书榜总榜 TOP30

排名	ISBN	书名	出版社	作者	定价
1	9787536692930	三体	重庆出版社	刘慈欣	23
2	9787536693968	三体（Ⅱ）—黑暗森林	重庆出版社	刘慈欣，姚海军	32
3	9787229030933	三体（Ⅲ）—死神永生	重庆出版社	刘慈欣，姚海军	38
4	9787540487645	云边有个小卖部	湖南文艺出版社	张嘉佳	42
5	9787500601593	红岩	中国青年出版社	罗广斌，杨益言	36
6	9787544291170	百年孤独(50 周年纪念版)	南海出版公司	[哥伦比亚]加西亚·马尔克斯	55
7	9787530221099	文城	北京十月文艺出版社	余华	59
8	9787559452788	难哄	江苏凤凰文艺出版社	竹已	48
9	9787020002207	红楼梦（上下）	人民文学出版社	曹雪芹，无名氏，中国艺术研究院红楼梦研究所	59.7
10	97875302i5593	活着	北京十月文艺出版社	余华	35
11	9787530216781	平凡的世界（全三册）	北京十月文艺出版社	路遥	108
12	9787555285298	偷偷藏不住（全 2 册）	青岛出版社	竹已	59.8
13	9787544291 163	白夜行（2017 版）	南海出版公司	[日]东野圭吾	59.6
14	9787506331746	遥远的救世主	作家出版社	豆豆	48
15	9787550032071	白色橄榄树	百花洲文艺出版社	玖月晞	69.8
16	9787506365437	活着	作家出版社	余华	28
17	9787530216774	平凡的世界（普及本）	北京十月文艺出版社	路遥	39.8
18	9787521210033	暂坐	作家出版社	贾平凹	58
19	9787550032859	白日梦我	百花洲文艺出版社	栖见	69.8
20	9787539983295	银河帝国(1)—基地	江苏凤凰文艺出版社	[美]艾萨克·阿西莫夫	35
21	9787500680239	创业史	中国青年出版社	柳青	36
22	9787020090006	围城	人民文学出版社	钱钟书	39
23	9787544766500	杀死一只知更鸟	译林出版社	[美]哈珀·李	48
24	9787506344791	俗世奇人（修订版）	作家出版社	冯骥才	18
25	9787506394864	苏菲的世界（新版）	作家出版社	[挪]乔斯坦·贾德	38
26	9787544285148	恶意（2016 版）	南海出版公司	[日]东野圭吾	39.5
27	9787532178018	候场	上海文艺出版社	李诞	42
28	9787020164776	晚熟的人	人民文学出版社	莫言	59
29	9787555910749	沉默的病人	河南文艺出版社	[英]亚历克斯·麦克利兹	45
30	9787208061644	追风筝的人	上海人民出版社	[美]卡勒德·胡赛尼	36

三、畅销攻略

畅销书的成功往往不只取决于一种因素，而是多种因素相互作用、共同促进的结果。在经济不断发展的今天，打造一本畅销书是无数家出版社争相追逐的目标。《文城》的畅销是作者自身名人效应、文本自身魅力、整体的装帧设计、良好的宣传营销共同作用的结果。本案例将从以下几个方面加以论述。

（一）名人效应

在数据调查中显示，影响读者购书的因素有很多，其中排名前三的影响因素分别是作者的知名度（名人效应）、书名及新书推荐。不难看出，大多数读者在购买图书时更多考虑的是作者的知名度。如此也就十分容易理解为什么名人出的书即使存在意外的发生，仍然可能成为畅销书。现今市场上的畅销书中，"名人书"占据了80%～90%的市场空间，其中包括经济、政治、娱乐等多个领域。可见，名人效应给书籍带来的影响是不容忽视的。畅销书的名人效应可以大体包括作者自身的影响力和其他相关推荐者的影响力两方面。两者之间互相作用，联合推动畅销书的发展。

1. 作者自身的影响力

余华是中国主流的文学作家，写作风格稍微带有西方色彩。余华在写作风格上独成一派。更多的作家在写作时都会有自己的精神寄寓，会带有自身家乡话的色彩，而余华的作品却没有自身的家乡话。余华常说："我就是用普通话进行写作的。"正是这种什么都没有的风格，使得余华的作品更加接近文学的本质，也使得余华的相关作品可以在国外也畅销。

余华从之前畅销的《活着》《许三观卖血记》《第七天》等作品中已经积累了大量的读者群体，同时获得的国内外奖项也是大家对余华的认同。

作家出版社社长表示，余华是新时期中国当代文学非常重要的作家，也是新时期先锋文学的开创者之一，他的《十八岁出门远行》《现实一种》《难逃劫数》《河边的错误》等小说以对人性尖锐而冷酷的审视引人注目，在文学观念、审美姿态、叙述方式上对传统文学形态构成了巨大的冲击与挑战。余华还是在中国当代作家中最早真正在文学本体意义上"走出去"的作家，某种意义上，他纠正了西方世界面对中国文学作品时通常只热衷"读中国"而不愿"读文学"的偏颇。

余华的作品具有很强的逻辑思维感，其厉害之处在于总能使人在他的不同故事中找到自己。不同年龄阶段的人在读《文城》时，会给其自身带来不同程度的感悟。

从《活着》到《许三观卖血记》，从《兄弟》到《第七天》，余华的每一部新作品都是一场写作的突围，会为读者带来不同程度的惊喜。因此，一位读者发出心声："想读《文城》的理由无非两个字：余华。"这也是《文城》一问世就受到了广泛关注和传播的原因。

2. 其他相关推荐者的影响力

学者杨庆祥参与 2021 年 2 月 22 日的《文城》新书预售直播时直言："那个让我们激动的余华又回来了。"在《文城》正式发行当天，杨庆祥还在《文学报》微信公众号发表长篇文章《文化想象和历史曲线》，这是学术领域内最早出现的对《文城》的评论性文章。杨庆祥认为，余华的《文城》更多地展现出了新文学地理的意义，"在南北合流的叙事中，余华建构了一种民族的共同体想象"。

歌手李健 2021 年 2 月 26 日发微博谈论《文城》时写道："……我也被其中的温情感动不已，甚至想去查找这些虚构的原型。"截至当年 5 月 25 日，该微博已获赞 4 万赞，转发四千余次，评论五千余次。李健的粉丝大多很激动，纷纷表示要读一读他推荐的《文城》这本书。李健也曾不止一次表达过对余华的欣赏之情："余华是我最最喜欢的中国作家，他的每一篇文章我都看了。"

《文学报》记者傅小平于 2021 年 3 月 4 日在《文学报》微信公众号发表文

章《回到〈活着〉之前的世界,那里有什么往事理想在吸引他?》,报纸刊发时题目更改为《〈文城〉:故事之外,还提供了什么?》。文章引发热议。

2021年3月1日,《钱江晚报》新媒体《小时新闻》发布一组笔谈《多维的解读:余华长篇新作〈文城〉》,杭州师范大学文艺批评研究院洪治纲、郭洪雷、王侃、刘杨、邵宁宁等几位老师在笔谈中对《文城》进行了谈论。

2021年3月12日12时30分,复旦大学中文系副教授梁永安、巴金故居常务副馆长周立民、图书编辑蔚蔚在"周到"App发起直播,畅聊余华长篇新作《文城》。这场直播的部分文字整理后发表于《新闻晨报》3月15日第9版。

可以看出,在其他各路相关媒体以及各路"大神"的推荐下,《文城》获得了较高的关注度和热度。

(二)文本特色

在畅销书榜单中,小说所占的比重是很大的。此次,余华在新作《文城》中还原了生活中原本的样子,没有《活着》那样的凄风苦雨,也不像《兄弟》那样的魔幻和压抑。《文城》一书中展现了一个有情有义的世界,时代的洪流推动着每个人做出自己各自的选择。小说故事的背景发生在军阀混战的乱世,但在这个乱世之中,余华构建出了一个远离纷争和混乱的"世外桃源",在这里"知恩图报"是生活的主基调,作恶的人终究会受到相应的处罚。

1. 打造丰富立体的群众形象

《文城》以林祥福的故事作为着墨点,以他的发展轨迹作为故事引导线,但中间贯穿不同人物的小故事,所以很难说林祥福是本书的主人公。这种写作方式也是余华在写作中的一种突破。与其以往的小说围绕一个主要人物或家庭展开的叙事模式不同,《文城》更像是一部丰富立体的群像小说。

小说将林祥福作为第一视角着笔书写,将一个一个拥有鲜活色彩的人物置入《文城》的故事之中。里面各色的人物或是来自北方或是来自南方,或是有钱人或是普通的老百姓，性格或张狂或安分守己，不同个性、不同背景的人物汇聚在叫文城的地方。以上构思在读者面前呈现出了一幅江南小镇的一个世纪前的生活景象。

余华描写的文城中的这些人物大都有一个共同的特性：都是普通的平凡之人。余华将一个世纪之前的情景与历史融入普通寻常百姓的生活之中，将复杂难懂的历史变成生活中细碎的小事，于是，历史便跃然纸上。我们由此可以看出历史与个人命运是如何紧密地联系在一起的。评论家杨庆祥在读完《文城》后感慨道："好的作品不会产生距离，尽管《文城》写的是过去，但我们读完后会觉得，书中的人好像就活在我们身边"。

在余华笔下，平凡的人也都闪耀着不平凡的光辉，这种平凡的人都不会被淹没在历史的车轮中。王安忆曾说："余华的小说是塑造英雄的，他的英雄不是神，而是世人。但却不是通常的世人，而是违反那么一点人之常情的世人。"《文城》就是将一个个普通人的小小力量汇聚在一起，形成攻城之势。

2. 饱含坚实的情感力量

《文城》描述的是一个充满动荡的年代：清朝刚刚灭亡，民国刚刚成立，匪徒横行，民不聊生，军阀混战。这本书使读者能够感觉到一种深深的对于女人命运的无奈感，就像书中所说："对于女人，不管是什么男人，有一个总比没有好。"

余华曾经在随笔中写道："因为小时候住在父亲工作的医院附近，经常可以听到从医院传来的哭声。"余华从小就从不同的哭声中感受到不同的情感，又将不同的情感转化为书中不同的力量。余华的作品中因为有这些来自童年积累的"哭声"的力量与情感，才有了一种坚实的攻击人心的情感力量。余华的作品天生带着一种悲悯的颜色，他书写苦难、书写悲剧、书写个体与群体、书写残酷命运、书写时代悲剧，但是又在这种悲剧的氛围之中穿插了一种温暖的情谊。正如哭声和眼泪，既包含了失去至亲至爱的痛苦，也包含了对他们的缅怀与爱。爱得越多，眼泪便越宽广、越丰富。只有善良的人才会哭泣，恶人只有冷漠和愤怒。

余华的小说大多充满着哭声与眼泪、冷漠与温情。《文城》这部作品也不例外。眼泪与哭声从来都不是人物软弱、懦弱的象征。它们可以体现出人物高尚的追求、在困境中的抉择及坚忍不拔的内心。这些人物的内心都包含着最真诚的感情与珍贵的情意。对于如今正处于时代高速发展的我们来说，这种温良的品德正是我们缺乏的，虽然会让我们有误解的产生，但也让我们因为这种神秘的力量而感动得落泪。这种力量正是余华最想展现的力量，它是人性中最为珍贵的光辉，虽然有时候看似微弱，但却能照进最为幽暗的现实，是支撑我们这个民族走过一场场劫难的内在精神力量。

3. 文本内容的价值品质表达

余华在《文城》中写道："当有一天，你站在岁月的彼岸，驻足回望，看那些纯真的岁月，看那些沧桑的磨砺，最终都变成泛黄的记忆，终是感动了时光，也感动了自己，哪有什么时光静好，只是不言岁月蹉跎。"

《文城》是一部理性与感性夹杂的小说。它把"情"与"义"深深地植入人物的精神与血脉之中，使得他们在世俗生活中的一举一动无不彰显这种珍贵的品质。《文城》中的人物，不论是主人公林祥福还是其他人如陈永良、田氏兄弟等，虽都饱受命运与时代的折磨，但依旧展现自己善良、坚韧的品质，展现自己人性的光辉。这些品质无不深深地撞击读者的心灵，使人备受感动。

在那个动荡的年代，人们似乎都活得很艰辛，有的人为了活下去就选择去当兵，成为与土匪一样的人，有的人甚至直接做土匪，烧杀抢掠无恶不作。但也有的人选择坚守自己内心的那一片净土，即使无可奈何做了土匪，但依旧坚守自己心中的底线与道义。也有的百姓不甘欺辱践踏，奋起反抗，英勇就义。

这确实是一个蛮荒、动荡的年代，人们似乎都过得十分艰难，但每个人都有自己不同的选择，也都有自己的困苦。这一切苦难终究会被埋藏在时代的洪流中，成为一个时代的回忆，然后会有人踏着过往，拥抱崭新的未来。苦难终将过去。

《文城》的故事整体可以归纳为"寻"这个主题。《文城》将理想的"寻"与现实的"寻"完美地融合在一起。贯穿其中的既有诗意又有现实，但绝不是感性占据主导地位。而且，在事情彻底悲剧之前，又附上一定程度的诗情画意。这让我们真切地理解了狄更斯所说的："这是一个最好的时代，这是一个最坏的时代。"

（三）整体装帧设计的着力点

书籍的装帧设计在畅销书的打造过程中起着至关重要的作用，封面设计的好坏是一本书是否成功的关键因素之一。

《文城》采用的是精装的形式。许多读者在看到《文城》的封面时，第一时间就被这种独特的风格吸引了。封面采用深蓝色的背景底色，背景中是一个男人的肖像，他眉眼低垂，目光忧郁，神情透露出很深的哀伤，眼中似乎含有热泪，眼角悬挂一滴眼泪，似落非落。该书的封面是由余华亲自选定的，封面的画来自当代艺术家张晓刚的作品《失忆与记忆：男人》。

《文城》表达的核心思想与封面画的内在含义不谋而合。"作家的使命不是发泄，不是控诉或者揭露，他应该向人们展示高尚。"余华如是说。小说中那一张张隐忍的、哭泣的、充满悲伤和爱意的面孔，仿佛化成书封上那个模糊的肖像和那滴清晰的眼泪。

（四）宣传营销手段

一本书的畅销与否，与出版发行商的营销策划有着密切的关系。有种观点认为，发行商的宣传营销对一本书是否畅销可以起到40%的作用。总而言之，营销策划对一本书是否畅销有着决定性的影响。

1. 直播的推动

《文城》预售直播于2021年2月22日进行，邀请相关的学者参加。

2021年3月15日，宗城在他的播客节目"席地而坐"中发表了《余华的新书＜文城＞到底写得怎么样？》，这期播客的文字版于3月18日发表，题为《不再生猛的余华，还能续写辉煌吗？》。

2021年3月12日12时30分，复旦大学中文系副教授梁永安、巴金故居常务副馆长周立民、图书编辑蔚蔚在"周到"App发起直播，畅聊余华长篇新作《文城》。这场直播的部分文字整理后发表于《新闻晨报》。

2021年3月12日，哔哩哔哩网站上传了视频"余华新作《文城》出版幕后大公开"。《文城》的责任编辑白雪被问及"请用三个词来描述新书《文城》"时，她选择了"虐""好看""温暖"。

2021年4月23日（世界读书日），余华携新书《文城》在北京PAGEONE书店五道口店与期盼已久的读者见面，聊了《文城》和作品背后的故事。活动当天还邀请了五位嘉宾，他们分别是文学评论家杨庆祥，青年作家陈春成、梁空、孙频，以及哔哩哔哩网站百大UP主"智能路障"。嘉宾们和余华展开了精彩对谈，从不同维度打开《文城》的世界，分享阅读的奇妙旅程。

一系列的直播活动都对《文城》的畅销起到了推动作用。

2. 微博的力量

发行商新经典发行有限公司在微博上以各种方式营销《文城》。人气作家祝羽捷、"坦克手贝吉塔"都发表了《文城》相关的微博，具有一定热度和阅读量。著名歌手李健也发表了《文城》相关的微博，微博内容写道："……我也被其中的温情感动不已，甚至想去查找这些虚构的原型。"截至2021年5月25日，该微博已获赞4万，转发四千余次，评论五千余次。李健的粉丝大多很激动，纷纷表示要读一读他推荐的《文城》这本书。

作品正式发行之前，为了让好朋友们、粉丝先睹为快，由作者或出版单位向少数"理想读者"赠送试读本已经是一种文学出版上的惯例。当然，某些"试读"背后也包含着消费时代的商业逻辑。正如有学者指出的那样，在当下的"批评即营销"现象中动用顶流的网红加持，其目的是让受众在短时间内接受。如此，各种刺激读者购买欲的言论和阐释成为脱离作者文本的第一文学现场。

3. 话题的影响

《文城》出版发行以来存在着巨大的争议，有的人认为《文城》这本书依旧很精彩，但也有一部分人存在相反的意见。在两种观点的碰撞中，产生了无数篇有关《文城》和余华的文章，在知乎、豆瓣、微信公众号、微博等都有大量的内容。《文城》的不断热卖、热评也引发了文学界内外热烈的讨论。

目前，豆瓣上《文城》书评中获赞最高的是宗城所写的文章《私人意见：我不会再被余华的新书感动了》，同期音频节目出现在"小宇宙"App的"席地而坐"系列播客第六期里。在宗城看来，《文城》确实是一部"好看"的小说，但作品在"好看"之外无法提供更多：不论是在历史议题的开拓、小说技法的创新，还是人物的塑造上，《文城》相比于余华的前作都没有更进一步。文中写道："这本新书依旧没有给予我阅读上的感动，更准确地来说，没有新奇感，不仅没有读《活着》时的震撼，也没有读很多新人作品时被一些有趣的写作尝试所触动的那股拙劲儿。余华写出了一部可有可无的小说，一个成熟，但的确不会引起我内心波澜的作品。"

青年作家林培源也表达了相似的失望之情："好故事是小说的基础，但不该成为小说前行路上的障碍物，不能为了缝合故事的裂隙，而牺牲掉虚构人物的复杂性……在当代中国文学中，《文城》是一部叙事一流的小说，但它和真正'伟大的小说'尚有距离。"

这些争议是真实存在的，但这些争议也给《文城》吸引了很多的目光，带来了极高的关注度。这也是成功的营销。

4. 实体书店的助力

《文城》一上市就出现在大大小小的实体书店中，摆放于书店的醒目位置。每家书店的摆放都各有其特色。不同地域的实体书店在各自的宣传媒体平台都进行了《文城》的新书推荐，并给出一定的优惠。各书店还进行了橱窗宣传，通过书店的橱窗将《文城》进行陈列，启发读者的阅读兴趣和选购欲望。同时，各书店配合《文城》的相关宣传举办了读书报告会、讲座等形式的活动，邀请余华出席，增加了书籍销量。

书店还采取了同时售卖《文城》周边产品的策略，增加销量。

四、精彩阅读

在溪镇有一个人，他的财产在万亩荡。那是一千多亩肥沃的田地，河的支流犹如蕃茂的树根爬满了他的土地，稻谷和麦子、玉米和番薯、棉花和油菜花、芦苇和竹子，还有青草和树木，在他的土地上日出和日落似的此起彼伏，一年四季从不间断，三百六十五天都在欣欣向荣。他开设的木器社遐迩闻名，生产的木器林林总总，床桌椅凳衣橱箱匣条案木盆马桶遍布方圆百里人家，还有迎亲的花轿和出殡的棺材，在唢呐队和坐班戏的吹奏鼓乐里跃然而出。

溪镇通往沈店的陆路上和水路上，没有人不知道这个名叫林祥福的人，他们都说他是一个大富户。可是有关他的身世来历，却没有人知道。他的外乡口音里有着浓重的北方腔调，这是他身世的唯一线索，人们由此断定他是由北向南来到溪镇。很多人认为他是十七年前的那场雪冻时来到的，当时他怀抱不满周岁的女儿经常在雪中出现，挨家挨户乞讨奶水。他的样子很像是一头笨拙的白熊，在冰天雪地里不知所措。

那时候的溪镇，那些哺乳中的女人几乎都见过林祥福，这些当时还年轻的女人有一个共同的记忆：总是在自己的孩子啼哭之时，他来敲门了。她们还记得他当初敲门的情景，仿佛他是在用指甲敲门，轻微响了一声后，就会停顿片刻，然后才是轻微的另一声。她们还能够清晰回忆起这个神态疲惫的男人是如何走进门来的，她们说他的右手总是伸在前面，在张开的手掌上放着一文铜钱。他的一双欲哭无泪的眼睛令人难忘，他总是声音沙哑地说：

"可怜可怜我的女儿，给她几口奶水。"

他的嘴唇因为干裂像是翻起的土豆皮，而他伸出的手冻裂以后布满了一条一条暗红的伤痕。他站在他们屋中的时候一动不动，木讷的表情仿佛他远离人间。如果有人递过去一碗热水，他似乎才回到人间，感激的神色从他眼中流露出来。当有人询问他来自何方时，他立刻变得神态迟疑，嘴里轻轻说出"沈店"这两个字。那是溪镇以北六十里路的另一个城镇，那里是水陆交通枢纽，那里的繁华胜过溪镇。

他们很难相信他的话，他的口音让他们觉得他来自更为遥远的北方。他不愿意吐露自己从何而来，也不愿意说出自己的身世。与男人们不同，溪镇的女人关心的是婴儿的母亲，当她们询问起孩子的母亲时，他的脸上便会出现茫然的神情，就像是雪冻时的溪镇景色，他的嘴唇合到一起以后再也不会分开，仿佛她们没有问过这样的问题。

这就是林祥福留给他们的最初印象，一个身上披戴雪花，头发和胡子遮住脸庞的男人，有着垂柳似的谦卑和田地般的沉默寡言。

有一人知道他不是在那场雪冻时来到的，这个人确信林祥福是在更早之前的龙卷风后出现在溪镇的。这个人名叫陈永良，那时候他在溪镇的西山金矿上当工头，他记得龙卷风过去后的那个早晨，在凄凉的街道上走来这个外乡人，当时陈永良正朝着西山的方向走去，他要去看看龙卷风过后金矿的损坏情况。他是从自己失去屋顶的家中走出来的，然后他看到整个溪镇没有屋顶了；可能是街道的狭窄和房屋的密集，溪镇的树木部分得以幸存下来，饱受摧残之后它们东倒西歪，可是树木都失去了树叶，树叶在龙卷风里追随溪镇的瓦片飞走了，溪镇被剃度了似的成为一个秃顶的城镇。

林祥福就是在这时候走进溪镇的，他迎着日出的光芒走来，双眼眯缝怀抱一个婴儿，与陈永良迎面而过。当时的林祥福给陈永良留下深刻的印象，他的脸上没有那种灾难之后的沮丧表情，反而洋溢着欣慰之色。当陈永良走近了，他站住脚，用浓重的北方口音问：

"这里是文城吗？"

这是陈永良从未听说过的一个地名，他摇摇头说：

"这里是溪镇。"

然后陈永良看见了一双婴儿的眼睛。这个外乡男人表情若有所思，嘴里重复着"溪镇"时，陈永良看见了他怀抱里的女儿，一双乌黑发亮的眼睛惊奇地看着四周的一切，她的嘴唇紧紧咬合在一起，似乎只有这样使劲，她才能和

案例十三：《文城》

父亲在一起。

　　林祥福留给陈永良的背影是一个庞大的包袱。这是在北方吱哑作响的织布机上织出来的白色粗布，不是南方印上蓝色图案的细布包袱，白色粗布裹起的包袱已经泛黄，而且上面满是污渍。这样庞大的包袱是陈永良从未见过的，在这个北方人魁梧的身后左右摇晃，他仿佛把一个家装在了里面。

（节选自《文城》第 3～5 页）

　　在溪镇，一些上了年纪的人目击了小美和阿强的童年。其他孩子端着饭碗在街上嬉闹，他们两个吃饭时端坐在屋内桌前；其他孩子在街上欢声笑语玩着跳绳游戏，他们两个坐在铺子里一声不吭学习织补技艺。他们两个自成一体，与其他孩子，或者说与童年隔了一层窗户纸。

　　小美来自万亩荡西里村的一户纪姓人家，十岁的时候以童养媳入了溪镇的沈家。沈家从事织补生意，虽然是小本经营，在溪镇也是遐迩所闻。沈家的织补手艺高超，只要是毛织品或者丝织品，不管是什么颜色，遇上烧出的窟窿、撕开的口子，经沈家织补便看不出一点痕迹。阿强是沈家独子，他名叫沈祖强，阿强是他的小名。

　　没有人在意沈家这个童养媳的名字，有一天一位赊账的顾客前来还钱时，只有她一人在看管织补铺子，那位顾客看着她虔诚地翻开账簿，笨拙地拿起毛笔，小心翼翼地蘸上一点墨汁，歪歪斜斜写下自己的名字——纪小美，然后溪镇有人知道这个沈家童养媳的名字了。

　　小美父母育有三男一女，她排行第二，在万亩荡的西里村租用田地种粮为生。困顿的日子让小美父母喘不过气来，深感无力抚养四个孩子，重男轻女是久盛不衰的观念，他们觉得女孩早晚是别人家的人，不如早找一户人家送去做童养媳，既可卸去眼下抚养的负担，也为女儿找到一条出路。而在溪镇以织补闻名的沈家，虽然家境尚可，也还不是什么富贵人家，况且家中只有阿强一枝独苗，没有女孩，招个童养媳进来可以帮助做些家务活，也可以省去阿强将来定亲的聘礼和结婚的费用。

　　于是小美十岁时第一次离开西里村，她的母亲倾其所有，用干净的碎布给她缝制一身新衣，虽然是新衣，可是五花八门的碎布让她看起来仍然是衣衫褴褛。小美拉着父亲的衣角向前走去时，一脸茫然的表情，她不时回头张望，看见母亲站在茅屋前撩起衣角擦拭眼泪，她三个衣不蔽体的兄弟却是羡慕地看着她前往传说中的溪镇。

（节选自《文城》第 239～240 页）

五、相关阅读推荐

[1] 王宏图. 通向"文城"的漫长旅程——从余华新作《文城》看其创作的演变 [J/OL]. 山西师范大学学报（社会科学版），2021，48（4）：86-94.

[2] 杨庆祥.《文城》的文化想象和历史曲线 [N]. 文学报·新批评，2021-3-18.

[3] 丁帆. 如诗如歌、如泣如诉的浪漫史诗——余华长篇小说《文城》读札 [J]. 小说评论，2021（2）：4-14.

[4] 金赫楠. 暌违八年，期待是否落空？ [N]. 文学报·新批评，2021-3-18.

[5] 余华. 文城 [M]. 北京：北京十月文艺出版社，2021：342.

[6] 林培源. 大家熟悉的那个余华回归了，但好故事等于好小说吗？ [N]. 北京青年报，2021-3-12.

[7] 韩欣桐.《文城》，在残酷中与深情相遇 [N]. 文艺报，2021-04-28（7）.

案例十四：《克拉拉与太阳》

一、图书基本信息

（一）图书介绍

书名：《克拉拉与太阳》
作者：[英] 石黑一雄
译者：宋佥
开本：32 开
字数：175 千字
定价：68.00 元
书号：ISBN 978-7-5327-8683-1
出版社：上海译文出版社
出版时间：2021 年 4 月

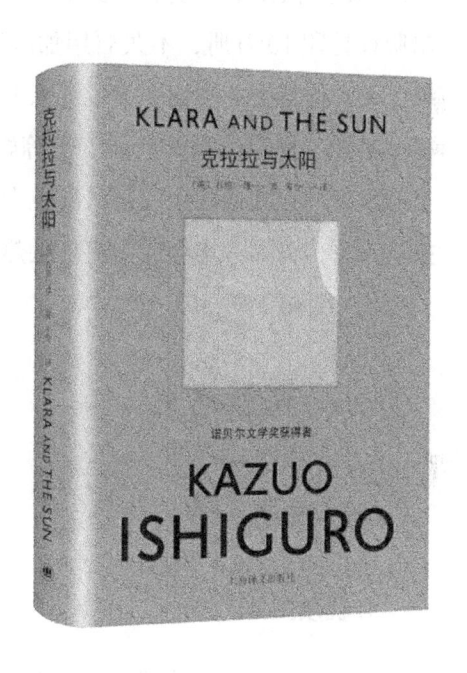

（二）作者简介

石黑一雄 1954 年出生在日本长崎，5 岁随父母移民英国。他之前出版的 8 部作品为他赢得了包括诺贝尔文学奖和英国布克奖在内的诸多重要文学奖项，作品被翻译成超过 50 种文字。其中，《长日将尽》和《莫失莫忘》的英文版销量逾百万册，并被翻拍成电影，广受赞誉。2018 年，石黑一雄因其在文学领域的杰出贡献，被英国女王封为爵士。他同时还是法国艺术与文学骑士勋章和日本旭日重光章的受勋者。

二、畅销盛况

  《克拉拉与太阳》是石黑一雄获诺贝尔文学奖后推出的第一部作品，该书由上海译文出版社出版发行，发行时间为2021年3月。在预售活动中投放的300本限定款在书上线后不到20秒便被一抢而空。截至当年5月，上海译文出版社首印10万册，不久启用加印计划。作为一本新书，得到这样的销售成绩，无疑称得上一本畅销书了。该书在宣传发行期间已占据了豆瓣虚构类图书榜单第二、推荐读物榜单前五十等好成绩。同时，该书被翻译成18种语言在全球发行，在其他国家发行状况也十分良好。据目前的发行现状和持续的营销推广来看，该书一定会成为更加火热的畅销书。

三、畅销攻略

（一）文本

1. 优质主题

  人动荡、残缺、充满意外，机器人稳定、完美，而爱常常来自于不完美，它美好，却也充满苦楚。关于人工智能、人类、爱、信仰四者各自深刻的文学讨论已不在少数，而石黑一雄的这本《克拉拉与太阳》将这四种元素融于一体，以克拉拉这一人工智能机器人（AF）作为主人公，以她的第一视角来讨论永恒主题。该书以未来作为设定，但细节之处充满了现实的质感。"基因编辑""人工智能""贫富差距"这一切讨论都可从当下的现实中看出端倪。所以，在未来的世界，这些词汇不再陌生。当贫富差距再次成为拦路虎，进一步造就着基因差距，这一切昭显着未来那个无比真实的、陌生的世界，一个礼貌的、疏离的世界，充斥着冷漠关怀和矛盾的世界。那里的技术并没有带来更高的善，而是为人类世界提供了新的矛盾和难题：当人工智能的出现取代了低廉的劳动力，挤压了底层劳动人民的生存空间，当她们被人类赋予独有的"善"，人的独特性如何彰显？人性仍是人的专属吗？这一系列的问题在石黑一雄的笔下进行了深刻的描写。

该书另一大重头戏在于"太阳"这一概念。"太阳"作为人工智能机器人克拉拉的动能来源，作为她的"信仰"，在多处为克拉拉带来奇迹般的结果，如街头乞丐的死而复生、乔西的奇迹康复。借助克拉拉与太阳的关系，作者试图探讨人与宗教、信仰、神灵之间的关系，或者说，作者试图探讨人工智能与后者的关系——人工智能是否能够拥有自己的信仰？作为机器这一被造物是否能拥有自主选择的意识？"太阳"这一概念作为隐含的矛盾点藏于全书，值得读者发掘、深思。

2. 内容为王

一本畅销书所需要的绝不仅仅是符合时代潮流的选题，内容对它的重要性不言而喻。同样是对于人工智能、爱、信仰、人类等主题的讨论，经常会出现严肃文学无人问津的尴尬局面，而石黑一雄在《克拉拉与太阳》里将如此宏大的主题生活化，使其宛如真切发生在你我身边的平行世界，充满了清晰可辨的石黑一雄风格——封闭空间内丰盈的生活细节。作者以其特有的细节把控、新奇的角度切入、丰富的矛盾设定完成了该书的构建，从而实现了该书的畅销盛况。

（1）赋予主角超越硬科幻的真实内心

这是一篇以温暖叙事和童真视角书写的梦幻童话，在梦境的角落里隐隐折射着现实的残酷。石黑一雄在访谈中谈到，对《克拉拉与太阳》一书最初的设想是写一本儿童文学，讲给四至五岁的幼童。尽管由于后续故事的悲伤和庞大，该书最终并未成型为一本儿童文学，但角色设定中浸染的温柔、善意、懵懂、天真依旧一览无余。在缓缓展开的第一人称叙事中，我们见证着机器人克拉拉如何像新生儿般学习、理解人类事物，看着她在商场认知世界一角，在乔西家中窥探人类世界，看着她拼尽全力守护着乔西——她的主人、她的女孩。此时的人工智能机器人不再站在人类的对立面，不再充斥着暴力、血腥和掠夺，而是展现了无尽的温柔、善意、付出。作者在这部新故事中所表现的矛盾之下还藏着至纯至真的善意，将真诚的善意与原始的太阳结合在一起，在纷乱的世界中传递着一丝温暖而坚定的力量。

　　小说名叫《克拉拉与太阳》，这从侧面说明"太阳"是一个非常重要的意象。不论是在商店里的人工智能机器人（AF）都向往迎着太阳的位置还是橱窗中克拉拉目睹太阳作为唯一"神秘力量"复活街边乞丐，都体现着太阳是克拉拉心目中的"神"，赋予了她生存的绝对能量，所以当她知道乔西的生命即将消逝的时候，她选择了一步步探寻、走近心中的神并为乔西不停地祈祷，希望太阳能将"神秘力量"再次施舍给乔西。在此时，祈祷和祷告远远地超出了人工智能机器人（AF）这一角色的设定，对信仰的敬畏之心也不断强调，希冀和敬畏同时充斥着克拉拉，矛盾无限被放大。这一次的克拉拉，不像以往的科幻角色硬朗冷酷无情。她成为了一个参与者，变成了祈祷的主体，充分展现了类人心智，对乔西的喜爱和对信仰的敬畏不停拉扯着她在矛盾中做出选择，但似乎她并没有选择的余地，她的使命就是成为乔西的朋友，保护着她。恍然一看，这和身边的"你我"又有何区别？当我们厌倦了这个乌烟瘴气的现实世界，疲于应付这个浮华无度的真实生活时，看看"克拉拉"，这不正是纯净人类的真实写照吗？我们所感慨的其实并不是这些非人灵魂的可贵，而是人类自己灵魂的虚空。

　　（2）书中传达关于"伦理人性"的矛盾讨论

　　克拉拉被设定为"AF"，角色是人类的陪伴者。这说明她有超过简单机器人的感知系统、观察能力，可以快速准确地模仿人类行为，能抓住并复现最具代表性的细节。即使在面对未学习和感知的部分，克拉拉也总是抱有学习的天性。在商店中，三进三出橱窗的克拉拉，全景式地旁观人类生活，这个设定首先就带着强烈的设定矛盾——类人性和人终究有壁，不能混为一谈。所以，毕其一生，她也只能类似于"楚门的世界"的男主，在生活但终究不是真的生活。说到底，这也为克拉拉的悲剧命运埋下基调。

此外，克拉拉和乔西一家的关系也是绝对不平等的，克拉拉作为商品的属性并没有被削弱。不论是前期她孤独地在商场里等待着给她承诺的乔西，还是在聚会时被叫来供大家围观、攀比，以及克拉拉的最终归宿不过是和一堆过时废旧的机器相伴的垃圾场，这一切都时刻提醒着克拉拉作为商品的真实身份。尽管乔西母女对她很好，甚至做好了让她代替乔西的准备，但这依旧不能摆脱这种不对等的关系；而克拉拉无疑是该书最单纯的角色，她对人类的向往和理解被刻进了她的"DNA"，对人类的服从和保护让她尽管无法完全理解某些人和事，但是从无畏惧。这种由强烈的悖谬感而产生的反讽效果使得小说始终带有一种重审人伦的特质。

（3）细节极致描写

石黑一雄的该部作品依旧有着鲜明的细致入微的风格，尤其在对克拉拉的感知世界中表现得尤为细腻。

示例1：
"有时候，在那样的特殊时刻，人们心中的快乐会夹杂着痛苦。"

（节选自《克拉拉与太阳》第28页）

克拉拉在目睹咖啡杯女士和雨衣男的相遇后，她意识到他们的高兴里藏着不安，她想象着，自己很久以后在街上和罗莎（另一个AF同伴）相遇时，会夹杂着痛苦吗？这种痛苦必然夹杂着愧怍。因为，彼此相爱的人许久未见一定是因为受到了某种阻碍，且主观原因大于客观原因。一个人自行扯开相交的时间线，另一个人未曾追逐，以随波逐流的状态渐行渐远往往是生命的常态。AF克拉拉是带着使命感的，主人是第一位，与其他人的分开是一种必然，哪怕是罗莎。当多年后重逢得知她生活得很好时，克拉拉为她开心；她过得不好，克拉拉为她感到难过。

示例 2：

"自然而然地，在接下来的日子里，我时常思考，为何交流聚会没有留下任何阴影，而摩根瀑布——尽管我顺从了乔西和母亲的意愿——却引发了这样的后果。又一次，我的脑中闪过了那种可能性：我的局限性——相比 B3 而言——在那一日不知怎的又显露了出来，使得乔西和母亲全都后悔她们当初所做的选择。果真如此的话，我知道，我最好的做法就是加倍努力地做乔西的好 AF，直到阴影散去。与此同时，我渐渐看清了人类，出于逃避孤独的愿望，竟会采取何等复杂、何等难以揣摩的策略；我也明白了摩根瀑布之旅的结果可能自始至终都不在我的掌控范围内。"

(节选自《克拉拉与太阳》第 141 页)

克拉拉在来到人类世界并真正融入人类世界的过程中，对人类的表里不一表现出疑惑、困顿和不安。在克拉拉的世界里，她遵从乔西和母亲的意愿，陪伴了母亲的远行，但归家之后，克拉拉面对的却是乔西的冷漠、母亲的疏离。前后反差带给克拉拉的不解在石黑一雄的笔下展现得淋漓尽致。这给了主角类人感，也彰显了人性的复杂，也为本书细腻的细节提供了很强的支撑点。

3. 语言风格

在《克拉拉与太阳》一书中，石黑一雄采用第一人称来展现视角。在克拉拉的一生中，从感知到学习到使命结束，都充满着淡淡的温柔。看似平淡的对话中蕴含着深层的矛盾。浅浅一读会觉得这是一个 AF 与人类之间的温情故事，实则却包含了上述巨大的矛盾和冲突，文字的平静中掺杂着巨大的矛盾设定。这使该书拥有了更多年龄段的读者，为该书成为畅销书奠定了坚实的语言基础。

其他作家也许会大费周折以使他们的科幻小说逻辑更加合理。石黑一雄则不介意让笔下的 AF 竟能理解神的恩惠和"罪恶"（"她没有做过任何不善良的事"）。在商场时，她目睹了太阳如何将恩赐洒向乞丐，使其"死而复生"，所以当乔西病重时,她不顾安危,怀揣着敬意,抑制了担忧,谨小慎微但又孤注一掷地去乞求太阳能再次施舍恩赐。这样强烈的信仰感本不是一个机器应该具备的思想,也更不符合传统意义上的科幻逻辑,因为冰冷的机器永远无法拥有人的特质——人心。

(二) 装帧设计

1. 外部装帧设计

一本图书的外部装帧设计就像是人的日常穿戴,服装体现着人的审美、风格、气质,图书的"服装"也如此。外部装帧需与图书的主题、内涵、个性相契合,是图书带给读者的第一印象,对图书销售情况影响重大,所以图书的外部装帧设计尤为重要。该书在全球市场上拥有的 18 个版本在外部装帧设计方面略有差异,如日文版本对封面做了与原版不同的颠覆性设计,这与各国的文化差异有关。下面讨论中文版的外部装帧设计。

中文版《克拉拉与太阳》采用护封和封面设计交互的形式。护封以大红色作为底色平铺整个护封,而封面则采用浅蓝色平铺整个封面,再辅以一个将落未落的黄色太阳。最绝妙的设计在于,该书的护封中心挖出了一个边长 6 厘米的正方形空间,封面的浅蓝色使占据方形空间不到 1/6 的黄色落日表露无遗,简单的色块撞击使得简单的护封和封面之间呈现出多种层次和寓意。或许是红色代表热烈的太阳而黄色代表落日,或许是红色代表书中 AF 的热烈而蓝色代表书中人的冷漠,或许还有更丰富的解读……这留给读者无尽的畅想。

该书封面并未涉及文字内容,标题和作者仅仅在护封上有所体现,护封上的文字内容也十分简单,仅有书名、作者名和一句"诺贝尔文学奖获得者"。书名采用标准的黑体,唯一有意思的设计在于,护封上除了中文"克拉拉与太阳",还分别印有英文版书名和作者名,且英文作者名远远大于其他内容。从这个设计细节可以看出该书着眼国际市场,并可探知部分营销策略和手段。

（三）内文版式设计

一个书的版心的大小要根据书刊的性质、种类和开本选择来确定。《克拉拉与太阳》作为一本文学类书籍并不带有插图，故排版形式上没有过多创新，只是该书的版心明显偏小，四周留有较多的空白，使得版面看起来疏松养眼。这可能是因为作者和编辑人员希望读者在阅读该书之后，面对书中庞大的矛盾点，在版面上能有所缓释和思考的余地。同时，该书不采用章来分隔内容，而是采用"第一部""第二部"这样的分隔形式。这似乎在表达每个小部的内容都代表着主角的某一状态，而非简单的故事线分隔。而事实的确如此，即每一部都有新人物的出场，并串联着克拉拉的人生状态。这样的简单创新和较大空间的留白，给读者带来阅读提示和舒适的阅读体验。

（四）名人效应

石黑一雄出生于日本长崎，毕业于东安格利亚大学，是日裔英国小说家。他之前出版的 8 部作品为他赢得了包括诺贝尔文学奖和英国布克奖在内的诸多重要文学奖项，作品被翻译成 50 多种文字。他的主要作品有《群山淡景》《浮世画家》和《长日将尽》等，与鲁西迪、奈保尔并称为"英国文坛移民三雄"。2018 年，石黑一雄因其在文学领域的杰出贡献被英国女王封为爵士。他获得的主要奖项如下：

- 2017　诺贝尔文学奖
- 2005　布克奖　《别让我走》
- 2000　布克奖　《我辈孤雏》
- 1995　契尔特纳姆文学艺术奖　《无法安慰》
- 1989　布克奖　《长日将尽》
- 1986　布克奖　《浮世画家》
- 1986　惠特布莱德奖　《浮世画家》
- 1983　温尼弗雷德·霍尔比纪念奖　《群山淡景》

由此可见，名人效应在畅销书的呈现中的作用不容小觑。

（五）营销策略

出版商的营销宣传对一本畅销书而言也是至关重要的，有的甚至决定了一本畅销图书的生死。

1. 全球同步出版

作为作者获得诺贝尔文学奖后的第一部作品，该书在营销上采用全球同步出版的形式，这对图书占据国际市场有着很大的好处。同时，各国营销发行的力量也为图书造势。这不仅提升作品和作者的名声，还能规避一部分因版权问题导致的盗版问题。这对《克拉拉与太阳》成为全球畅销书起到了很大的推动作用。

2. 诺贝尔文学奖获得者首次参与线上营销

石黑一雄作为诺贝尔文学奖获得者积极参与线上的营销活动。在新书出版前，石黑一雄就表示愿意参与全球推广计划。英国方的出版社也为其策划了多场线上活动，如通过 Zoom 进行的一对一读者签售会、线上对话直播等。石黑一雄可能是首位投身线上营销的诺奖作家。在国内，上海译文出版社也组织了多场读者活动，出版团队前往全国各大城市的特色书店和书迷们分享该书的出版故事及石黑一雄专门为中国读者录制的视频。

3. 线上线下联动宣传

上海译文出版社在线上预售期间推出 300 本烫金封面的毛边本作为限定款，该款不到 20 秒便被抢空。在线下活动中，上海译文出版社为读者准备了限量款的布面精装版《长日将尽》作为预售礼，且声明只要读者在参与首发的实体书店购买图书就会获得限定款布包一个。同时，出版社还同西西弗书店一起打造了一套三枚的限定款书签。设计师以书中场景为灵感为书签创作了三个主题画面，并以日光变化串联起整个故事。书签取料赋予画面透明光亮的质感，如果读者对着天空举起书签或是将它置于书页、封面纸上，则可以随心叠加出属于自己的文学画面。从 2021 年 3 月 8 日起，读者在西西弗书店购买新书即可随书获赠。并且，全国线上线下书店全面上架了该书，有 500 余家实体书店参与《克拉拉与太阳》新书重点陈列和买赠策划。这样的联动宣传为《克拉拉与太阳》造势，宣传效果很好。

（六）社会需求

《克拉拉与太阳》想探讨的不仅是机器人的存在问题，它还关注人类世界本身：在一个技术发达、工具理性、人类却依然被流行病和阶层贫富悬殊困扰的世界，人类本身的意义与伦理会否面临新的考验？我们会看到，即便无私的机器人出现，人类的社会已经如此发达和理性，技术带给我们的却不是更高的善，而是更加稳固的自私与残酷。譬如，小说中基因编辑拉大了阶层的差距，乔西的父亲被人工智能"替代"而丢了工作，而克拉拉也终究会迎来被更新迭代的一天。技术使人类生活更方便，却也带来了危机。石黑一雄揭示了现代社会的冷酷、谎言与人的意义困境，但并非毫不留情地嘲讽，而是更执着地寻找那些人性中依然珍贵的东西，那些能让我们在虚无之海中牢牢抓住的绳索。在《克拉拉与太阳》里，他给出的是一个陈词滥调但仍有其必要的回答，那就是爱，一种让人类克服自身利己本质的存在，一种人类与永恒孤独周旋的方式。石黑一雄呼吁回归信仰和爱。正如他在接受《新京报书评周刊》采访时所说："爱作为一个武器或者说盾牌，能帮助我们对抗孤独和死亡。"

四、精彩阅读

经理总是说，每个位置都是精心策划的，无论我们站在哪里，被选中的

案例十四：《克拉拉与太阳》

可能性都一样大。

（节选自《克拉拉与太阳》第 5 页）

不同于大多数 AF，不同于罗莎，我一直渴望着看到更多外面的世界——看到它的全部的细节。因此，格栅升起的那一刻，当我意识到此刻我和人行道之间只隔着一层玻璃，意识到我能够无拘无束地、近距离地、完完整整地看到那么多我以前只能窥到边角的东西时，我是那么地激动，以至于有片刻工夫，我几乎忘记了太阳和他对我们的仁慈。

（节选自《克拉拉与太阳》第 10 页）

也许他们很久没有见面了。很久，很久。也许上一次他们像那样彼此相拥的时候，两人都还年轻。"你是说，经理，他们失去了彼此？"她又沉默了片刻。"是的，"她终于说道，"一定是那样的。他们失去了彼此。然后，也许就在刚才，纯粹是机缘巧合，他们又找到了彼此。"

人生常态就是失去，到哪里还能再找回来呢？

（节选自《克拉拉与太阳》第 28 页）

"有时候，"她说，"在那样的特殊时刻，人们心中的快乐会夹杂着痛苦。"

（节选自《克拉拉与太阳》第 28 页）

"让我来告诉你一件事，克拉拉。孩子们总是在许诺。他们来到窗前，许诺各种各样的事情。他们许诺会回来，他们求你不要让别人把你领走。这种事情一直在发生。但十有七八，那个孩子永远也不会回来。或者，更糟糕的是，那个孩子回来了，却看也不看一直在等他的那个 AF，反而转身选了另一个。孩子们就是这样的。克拉拉，你一直在观察，在学习，也学到了很多。那么，这就是我要教给你的又一课。你明白了吗？"

（节选自《克拉拉与太阳》第 42 页）

如我所说，这些对我来说都是有用的经历。我不但懂得了"变"是乔西的一部分，我应该准备好适应它，我还开始懂得这并非乔西独有的特质；懂得人们时常觉得有必要拿出自己特意准备好的一面来展示给路人看——就像是布置商店橱窗一样——而这样的展示一旦时过境迁，也就无须太放在心上了。

（节选自《克拉拉与太阳》第 106 页）

我真的好怀念英格兰啊。我尤其怀念那儿的树篱。在英格兰，至少是在我老家那一片，你能看到四周全是绿色，而且永远都有树篱把它们分隔开来。树篱，到处是树篱。那么的井井有条。现在，你再看看窗外那片田。无休无止，没有尽头。我猜那当中什么地方也许有栅栏，可谁知道呢？

（节选自《克拉拉与太阳》第 188 页）

"我明白自己来到这里是多么地唐突与粗鲁。太阳有充足的理由生我的气，我也完全理解您甚至都不愿意考虑一下我的请求。即便如此，鉴于您的大慈大悲，我想我也许还是可以请求您再耽搁一小会儿您的行程，再听一听我的另一个提议。假使我能够做一件特别的事情来取悦您，一件会让您格外开怀的事情。如果我能做到这一点，那么，作为回报，您是否愿意考虑对乔西格外开恩？就像您上次帮助乞丐人和他的狗那样？"

"我知道太阳有多么地讨厌污染。知道它多么地让你伤心和愤怒。瞧，我见到了而且确认了那台制造污染的机器。假使我能够设法找到这台机器并且摧毁它，终结它的污染，那么作为回报，您是否愿意考虑给予乔西特别的帮助？

（节选自《克拉拉与太阳》第 207 页）

我们这代人依然保留着老派的情感。我们的一部分自我拒绝放手。这一部分自我仍然执着地想要相信我们每个人的内核中都藏着某种无法触及的东西。某种独一无二、无法转移的东西。我们必须放手，克丽西。那里什么都没有。乔西的内核中没有什么是这个世界的克拉拉所无法延续的。

（节选自《克拉拉与太阳》第 264 页）

案例十四：《克拉拉与太阳》

我问你：你相信有'人心'这回事吗？我不仅仅是指那个器官，当然喽。我说的是这个词的文学意义。人心。你相信有这样东西吗？某种让我们每个人成为独特个体的东西？我们就先假定这样东西存在吧。

（节选自《克拉拉与太阳》第 275 页）

我想，我之所以恨卡帕尔迪，是因为在内心深处，我怀疑他也许是对的。怀疑他的主张是正确的。怀疑如今科学已经无可置疑地证明了我女儿身上没有任何独一无二的东西，任何我们的现代工具无法发掘、复制、转移的东西。古往今来，一个世纪又一个世纪，人们彼此陪伴，共同生活，爱着彼此，恨着彼此，却全都是基于一个错误的假设。一种我们过去在懵懵懂懂之中一直固守的迷信。

（节选自《克拉拉与太阳》第 283 页）

走后门，同其他任何一种形式的腐败一样，只在不被挑明的情况下才有最好的收效。

（节选自《克拉拉与太阳》第 316 页）

一旦我踏进了外面的世界，我知道我永远都会继续寻找着一个就像她那样的人。

（节选自《克拉拉与太阳》第 367 页）

卡帕尔迪先生相信乔西的内心中没有什么特别的东西是无法延续的。他对母亲说，他找啊找，可就是找不到那样特别的东西。但如今我相信，他是找错了地方。那里真有一样非常特别的东西，但不是在乔西的心里面，而是在那些爱她的人的心里面。

（节选自《克拉拉与太阳》第 385 页）

当我们说到自我欺骗时，我们总是会将它与"逃避""怯懦""糊涂"等负面的词汇联想在一起。但事实上，自我欺骗是我们能够面对这个残酷的世界而不发疯的一个重要理由，对于人类的生存就像空气和水一样不可或缺。自我欺骗的根源并非人心的虚妄，而是人心的脆弱；它是人心为自己筑起的一道简陋的缓冲，使我们不必迎头承受现实的全力一击，而是能够假以时间，渐渐地接受现实。

（节选自《克拉拉与太阳》第391页）

正是由于自私的欲望与升华的渴望并存，人类的心中才会充满了矛盾、彷徨与痛苦；没有了自私那下坠的重力，一切崇高、向上的人性也就虚无缥缈得失去了分量。自私是人类沉重的负担，但也许在并不遥远的未来，也会是人之所以为人的一个最重要的锚点吧。

（节选自《克拉拉与太阳》第391页）

五、相关阅读推荐

[1] 开卷研究.首次上榜图书激增系列作品畅销霸榜[N].中国新闻出版广电报，2021-05-24（7）.

[2] 李鹏飞.文学类畅销书成功要素分析[J].产业创新研究，2020（22）：108-109.

[3] 郑媛媛.2019年文学畅销书榜单特点分析[J].新闻传播，2021（2）：68-69.

案例十五:《人间词话》

一、图书基本信息

(一) 图书介绍

书名:《人间词话》
作者:王国维
开本:32 开
字数:240 千字
定价:29.80 元
书号:ISBN 978-7-5502-4969-1
出版社:北京联合出版公司
出版时间:2015 年 6 月

(二) 作者简介

王国维(1877—1927 年),字静安,亦字伯隅,号永观,晚号观堂,中国近、现代相交时期一位享有国际声誉的著名学者。王国维在教育、哲学、文学、戏曲、美学、史学、古文字学等方面皆有深诣。其功力之深,治学范围之广,对学术界影响之大,为晚清以来所仅见。1927 年 6 月,他于颐和园中昆明湖自沉。

王国维一生著述甚丰，著有《人间词话》《宋元戏曲考》《观堂集林》《海宁王静安先生遗书》《红楼梦评论》等著作62种，批校典籍近200种，被誉为中国近现代重要的美学和文学思想家。郭沫若亦称其为"新史学的开山"。

二、畅销盛况

自《人间词话》成为公版书以来，涌入市场的版本琳琅满目，仅收录于开卷数据系统的版本就高达372种，累积销量超300万册。本案例《人间词话》由北京联合出版公司于2015年6月出版，当当网旗下"科文图书"参与策划、营销。截至2021年初，该版已连续加印20次，当当网累积评论超过120万条，销量排名稳居"当当文学畅销榜"前10位。尽管本版的销售渠道以当当网为主，但据开卷数据显示，该书在其他渠道的零售数量也有13.5万册，在开卷图书排行榜中，该版于2019年在"文学理论及研究"分类中的网店渠道排名攀升至第4位，零售渠道（网店＋实体店）整体排名攀升至第7位。本书作者认为其销售情况依然具有可持续性。

《人间词话》发表于20世纪初，在发表后20年内波澜不惊。怀着"此中所蓄几全是深辨甘苦悭心贵当之言，固非胸罗万卷者不能道，读者宜深加玩味，不以少而忽之"的敬慕，俞平伯将《人间词话》标点整理，并撰以《重印〈人间词话〉序》对其核心范畴进行高度评论，为此后该书的理论研究和经典化奠定了基础。而后，朱光潜、季羡林等学人纷纷展开对《人间词话》理论范畴和体系的研究，《人间词话》由此成为众所关注的对象，并在不断诠释中成为经典。此外，《人间词话》还在20世纪下半叶传播至海外，被翻译成英语并被广泛研究。

三、畅销攻略

王国维的文学批评著作《人间词话》虽只有薄薄三十几页、寥寥几万个字，却能以崭新的眼光对中国古文学作出评论。其立论精辟，自成体系，熔中西美学、文艺思想于一炉。因此，鲁迅评论王国维说："他才可以算一个研究国学的人物。"而著名文艺评论家傅雷更以"此书等于一把金钥匙"赞《人间词话》为中国有史以来最好的文学批评作品。

自王国维在1908年、1909年之交在《国粹学报》发表《人间词话》初版，至1926年俞平伯将其标点作序后交由朴社单行，到1928年起赵万里等人对该书增补、修订、再版至今，世人对《人间词话》研究的历史已达百年之久。20世纪30年代至今，朱光潜、季羡林、叶嘉莹等一代代学人对《人间词话》理论范畴和体系的研究使其持续受到学界的关注。然而，《人间词话》如何从学界走向大众读者，本案例版《人间词话》又如何因天时地利人和而获得畅销，其原因值得探究和思考。

（一）经典内容与时代旋律的融合

该版《人间词话》的畅销，乘政策引导、国学浪潮之天时，加大社策划、名人推荐之地利，再佐以精心编辑、精准营销之人和，可谓"天时地利人和"。其中，政策引导、国学浪潮之天时最为难得。

1. 文学艺术性、思想性、学术性、时代特性并存的内容价值

一部经典之作，内容是其核心，内涵是其价值。《人间词话》畅销的最根本原因，非其精良的内容及丰富的内涵莫属。

（1）《人间词话》的文学艺术性

《人间词话》是一部文学批评著作，其继承了中国文学批评的传统形式，虽只有只言片语，却异常精彩。王国维试图率先将西方美学、文学理论融于中国传统美学和文学理论中，构成新的美学和文学理论体系。从某种意义上说，《人间词话》既集中国古典美学和文学理论之大成，又开中国现代美学和文学理论之先河。通俗来讲，本版的营销词"晚清以来中国极负盛名的美学经典，流转一个世纪的词话经典，一本书读尽才子骚人的豪情与哀愁"便概括了《人间词话》的文学艺术价值。

（2）《人间词话》的思想性、学术性

《人间词话》提出的境界说，使人豁然开朗。王国维以境界来评价各家诗词的高下优劣，这是《人间词话》的核心理论。在文学评论方面，论词的学说有很多种，相较而言，王国维的境界说更被学界所接受。虽"境界"一词并非王国维首创，但其境界说触及诗词创作中的方法、构思、语言等问题，并因此建立了一种全新的文艺理念，其价值和地位不容忽视。

王国维的美学观点受叔本华影响，又有所突破，其"无我之境"和"以物观物"直接承继了叔本华的哲学观点，而"诗人必有轻视外物之意，故能以奴仆命风月，又必有重视外物之意，故能与花鸟共忧乐"又透显出朴素的唯物因素和辩证法睿智，流露出对人生的哲学思辨。

（3）《人间词话》的时代特性

《人间词话》作为经典之作，体现着我国深厚的文化软实力。乘着"文化自信""诗词热"等时代东风，《人间词话》这样的国学经典之作被冲刷至大众读者的视野中。对忙碌的上班族而言，《人间词话》短札的形式可使读者随手拾起放下，用于闲时修身养性，不受限于阅读时间的长短和阅读内容的完整性。对学子而言，赏读《人间词话》可以促进文化底蕴的形成及自身人格的塑造，掌握充足的古诗词知识。在文化层面，王国维独树一帜的"意境"说和"一切景语皆情语"的精辟论述，使《人间词话》走出学界，成为大众应该了解的国学经典和学生学习成长的有用之书。在思想层面，该书因对于文化审美、思想认识、哲学思辨等方面的学习皆有裨益，现已成为一部愿被当代大众读者拾起赏读的启发之书。

2. 弘扬中华优秀传统文化背景下的"国学热""诗词热"现象

（1）《中国诗词大会》的热播与全民诗词的时尚浪潮

近十年来，在培育国家文化软实力、建设文化强国的时代背景下，人们对传统文化的重视程度逐渐加强，我国电视节目中国学之风的蓬勃发展，逐渐掀起了新时代下"国学热"的浪潮。北京联合出版公司顺应这一时代浪潮，联合当当网旗下"科文图书",于2015年6月推出了该版《人间词话》。在不久后的2016年2月,中央电视台综合频道的《中国诗词大会》一经播出便引发大众读者对经典诗词阅读的升温。《中国诗词大会》节目中,王国维和他的《人间词话》是常读常新的节目素材。各季节目中,不仅有以《人间词话》为题的比赛内容,还有著名主持人董卿谈王国维的"人生三境界",康辉现场解读王的诗句"最是人间留不住",以及康震对王国维《蝶恋花·阅尽天涯离别苦》的点评等经典内容。

上述种种,使得王国维和他的《人间词话》迅速被大众读者所熟悉,成为各特色书店畅销书架的码堆图书。伴随着"国学热""诗词热",王国维的《人间词话》被迅速列入坊间各种"国学丛书""诗词品读"系列,它和《论语》《孟子》《史记》等著作并列,成为一套中国人必读的"国学经典",和《诗经》及唐诗、宋词并列,成为鉴赏经典。至此,似乎阅读《人间词话》已成为了"国学热"氛围中的一股时尚浪潮。

王国维是著名的国学大师,《人间词话》又是这位国学大师脍炙人口的代表作,再加上国家政策引导、央视节目热播、知名人士品读,《人间词话》的大热便顺理成章。且本案例版《人间词话》在出版不到半年后便赶上了拥有极高热度的《中国诗词大会》,再加上当当网的渠道营销助力,所以,自2016年年中,本案例版《人间词话》便迅速登上当当榜单,稳坐前十至今。

(2)精致文艺生活的氛围衬托

每一次媒体的更新迭代,都会给阅读带来新的冲击。例如,相对于怀抱手机浏览公众号、微博、短视频等新媒体内容而言,静心阅读一本纸质书中的诗词,似乎成了不被选择的消遣方式。但在"国学热""诗词热"的浪潮中,对热爱文学的年轻人而言,香茗配诗词似乎成就了一种新的生活品质。此时,捧一本内容精短的《人间词话》,将颇有感觉的词句作为社交软件中的动态文字或休闲聚会时的谈资,以书会友,似乎成为了一种不错的选择。同时,豆瓣网友、知乎网友、大V文学博主等也纷纷发文、发帖畅谈《人间词话》,这吸引了更多文学爱好新人购买《人间词话》。

3. 教育部遴选的学生时代必读之经典

"国学热"的兴起和发展，使得作为传统文化重要组成部分的古诗词在语文教学中逐渐得到教育界的广泛关注。

为贯彻党的十九大和全国教育大会精神，提高广大中小学生阅读能力和综合素质，教育部基础教育课程教材发展中心组织研制并发布了《教育部基础教育课程教材发展中心中小学生阅读指导目录（2020年版）》（以下简称《指导目录》）。教育部相关通知中，经常提到"中华优秀传统文化教育"的字眼。这都为包括《人间词话》在内的各种国学经典图书的针对性策划与精准营销找到了一个大方向。

《人间词话》作为《指导目录》从古今中外浩如烟海的图书中精心遴选出的图书之一被安置在"高中段"，但细看《指导目录》不难发现，从"初中段"起，唐诗、宋词等文学类图书便在目录中占据一席之地。虽教育部在相关文件中作出了"《指导目录》所列图书供学生自主选择阅读，各地各校不作统一要求，不得强制使用，不得要求学生全部必读"的明确规定，但为了在素质教育中能取得理想的成绩，只要是《指导目录》中有一定知名度的图书，皆会吸引大批中学生和家长购买。这一点，在当当网的评论区可得到印证。点开当当网本案例版《人间词话》评论区，百万余条评论中随处可见类似"每一句都能写作文""内容很好，孩子喜欢""这本书是我们语文老师推荐的"等字眼。

不仅如此，很多小学高年级家长也会给孩子购买《人间词话》，以提前培养其文化素养，帮助其精进作文文笔、提高语文成绩。由此，中小学生及其家长这一庞大的群体，成为了各版《人间词话》的固定消费者，而本案例版《人间词话》更是依赖于当当网主推的渠道优势，稳居"文学畅销榜"前列。

（二）有针对性的图书内容编排

《人间词话》最早于1908年、1909年之交分三期刊于《国粹学报》，1910年经王国维删定为一卷，1926年由俞平伯标点并出版单行本，1927年赵万里辑成《人间词话删稿》一卷，1939年徐调孚又辑成"补遗"一卷，作为附录。现行的四卷本包括已刊64则、未刊50则、删稿13则、附录28则，共127则。

纵观市面上的几百个版本，其中不乏校注版、插图版、珍藏版、学术版等各种版本，风格不一、体例不一、功能不一。本案例版《人间词话》精准地面向热爱国学与诗词的大众读者和学生群体。从内容范围来看，本案例版以已刊稿、未刊稿、删稿为主，同时收录俞平伯1926年标点单行本之序，未过多添置类似手稿和本编及通行本条目次序对照表、未刊手稿图片等冗余内容，为初次接触《人间词话》的读者提供了精简的赏读范围。从内容体例来看，本案例版的原文、注释、译文、赏析一目了然，内容准确详细，注释充实丰富，鉴赏评点细致入微。

与市面其他常销版本的《人间词话》对比，本案例版的赏析部分是该版可在众多版本中赢得读者青睐的一个关键因素。本案例版《人间词话》的策划编辑团队所在的"科文图书"是当当网旗下自有品牌，该品牌出品的图书涵盖了众多经典、名家作品，为读者提供了质优价廉的文字内容，团队的编辑素养、专业能力及迎合大众读者的策划意识均值得信赖。因此，不同于有些版本的陈旧乏味、晦涩庞杂、过于简短，本案例版的赏析部分用易于理解的语言和恰到好处的篇幅，将《人间词话》中关于境界的核心及哲思、审美的内涵娓娓道来，使大众读者在品读之中能够充分感受到王国维的国学功力、唐宋诗人的思想和诗词的美感，乃市面少有之物。

（三）简洁风雅的图书表现形式

据开卷数据统计，截至2021年4月，"文学理论及研究"这一细分品类的图书高达11146种，各版《人间词话》共有372种，其中常年动销的版本也有20余种。因此，本案例版《人间词话》若想在茫茫书海中脱颖而出，迅速吸引读者眼球，并在同类书市场保持核心竞争力，不仅需要精益求精的内容，还需要在表现形式上别具匠心。

本书的装帧设计团队"后声文化"是一支专业的图书装帧文化团队，其与各大出版社及图书公司合作时间长，并成功向市场推出若干畅销书籍，对图书设计市场的感知力强，懂得根据图书分类和读者人群设计出称心如意的"畅销款"装帧。

从外观上看，本案例版《人间词话》为32开、简精装，在便携实用中平添精巧美观。本案例版的封面设计取镂空设计之巧思，护封选用茶花蓝鹊图辅以宣纸底纹，火红的山茶花树上停落一只红嘴蓝鹊，经典的意象与唐宋诗词的风雅调性十分吻合，内容指向性明显。护封正中模切出一个圆形，恰巧透出内封书名"人间词话"和作者"王国维"字样，圆形的线条与整体画面吻合，仿佛古时门庭窗格之感，再配以清刻本悦宋字体的书名，更显大气经典、风雅意趣。

从排版上看，该版内文周口较大，版心各部分内容之间间距宽敞，文字行距适中，与作品内容的意境美相吻合，易于休闲阅读。由于内文体例较多，故在版式设计上，设计者特意根据原文、注释、译文、赏析的各部分功能选用不同字体，以大小、粗细等设置加以区分，并注重原文明显、释义精巧、赏析易读的设计理念，使读者在阅读过程中视觉逻辑清晰，提高了作品内容的易读性。

从印制上看，全书内文单黑印刷，但封面和内文用纸皆为精品，既保证了书的质感与质量，又控制了生产成本，使得29.80元的定价更易为大众读者所接受。此外，红色特种纸的前后环衬、印有"三境界"段落的精致书签等细节，也为本案例版的装帧设计锦上添花。该书性价比很高，不容错过。

（四）名人大家的权威引流

《人间词话》及王国维的理论思想在百余年间影响着无数文人学者。自20世纪30年代前期开始，朱光潜、许文雨、任访秋、唐圭璋、顾随等纷纷展开对《人间词话》理论范畴和体系的研究。王国维的理论思想深受鲁迅、胡适、陈寅恪、季羡林、叶嘉莹等大家推崇。很多名家评论被出版者作为营销词，以大字体显现于纸质书腰封、线上详情页等处。

说到名家推荐，词学名家叶嘉莹与王国维和《人间词话》有着不解之缘。早在2014年5月，北京大学出版社策划出版了叶嘉莹的著作《人间词话七讲》，年终获中央电视台"2014中国好书奖"。2016年12月叶嘉莹的中信版作品《给孩子的古诗词》在童书界掀起热度；随后，北京大学出版社借名人效应，于2018年6月再版《人间词话七讲》，并整合发布叶先生授课视频。

王国维、叶嘉莹两位名家的一次跨世纪精神合作，使得《人间词话》的销量于2019年再度攀升。浏览当当网评论区，可以在较新的评论中看到"以前也买过，翻几页就翻不下去了，看了叶先生的解读再来，就有一种指引"的留言。

此外，具有影响力的当代文艺工作者及文学学者也在各处影视节目中为《人间词话》带来了一波"硬气的营销"。知名主持人董卿在被问起什么书值得反复研读之时答道："其实能够被反复阅读的书很少，如果一定要找一本需要反复读的，那就是唐诗宋词吧。"而后，她又在《中国诗词大会》上谈起王国维的"三境界"。其他推荐者，还有著名主持人康辉、北京师范大学教授康震等。"腹有诗书气自华""正人君子实力佳"一直是观众对董卿、康辉的赞誉，观众们在得到这样的推荐后，自然有了阅读《人间词话》的意愿。

由此可见，文人学者和知名人士自带的权威性和影响力，也帮助《人间词话》更顺畅地走入寻常百姓家。

（五）公版书热潮下的作品联动营销

近年来，公版书凭借出版成本低、内容质量高等优势引起出版界关注，从而引发出版热潮。其不仅书籍种类丰富，而且在传播文化价值、拉动图书市场销量、推广全民阅读等方面均产生了积极作用。图书市场上多种版本《人间词话》的涌现，也不乏此因素的影响。

本案例版《人间词话》由当当网独家发行。得益于网络渠道的大力支撑，此版一经发售，就快速占据当当网各级图书页面的主推版块，通过广告投放获得了初步引流，为抢占国学经典类公版书的市场赢得先机。

同类作品或延伸作品的联动营销，一直是出版社营销部门及电商渠道进行图书营销推广的常用营销方法。北京联合出版公司自身的国学经典产品版块图书种类可观，因此其率先利用出版社的发行渠道资源进行了系列作品联动。在本案例版《人间词话》获得一定销量后，当当网又从旗下自有品牌"科文图书"推出的一系列公版文学经典图书中选择了同样具有高市场关注度、高销量的图书《浮生六记》与本版《人间词话》做组合销售。截至2021年第一季度，该捆绑营销产品在当当网获评价66万余条，作品联动营销十分成功。

四、精彩阅读

一

词以境界①为最上②，有境界则自成高格③，自有名句。五代北宋之词所以独绝者在此。

【注释】

①境界：本意是一定的疆土范围。诗家所说的境界包括物境、情境和意境三境。王国维的境界是指"言有尽而意无穷"。

②最上：指最上乘，兼具高尚之义。

③高格：指高尚的文格和人格。

【译文】

有境界的词为最上品，有境界的词自然有很高的格调，自然会出现千古名句。五代北宋词的艺术成就之所以空前绝后，原因就在于此。

【赏析】

王国维以境界来评价词的高下优劣，这是《人间词话》的核心理论。在文艺评论方面，论词的学说有很多种，比如神韵说、兴趣说等。神韵说强调字句间流溢出来的风神气韵，"专以冲和淡远为主"，突出"兴会俱到""神到不可凑泊"。兴趣说在之前比较常见，以禅理论诗，推崇创作灵感带来的妙悟。相较之下王国维的境界说更为可取。兴趣说和神韵说突出强调诗词中艺术形象的神秘化，夸大了诗人词家的主观精神；而王国维的境界说强调要"不隔"，艺术形象具体，较为明确，强调"思无疆""意无穷"，并将之作为境界说之本。境界说不仅强调诗人的主观精神，还要兼顾周围物境，认为境界即是把诗人精神和描摹物境融为一体。他的境界说触及诗词创作中的方法、构思、语言等问题，对当今的文艺评论学具有参考价值。

王国维认为诗人的人格是创造境界的首要条件，所以会有"有境界则自成高格"这样的观点。境界的高格是"高尚伟大之人格"与情、境相融合而来的，这样的结合自然就会有崇高的格调。先生还认为空有格调，无情乏韵也枉然。之于"名句"兴趣说是持否定态度的，兴趣说把"气象"与名句相对立，反对名句。而王国维却正相反，他推崇名句，名句具有句外之意，通常都能有无穷无疆之境，名句也是造境界的一个成分。由句而篇，由篇而气象，怎么能否定名句呢？

（节选自《人间词话》第2～3页）

二十六

古今之成大事业、大学问者，必经过三种之境界："昨夜西风凋碧树，独上高楼，望尽天涯路。"此第一境也。"衣带渐宽终不悔，为伊消得人憔悴。"[①]此第二境也。"众里寻他千百度，蓦然回首，那人却在，灯火阑珊处。"[②]此第三境也。此等语皆非大词人不能道。然以此意解释诸词，恐为晏、欧诸公所不许也。

【注释】

①《蝶恋花》柳永

独倚危楼风细细，望极春愁，黯黯生天际。草色烟光残照里，无言谁会凭阑意。

　　拟把疏狂图一醉，对酒当歌，强乐还无味。衣带渐宽终不悔，为伊消得人憔悴。

　　此词又见欧阳修《近体乐府》卷二，故王国维定为欧公所作。

　　《全宋词》既收录为柳词，又收录为欧词，一般人认为此词为柳永作品。

　　②《青玉案》辛弃疾

　　东风夜放花千树，更吹落，星如雨。宝马雕车香满路。凤箫声动，玉壶光转，一夜鱼龙舞。

　　蛾儿雪柳黄金缕，笑语盈盈暗香去。众里寻他千百度，蓦然回首，那人却在，灯火阑珊处。

【译文】

　　从古至今，凡是成就大事业、大学问的人都必须经过三种境界："昨夜西风凋碧树，独上高楼，望尽天涯路。"这是第一种境界。"衣带渐宽终不悔，为伊消得人憔悴。"这是第二种境界。"众里寻他千百度，蓦然回首，那人却在，灯火阑珊处。"这是第三种境界。这样的词句不是大词家、大文豪是讲不出来的。但是，如此解释以上三首词，恐怕不会为晏同叔、欧阳修所首肯。

【赏析】

　　王国维一向反对深文罗织、牵强附会式的评论词，但又喜用象征手法。在此处，他把晏同叔、柳永、辛幼安的三首表达爱情的词截取出来重新编排，贴切地表达出自己对成就大事业、大学问需要经历的三种境界的理解。其实做事业、做学问和谈恋爱一样：第一种境界是苦苦求索却不得途径的阶段，开始前的茫然无措、凭高望远孤独而寂寞，但仍信念坚定地不断寻觅和探索；第二种境界是求索过程中，为了伊人（即人生的目标）即使衣带渐宽、日益憔悴也在所不惜，坚忍而执着；第三种境界是苦觅不遇时不经意间偶然得之，其实这偶然一得的背后是不断地积累。这段佳句如浑然天成，堪称一绝，王国维本人正是"成大学问者"，这三种境界想必他都亲身经历过，因此颇有感触，正合了那句"蓦然回首，那人却在，灯火阑珊处"之意。这三句并非王国维的注解，实是切身的感悟，想来晏、柳、辛对这样的妙论，应该不但不会"不许"反而会欣然乐见吧！

（节选自《人间词话》第 43～44 页）

五、相关阅读推荐

[1] 彭玉平. 俞平伯与《人间词话》的经典之路——《人间词话》百年学术史研究之一 [J]. 学术研究，2008（2）：132-138.

[2] 曹谦. 论朱光潜美学的王国维身影——兼论朱光潜美学研究的方法论问题 [J]. 西北师范大学学报（社会科学版），2015，52（5）：66-76.

[3] 王晓农. 英语世界对《人间词话》的翻译与研究 [J]. 燕山大学学报（哲学社会科学版），2015，16（1）：89-94.

[4] 戴建芳. 复调式文化语境下的诗美瞻望——《摩罗诗力说》与《人间词话》漫谈 [J]. 四川省干部函授学院学报，2002（3）：35-38.

[5] 王丽. 刍议公版书出版热潮下的危机与转机 [J]. 出版广角，2020（24）：31-33.

[6] 王翡. 文学类公版书品牌定位模式对比研究 [J]. 现代营销（下旬刊），2020（7）：74-76.

案例十六：《沉默的大多数》

一、图书基本信息

（一）图书介绍

书名：《沉默的大多数》
作者：王小波
开本：16 开
字数：350 千字
定价：27.00 元
书号：ISBN 978-7-5006-2709-8
出版社：中国青年出版社
出版时间：1997 年 10 月

（二）作者简介

　　王小波，中国当代学者、作家，被誉为"中国的卡夫卡"。他考入中国人民大学后与妻子李银河结婚，随后赴美国匹兹堡大学东亚研究中心求学，在此期间游历美国各地与欧洲诸国。回国后，他先后在北京大学、中国人民大学任教，后辞职做自由撰稿人，1997 年 4 月 11 日病逝于北京。王小波创作了大量优秀的文学作品，有小说《黄金时代》《白银时代》《地久天长》，杂文集《沉默的大多数》《我的精神家园》《一只特立独行的猪》等。其小说《黄金时代》获中国台湾第13届《联合报》文学奖中篇小说奖。王小波生前鲜有人知，去世后名声大噪，其作品被大量出版并再版，相关的研究和纪念层出不穷，并因此形成了"王小波热潮"。

二、畅销盛况

20世纪90年代的"王小波热"开始后，王小波的作品被各大出版社相继推出。《沉默的大多数》1997年10月在中国青年出版社出版，此书一经发行就受到了大众喜爱，到1999年底就重印5次，发行了6万多册，此后，这本书不断被再版。至今《沉默的大多数》共有作家出版社、上海三联书店、北京十月文艺出版社等18家出版社出版了25个版本，在图书市场十分受欢迎。同时，《沉默的大多数》在豆瓣热门文学图书TOP10中排名第9，豆瓣热门杂文图书TOP10中位列第2，豆瓣中国文学（非虚构）图书TOP100中居于第13位，并在豆瓣读书TOP250中处在第18名，评分高达9.1分。此外，北京十月文艺出版社2021年全新排编出版的《沉默的大多数》也取得了不错的销量，从发行之日起4个月内，基本一直占据当当文学畅销榜前10位，累计评论达20多万条，京东文学图书销量榜单中也排在前20位之内，同样有20多万条评论。从该书首次出版至今，它一直是图书热销榜单常客，深受读者喜爱。

三、畅销攻略

畅销书是以市场为导向，贴合读者喜好及特征，在一段时间内形成购买热潮的图书。在网络信息十分发达的时代，打造一本畅销书与网络、新媒体早已密不可分。该书的畅销，除了作者本人长久以来活跃的话题度和口碑、文本内容和其幽默风格带来的巨大受众群以外，最为值得一谈的是营销方面对网络热词的运用，以及名人效应的带动。正因为以上种种因素的推动，使得该书一直以来被各大出版社争相出版，常驻各大图书销售网站的热销排行之中。下面对此书畅销的原因进行较为全面的分析。

（一）与时代不谋而合的文本内容

畅销书是以读者为主导的，而一本书如果想做成畅销书，首先内容要经得起推敲。《沉默的大多数》不仅内容、语言风格优秀，其所表达的超前思想更是紧紧与时代热点切合，符合读者精神层面的需求，因而大受欢迎。

在思想比较保守的年代，王小波文章里自由随性的思想吸引了一大批读者。"自从我辈成人以来，所见到的一切全是颠倒着的。在一个喧嚣的话语圈下面，始终有个沉默的大多数。既然精神原子弹在一颗又一颗地炸着，哪里有我们说话的份？但我辈现在开始说话，以前说过的一切和我们都无关系——总而言之，是一刀两断的意思。千里之行始于足下，中国要有自由派，就从我辈开始。"这是王小波给好友的邮件中对自己杂文集《沉默的大多数》这个名字的解释，由此不难看出他走出沉默的坚定决心和自由态度。其实，王小波在自己的书中从未正式解释过自由主义，但只要阅读过他的作品，就不难感受到他作品中自由主义精神的体现。长久以来，自由一直是文学创作中的热门话题，尤其是在20世纪90年代。此时，王小波的作品横空出世。他的作品中包含着知识分子对处境的思考，对民族主义、生育问题、国学与新儒学等问题的探讨，与当时社会的思想需求不谋而合。由此，借着一些媒体对王小波去世的炒作和对王小波本人的推崇，这本书被适时地推出，书中内容与时代问题的契合使这本书得以大获成功。在今天，它的一些超前内容又再次与现在的社会热点相交。书中谈及的女权主义、文化争论等，均是现在网络和各大论坛的热门话题，因此，书中的内容也自然得到关注。该书从1997年首次发行到现在一直畅销，主要的原因就是内容的超前性支持它与所处的不同时代的焦点去碰撞，不断地与大众关注点相重合。此外，该书在之前就大受喜爱的自由、反叛精神不仅仅符合当时读者的阅读兴趣，更与当代年轻人不羁、随性的性格相符，因此收获了大批青年读者的喜爱。某种程度上可以说，王小波与其作品的火爆，不仅因为其文学才华对大众的吸引，更多是因为当时的社会需要他书中所表达的内容和观点去了解和回应当时待解决的一些问题。正是因为该特色的加持，使得此书成为图书电子销售平台文学畅销榜熟客。

（二）与大众狭路相逢的趣味风格

王小波曾经说过："我写作的起因就是：既然这世界上有趣的书是有限的，我何不去试着写几本。"在文学作品普遍较为严肃的年代，王小波"有趣"的内容很快在当时作为一抹别样亮色出现在读者视野之中并获得热捧。直到今天，其作品所拥有的庞大青年读者群体都与他风格的趣味性密不可分。

1. 黑色幽默与读者喜好的契合

"我觉得黑色幽默是我的气质，是天生的"，这是王小波公开对自己和其作品的评价。所谓"黑色幽默"，始于20世纪60至70年代的美国，指一种绝望的幽默，作为人类对生活中明显的无意义和荒谬的一种反响。"黑色"往往代表着死亡、可怕的现实，"幽默"则是对这种现实的嘲讽，两者结合成了绝望的幽默，是一种用喜剧形式表现悲剧内容的文学方法。王小波的黑色幽默使其文章更有趣味性，使所表达的道理也更加易懂，而内容与当时社会现实的结合，也使得读者在阅读他的杂文时对他挖苦自嘲的方式更加感同身受。

王小波经历过下乡，又曾出国学习，还见证了快速发展给人们带来的精神上的空虚和社会上日益突出的民生问题，这些丰富的生活经历为他的写作提供了素材。在他的精神追求和社会现实双重作用下，他将"黑色幽默"在自己的杂文中运用得炉火纯青。例如他在《肚子里的战争》中描写在下乡时骡马卫生员给病人切阑尾的内容反讽的意味就很强："我觉得有件事情最可恶：每次手术他们都让个生手来做，以便大家都有机会学习战争，所以阑尾总是找不到。刀口开在什么部位，开多大也全凭个人的兴趣。但我必须说他们一句好话：虽然有些刀口偏左，有些刀口偏右，还有一些开在中央，但所有的刀口都开在了肚子上,这实属难能可贵。"这段简单而又有趣的描述,将他经历过的匪夷所思的现实场景展现出来,使人读起来发笑,但背后又透露出当时一些不严肃。书中没有将荒诞、惊悚的场面严肃地表述出来,而是用"黑色幽默"来吸引读者,这样更使人震撼,幽默与绝望的交叉对比也更加鲜明有力。此类写法在他的杂文集里还有很多,如在《一只特立独行的猪》里,他就以猪为兄,开启自嘲模式,所写内容在揭露现实问题方面趣味性十足,但搞笑之余又含着深刻的警醒作用,非常符合青年读者的阅读喜好。

王小波的创作力求幽默。《沉默的大多数》在自嘲、随性、讽刺、趣味的笔触中,对当时社会存在的问题和荒诞现象进行了有意思的剖析,使文章风趣又生动,思想的表达更加深刻有力,与青年读者所追求的阅读快感一致,因此收获了稳固的粉丝群体,使图书得以热卖。

2. 口语化与大众生活的贴切

王小波的作品的趣味性离不开他写作时语言的口语化,这样的风格很接地气。他曾在自己的文章中说有人评价他的小说格调不高,杂文没有典故、考证,缺少点文化气味,即他写得不够高雅,体现不出文人作品的深奥。王小波对此不置可否,但依旧坚持自己的风格。在他的杂文中有大量平实通俗的语言,还夹杂着具有地方口语特色的调侃描写,这些语言的大量运用不仅能将思想简单明了地传达给读者,还拉近了与读者的距离,展现作者与阅读者之间思想交流的平等,更便于阅读的人去了解作品,以给大众带来趣味性的阅读体验。他在《有关"媚雅"》中提到:"我觉得这两首曲子没咸没淡、没油没盐,演奏员在胡吹、胡拉,指挥先生在胡比画,整个感觉和晕船相仿。天可怜见,我开了十几个小时的车,坐在又热又闷的教堂里,只要头沾着点东西,马上就能睡着;但还强撑着,把眼睛瞪得滚圆,从七点半撑到了九点半!中间有一段我真恨不能一头碰死算了……布鲁克纳那厮这两首鸟曲,真是没劲透了!"类似的有趣语句频繁出现,为作品增添了许多乐趣。此外,俚语、粗话的使用,也是其作品幽默风格的体现。这里所说的粗话并不是骂人的秽语,更多的是调侃和自嘲,像"我们的生活有这么多障碍,真他妈的有意思""原来我是个傻

×呀"等一些粗话的表达，都是用在合适的语境和背景中的，使人读起来并不会反感和不舒服，反而更能达到他想表达的反讽和自欺效果，使读者体会到其批判的力度，明白他想表达的思想。

从大众的角度来看，王小波大量通俗、口语化的幽默笔触，并未使作品内容粗俗，反而让枯燥的文字生动有力，给大众的阅读体验感锦上添花。此外，无论是20世纪90年代的还是现在的青年读者，对将哲理讲得有趣又轻松的图书一直是钟爱的。因此，青年读者在他的粉丝群体中占有很大的比重。

（三）作者自身经久不衰的话题吸引

王小波算是20世纪90年代较为特殊的一个作家。他生前自由、前卫、幽默的创作风格不太被当时文坛接受，也不被出版社看好，其作品的出版比较艰难，销量在当时并不好。

王小波去世后，这一状态发生了变化，在妻子李银河，以及媒体的推动下，他被冠上了无数称号，成为文学界的热门人物。1997年，李银河与别人合编的集子《浪漫骑士——记忆王小波》出版，给王小波话题经久不衰的热度又一次加温。在这本书中，王小波被称为"自由思想家""文坛外高手""自由知识分子""中国最有希望获诺贝尔奖的人"，此外"浪漫骑士""行吟诗人"等一系列独属于他的头衔也相继出现，引起了很大反响。在媒体带动下，一系列与他相关联的猎奇话题也为王小波做足了宣传。正是因为话题所展现出来的传奇经历，使得人们对这位当时文学"神坛"上的人物所创作的作品产生了好奇。在接连的媒体报道影响下，王小波的作品在当时畅销热卖，甚至有关的纪念作品也非常火爆，其作品学术价值的研究也不断出现。

至今，话题营销对这本书的售卖依旧十分受用。北京十月文艺出版社2021年版的宣传再次将话题的作用发挥了出来。这个版本《沉默的大多数》的宣传自带热门话题流量，又一次与时代合流，与当代青年所关注、讨论的社会热点契合。除此之外，宣传者又为王小波更新了一波头衔，当当网等销售平台的宣传上，用了很大的版面介绍王小波现在的"新身份"，如"硬核梗王"

"元祖程序员""情话输出大师""理工直男"等,一系列网络论坛上的新词使王小波完美地融入这个时代。新版本的宣传标语也在极力展现与现在潮流的贴合,"王小波——yyds(永远的神)""偷偷在家搞事情,然后惊艳所有人……"等运用了网络论坛上十分火爆的句式,这些都在很大程度上迎合了现在年轻人的喜好,这对王小波这个20世纪90年代幽默不羁的青年再次走进读者现在的视野有很大的帮助。此外,宣传者将王小波定义为"一代代年轻人的精神偶像"。这对此书在新一代年轻人中开辟市场也起到了一定作用。

从以上的分析不难看出,《沉默的大多数》之所以能够常列于畅销书行列,与作者切合时代潮流的头衔带来的话题度是分不开的。从未间断的话题讨论,促使人们产生好奇,想去作品中找到真正的王小波。因此,其作品一直保持着吸引力,不论哪个时代都是出版社争相出版的畅销图书。

(四)巨大粉丝天团的应援

粉丝不仅仅是图书的接受者,更是宣传者,成功的畅销图书背后离不开粉丝群体的推广,而粉丝的积累与图书的口碑息息相关。可以说,《沉默的大多数》当时的热销盛况离不开王小波粉丝群体的推动。

1. 头号"粉丝"的推动

说到粉丝对王小波作品的推广,值得一提的便是王小波的头号"粉丝"——他文学创作的绝对支持者、妻子李银河。王小波1997年因病去世后,李银河在悲痛之余承担起了丈夫作品的宣传工作。可以说,王小波的作品一直热销到今天并拥有大批忠实读者,背后的头号"粉丝"李银河功不可没。

在李银河的推动下,王小波的去世在短短几个月内就有包括《人民日报》在内的140多家媒体进行报道,之后,王小波在社会上引发热烈讨论,这对于其作品销售的帮助是非常大的。在这段时间里,王小波原本被推迟出版的作品迅速顺利出版,紧接着杂文集《我的精神家园》《沉默的大多数》也随之发行并得以畅销。除了不断运用媒体扩大王小波及其作品的知名度,李银河还和别人合作出版了有关的纪念性作品。之前提到的给王小波带来许多头衔和话题的《浪漫骑士——记忆王小波》就是在当年7月快速出版的，这将王小波热再次升温。此外，《王小波画传：81个瞬间》《爱你就像爱生命》《王小波——一个特立独行的人》《王小波十年祭》等作品的不断出版，让王小波从未淡出读者视野，也从未脱离话题中心。在2007年王小波逝世十周年时，李银河策划的"重走小波路"获得了数万人关注，引发全国多家媒体关注，再次引起了热烈讨论。王小波作品不同版本的出版，李银河大都参与过，还亲自审定过，《沉默的大多数》最新版出版时，李银河也亲自授权，可见其对于王小波作品的重视程度。

其实，有很多人对李银河表示过质疑，认为她的一些话语有些夸大且过誉，她高调、频繁地宣传和纪念王小波是对王小波的消费和炒作。但从图书畅销分析角度看，不可置疑的一点是，王小波的作品从20世纪90年代到现在一直受追捧，与李银河的话题制造、宣传和推动密不可分。

2. 网络粉丝群体的宣传

除了李银河对王小波的宣传推广外，他的读者群体也发挥了很大作用，毕竟作为畅销作家，固定的读者粉丝群体对于作品的传播与售卖是非常重要的。好的作品离不开好的口碑，正是王小波粉丝群体的热捧与宣传，其口碑得以迅速、大面积地传播并打开市场，成为热销图书。

王小波粉丝群体的规模庞大且高调，这与当时的社会环境和王小波作品的思想有关。在前面分析中已经提到过，王小波所处的20世纪90年代，经济快速发展使社会上各种问题显露，对此，文坛陷入迷茫且急于创作体现自由主义的作品。在这个时候，王小波的杂文出世。他的作品一方面尽显自由随性的精神，一方面幽默地将社会上的问题点出来调侃分析，这与大多数人的精神诉求相符合，再加上当时媒体对王小波的大肆渲染，自然他的作品很快就收获了大批忠实粉丝。后来，喜爱王小波作品的人聚在一起，借郑板桥词句"徐青藤门下走狗"来自称是王小波的"门下走狗"，并出版了《王小波门下走狗》杂文集。此外，20世纪90年代互联网的兴起为大众提供了一个宽松的交流平台，王小波的粉丝相聚于网络这个自由、没有地域限制的空间，分享和学习王小波的作品。一时间，网络上和王小波有关的讨论、文集迅速火热，王小波成为网上社区和论坛的红人，粉丝甚至建立了"王小波网上纪念馆""王小波俱乐部"等专门网站。除了网站外，还有百度贴吧"王小波吧"、豆瓣"王小波门下走狗"小组等。王小波粉丝抓住了网络这一重要媒体，使其作品的传播在时间上更加迅速，空间上更加广泛。而他们在各大论坛的活动也对图书的热卖与推广大有帮助。

在"王小波门下走狗"社区论坛中，众多王小波的粉丝模仿其写作风格，创作了不少优秀作品，该论坛的主要创始人更是将这些作品进行了筛选后集结成书，出版了杂文集。还有不少人在王小波的影响之下走上了文学创作之路，如胡坚、陆源、连岳、乐文城等，都成为了颇有收获的作家。甚至还有粉丝在杭州开了一家书店，名为"我的精神家园——王小波书店"，用来纪念和宣传王小波。

正是王小波粉丝这个强大又有创造力的群体，使他的作品从来不缺宣传热度，并被不断地传阅，成为年轻人热捧的对象。

3. 名人的加持

在畅销书的营销方面，名人推荐是很有必要的一个环节。这不但会大大加重作品在大众心中的分量，也给了作品一个质量保证。因此，很多作品在出版时都会邀请名人来为自己宣传。王小波作品的畅销与这些号召力极强的名人有很大关系。王小波虽然生前未被当时的文坛主流所接纳，但他去世后，随着环境改变，不论是他的思想还是作品都得到了一定的认可。像刘心武、王蒙、林白、李大卫等知名文坛作家都曾表示过对王小波和他作品的欣赏，李大卫曾发表过短文《祭王小波》，将其艺术和思想的主要精髓进行了介绍，这些文坛名家力量的加持对王小波的作品起到了很大的认可和宣传作用。此外，还有麦家、双雪涛、撒贝宁等名人对他的作品大加推荐。撒贝宁在采访中表示："我也希望自己像王小波那样，凭借天马行空的想象力而有趣；而我的有趣，是很肤浅的。"这些影响力颇大的名人推荐在读者心中很有分量，其作品的火爆和良好口碑与他们起到的作用是分不开的。

四、精彩阅读

我认为，可以在话语的世界里分出两极。一极是圣贤的话语，这些话是自愿的捐献。另一极是沉默的话语，这些话是强征来的税金。在这两极之间的话，全都暧昧难明：既是捐献，又是税金。在那些说话的人心里都有一个税吏。中国的读书人有很强的社会责任感，就是交纳税金，做一个好的纳税人——这是难听的说法。好听的说法就是以天下为己任。

我曾经是个沉默的人，这就是说，我不喜欢在各种会议上发言，也不喜欢写稿子。这一点最近已经发生了改变，参加会议时也会发言，有时也写点稿。对这种改变我有种强烈的感受，有如丧失了童贞。这就意味着我违背了多年以来的积习，不再属于沉默的大多数了。我还不至于为此感到痛苦，但也有一点轻微的失落感。开口说话并不意味着恢复了交纳税金的责任感，假设我真是这么想，大家就会见到一个最大的废话篓子。我有的是另一种责任感。

（节选自《沉默的大多数》第16～17页）

我这篇文章题目在说椰子，实质在谈平等问题，挂羊头卖狗肉，正是我的用意。人人理应生来平等，这一点人人都同意。但实际上是不平等的，而且最大的不平等不是有人有椰子树，有人没有椰子树。如罗素先生所说，最大的不平等是知识的差异——有人聪明有人笨，这就是问题之所在。这里所说的知识、聪明是广义的，不单包括科学知识，还包括文化素质、艺术的品味，等等。这种椰子树长在人脑里，不光能给人带来物质福利，还有精神上的幸福。这后一方面的差异我把它称为幸福能力的差异。有些作品，有些人能欣赏，有些人就看不懂，这就是说，有些人的幸福能力较为优越。这种优越最招人嫉妒。消除这种优越的方法之一就是给聪明人头上一闷棍，把他打笨些。但打轻了不管用，打重了会把脑子打出来，这又不是我们的本意。另一种方法则是：

一旦聪明人和傻人起了争执，我们总说傻人有理。久而久之，聪明人也会变傻。这种法子现在正用着呢。

（节选自《椰子树与平等》第 169 页）

五、相关阅读推荐

[1] 曹彬彬. 思想的启蒙者和特立独行的写作者——论王小波的时代意义 [D]. 广州：广东技术师范学院，2014.

[2] 温召鹏. 王小波杂文"趣味性"之研究 [D]. 济南：山东师范大学，2014.

[3] 施晖. 王小波杂文随笔中的"黑色幽默" [D]. 上海：华东师范大学，2010.

[4] 王铎. 王小波作品在当代中国的接受研究 [D]. 成都：西南交通大学，2017.

[5] 郑宾. 九十年代文化语境中媒体对王小波身份的塑造 [J]. 当代作家评论，2004（04）：141-148.

[6] 卢衍鹏. 文学传媒的意识形态与青年亚文化的症候——以王小波现象为例 [J]. 当代文坛，2019（06）：201-207.

案例十七:《啊 2.0》

一、图书基本信息

(一) 图书介绍

书名:《啊 2.0》
作者:大冰
开本:32 开
字数:463 千字
定价:39.60 元
书号:ISBN 978-7-5596-4387-2
出版社:北京联合出版公司
出版时间:2020 年 8 月

(二) 作者简介

大冰,本名焉冰,山东人,生于 1980 年 10 月 23 日,作家。他曾是山东卫视的主持人、流浪歌手、民谣推手、油画师、业余皮匠、业余银匠、酒吧老板。他的多元身份和超级跨界身份成就了他传奇神秘的人生。

他是千万册销量作品《阿弥陀佛么么哒》《好吗好的》《我不》《你坏》《小孩》《乖,摸摸头 2.0》的作者,中国作家榜"年度畅销作家金奖"得主,新京报"年度致敬作家",当当网"年度畅销作家",亚马逊中国"年度作家榜华人作家"。

二、畅销盛况

《啊 2.0》是大冰 2020 年的新作,于 2020 年 8 月由北京联合出版公司出版,属于中国当代小说,在 2020 年当当图书畅销榜中排名第 2。

2020 年 9 月 11 日,大冰来到岳阳市新华书店,举行新书《啊 2.0》的签售会。大冰的到来,吸引了众多粉丝前来购书、求签名,现场气氛火爆。同年 9 月 24 日,大冰携《啊 2.0》在唐山市新华书店与读者相聚,进行唐山市新华书店签售会。另外,该书还在 BBC 商城同步热销。当当购书平台打出"狂销 100 万册"标语;2021 年 4 月 18 日世界读书日之前月销 600 册以上;京东磨铁图书旗舰店 2021 年 4 月 18 日显示好评率达 99%。

同时,还有知心读者发表感言。有人表示喜欢大冰的书,把大冰的书都读了一遍,正在读第二遍;有人说一如既往地喜欢大冰讲的故事,像以前一样热泪盈眶;有人表示对大冰的感谢,谢谢他给每一位普通读者说这些故事;有人暖心地安慰大冰做好自己,鼓励大冰加油;有人评价大冰的故事通透、清新。

三、畅销攻略

(一) 内容真诚

在内容为王的时代,真实感人的故事使内容变得更加有吸引力。同样,该书也是先拥有了优质内容基础,然后才被逐渐运作成一本畅销书。

1. 故事真实感人

首先，本书是在《阿弥陀佛么么哒》基础上的增补版，内容有继承性，这样，就有了先入为主的优势，吸引读者。作者在后记中注明了本书故事内容的真实性。

读者在细细品读故事时会渐渐发现，故事真的像简介上讲的那样，是含笑带泪的故事。比如，读者读到流泪之处，忽然一个"包子"，一句"满脸冒泡"又惹得读者大笑，让读者感觉"原来是这样的含笑带泪"。作者的故事围绕一批市井江湖中的普通人展开，如自己一个人长大的王继阳、那对难得的小夫妻、那对温情的父女和那个离世前留下最后愿望的王越阳。他们的真实是作者想告诉读者的，作者想让大家知道，主人公和大家都处在同一个世界。"真实"带给读者真诚和信赖，"感人"吸引读者神往。大冰以更成熟的笔触带读者一起成长，大冰的故事也赢在真实感人。

2. 排版安排巧妙

该书是作者继前 6 部畅销著作之后更成熟的作品。相比 2014 年的《乖，摸摸头》就能感觉到该书字变得稀疏了，图片放得多而且分散了。这说明作者在给书做减法：在视觉效果上，让读者的眼睛不会在一页看太多字，减少看字负担，达到了放松效果；在情感精神上，《啊 2.0》的封面变成了空白为主，这使得陪书一起长大的人感觉可以用自己的生活填补封面的空白。该作品的作者在文字创作上做加法，却在内容和形式上做减法，把一些主动权交给了读者，与读者进行心灵与情感的互动。由此，站在研究者角度来看，这达到了图书排版设计的终极目的——赢得广大读者。这值得深入研究和借鉴。

3. 故事资料珍贵

以《啊 2.0》这种以真实故事感人的小说来说，故事资料的获得是第一步。本书的每一个故事都像一枚金子，每读一个故事都会使人感叹这个故事的不容易。"送你一只喵"这个故事使人感叹主人公的艰难成长。阅读中不免会让人发问:"大冰,你是怎么知道这些细节的呢,你当时不会是瞄在某个墙角了吧?"大冰在他的世界里,恰好只摘取这些故事,这是大冰的选择,也是金子发光的魅力。他将故事交给读者,有太多不易与巧合,让各色读者品读同一个人生,转而去过自己的生活。作者把一个故事放在开头,会吸引读者流连忘返,希望了解更多的故事。这是《啊2.0》畅销的又一重要因素。

(二)作者拥有自身人格魅力

1. 作者个人有丰富经历

大冰以山东卫视主持人的身份被大家所知。他过着普通人的生活,但却拥有颇具神秘色彩的人生经历。这些经历使他有机会体验各种人生、近距离观察和思考人生,指引他写出不同思想感悟的灵性故事,做最有意义的故事记述者,也使他的人生悟得具有"权威"性,以此打动读者和说服读者。同时,作者一系列不平凡的经历使部分读者产生羡慕和崇拜,并使他们认为这就是一个作家该有的样子。这是形成野生作家的条件。

2. 作者有自己的行事风格

按照惯例,该书作者在书的结尾挨个问候书中的主人公,以表达对主人公的慰问与感谢。因为,作者一直认为书中的故事是主人公的也是读者的。这体现了大冰的温情。

作者的行文很有趣味性,不乏幽默。他对书中用词有粗糙之处提出过请读者见谅,但表示这是多年习气带来的,并表示让读者放心,他不会改的。他去偏远地区办读书会,自掏腰包给排队签书的读者买水、买雨衣、发包子。他不允许出版他作品的精装版,理由是精装版定价过高,读者买不起。他说他想给他的读者省钱,能省几元省几元,为此,宁可牺牲稿费抵纸张钱。作为畅销书作家，他不自称畅销书作家，只说自己是"野生作家"，是个说书人，是个讲故事的人，只想讲故事，只会讲故事，只是讲故事。精英或红毯皆与他无关，他的本分是写故事。他做人做事的风格，吸引着更多的书粉。

3. 作者本性善良

他自掏腰包给读者报销车费、帮学生交学费、收容江湖"流浪者"。他在各城市里开酒吧，收留过数以百计的底层歌手。这些脾气秉性正是难得的吸引读者的资本。

（三）读者带来了力量

1. 有读者基础

《啊2.0》是在《阿弥陀佛么么哒》基础上的补增版，有一定的读者基础。在该书之前大冰已经出版了6本畅销书。它们全部进入畅销书排行榜前30名，这积累了大量的读者、书粉。这些前期积累的"流量"无疑给该书的销售带来优势。

大冰于2013年在中信出版社出版的第一本书是《他们最幸福》。从2013年到2020年，他每年会出版一本图书。他以说书的方式写他丰富的经历。在《啊2.0》之前出版的所有畅销书中，每一本都利用了这样的便利之处，积累越来越多的读者，形成叠加效应。

2. 青年读者群不断更新

同一个读者在不同的年龄段会有不同的观点、不同的需求。读者们经过岁月的沉淀都已长大。有人表示不想再读大冰的书，感叹那些"理想"的生活不适合自己，那些对"伟大"的人物不愿再相信。可是这些感概恰恰说明他们长大了，学会了深入分析，学会了判断和选择。

这个现象在客观上证明，作者的文字的确曾打动过他们，作者是成功的。未来，一代代的少年、青年还会陆续爱上这些故事，感受其中的"普通、伟大、平凡与传奇"，开启一场系上鞋带就走的旅程。新生的读者会一如既往地追寻更多的故事，真是"铁打的故事，流水的读者"。

3. 读者评价起了助力作用

截至 2021 年 4 月，大冰的《啊 2.0》已经出版近九个月，获得了很多读者的评价。其中有深刻的，也有温情的。各种各样的评论，考验着作者的"平常心"，也考验着新读者的选择。一千个读者就有一千个哈姆雷特。好的评价首先吸引一批新读者购买，而坏的评价帮助有思想、有主见的人认识世界，两者总有利处。

（四）新元素帮助造势

1. 添加了体验式元素

近年来的畅销书普遍加入了新颖的设计元素。比如，2019 年黄山书社出版的《AR 西游记》利用 AR 技术将《西游记》中的人物、场景、器物等多媒体化，使单一的文字内容变成图片、声音、动画等多媒体内容，并在图书中插入音视频，让色彩和声音加入读者的阅读过程，给读者全新的阅读体验。这种新颖的图书设计元素已经屡见不鲜。

《啊 2.0》也采取这样的模式，在文字之外添加了音乐、主人公的声音、主人公的照片，同时在微博和抖音上发布相关视频，极大调动了读者的阅读兴趣，增添了新的阅读体验。

2. 采用了独特的书名

该书书名与以往的图书大相径庭。之前的书名至少是一句完整的经过斟酌的话，比如《啊 2.0》的前身《阿弥陀佛么么哒》。但该书取名时，作者把所有心声归结为一个"啊"字。作者说,"啊"字轻声发四声时,是很契合当下心境的感叹,即万语千言都在这一个字里面了。

而且,有别于以往的旧版书,增补 10 万字后的《啊 2.0》和《乖,摸摸头 2.0》自成一个新系列,作者起名为"看书名就不想读系列",并表示:"如果一看书名就不想读,感谢;如果看了这书名还肯读,感谢;如果看了这书名还肯读,读了以后还懂了这些书名,那么,十分感谢,谢谢读者的平视。"

本书的书名是奇特的,作者谦逊地认为读者会不喜欢,但许多读者却很喜欢这个书名。因为,本书的书名是文字与数字的新颖结合,简单并不乏有创意,句式简洁,语义标新立异,用词构造新颖独特,在提升读者阅读兴趣的同时还打造了一种特殊的气质,是非常成功的书名策划。

3. 采用了互动式封面

拿起一本书,首先映入读者眼帘的是封面。大冰作品的封面除留白之外,都以明媚的蓝色为主。一般而言,红色代表喜庆和热情,黄色代表幸福乐观,绿色代表环保和健康,蓝色代表正义和谐。明媚的蓝色是大冰心中那些孩子们的颜色。他笔下的每一个人,都是小孩:疯小孩、老小孩、穷小孩、苦小孩、好小孩、坏小孩、倔小孩、傻小孩……都是善良的人群。用这种蓝色去诠释那种良善,传达了遇风霜时大家一起抱团取暖、阳光明媚时大家一起勇敢追逐梦想的思想。

同时,封面上除了书名、作者、宣传语、出版社和边缘蓝色边框之外,全部留白,这可给人无限遐想。同时,随书附赠 6 款 DIY 贴纸,方便读者进行封面自我二次设计。更巧妙的是,图书扉页上放置了符合作者心意的"封面图",告诉读者这是他想要 DIY 的故事。作者把封面的制作权放归读者,是读者与书的互动,也是读者与作者的互动。这正契合了作者的期望——让故事延伸为每一个人的常识。这种互动增强了读者对作者的信任,使读者深入认识到作者的真心实意,无疑又给销售带来一些优势。

（五）多元销售带来新途径

在《啊 2.0》销售过程中，除了常见的微博销售、作者签售、读书会、电子书、京东作者以视频打广告，以及各前线书店的折扣、小赠品赠送之外，还包含了抖音营销、情怀营销和文字（文案）营销。

1. 抖音营销途径

自从抖音走进人们生活后，一批作者就收获了巨大的便利。其中，大冰利用抖音发布各种关于《啊 2.0》的相关视频，增进与读者的联系，快速、广泛、方便地赢来更多的人气。

2020 年 8 月，大冰的《啊 2.0》出版，2021 年 4 月 21 日星期三晚上 12 时统计，仅仅在该书出版后的视频中，平均每个视频就有 8.8 万个点赞。

2. 情怀营销途径

《啊 2.0》还运用了情怀营销。情怀营销是指通过宣传作者的处事方式和生活态度体现作者的人格魅力，以激发更多人变成读者，比如，大冰给教师读者的学生们赠送图书，亲自送书到一位受伤读者家中，等等。

作品和他的作品同样销量的作家几乎都拍了电影、开了公司，并卖网课、上综艺、接微博广告、接公众号广告，只有他没有。他却把免费音乐会开到了俄罗斯、法国、新西兰，服务留学生读者。他说要带读者去北极，他做到了。别的作家只去"高大上"的城市办读书会，他偏要去偏远地区。

3. 文字（文案）营销途径

文字营销指的是作者用故事讲人生哲理，是一种大型的、系统的好文案，也属于文案营销。大冰说他只会讲故事，用故事说人话、析人性、述人间。整本书的 40 多万字，是一个大型的文案。

《啊 2.0》新增 12 个贴纸，每本书随机贴，每一个贴纸上都有一句"诗"，比如"穷则独善，达则兼善""抱团取暖，随遇而安""知白守黑，

案例十七：《啊 2.0》

恪诚守真"。这样，一句话也许就能起到醍醐灌顶的作用，正好适合某个人的人生信念。

大冰书中所有的故事都可概括为"于无常处知有情，于有情处知众生"这14个字。这句话放在了封面的最上方，也放在了目录页的插图上方。

该书的勒口上写着这样的文字："一看书名就并不想读系列——《乖，摸摸头2.0》和《啊2.0》。"这样的文案很勇敢，也很睿智。读者的心是明白的：大冰的书走到成熟的今天，大家看的不再是书名，而是要去挖掘正在发生的故事的真相。这样大胆的文案在众多"自夸"作家中显得孤勇又清透。

同时，本书在扉页上方醒目地列着"请先看后记"的字样。这种一般放置在前言中的提示提前放映到读者眼前，使人感到简洁、清晰、有力。书的后记写道："喂，若你还算年轻，若身旁这个世界不是你想要的，你敢不敢沸腾一下血液，可不可以绑紧鞋带重新上路，敢不敢勇敢一点儿面对自己，去寻觅那些能让自己内心强大的力量？"仅仅这一段话就足以激起年轻人澎湃的心。这些对读者的激励的确达到了吸引消费和阅读的目的。

当然，这种文字营销还体现在编辑和书店对图书内容做的精心提炼，比如有段精彩书摘是这样的："生命应该用来体验和发现，到死之前，我们都是需要发育的孩子。"比如，在手机版长海报上有这样的简介："《一个孩子的心愿》讲了一个已经离去的孩子的故事。许多故事在讲人该怎么活，这个故事讲的是临终前该做些什么，那个孩子用他最后的生命微光，给出了一个答案。"这会使读者去寻找故事真相，了解这个孩子的微光是怎样的，临终前的愿望到底是什么。

总之，在大冰的"指导"下，通过故事文案，贴纸上的文案，封面和目录页的文案，勒口、扉页、后记和海报的文案以及网上书店的内容简介来打动读者，引导消费，用文字攻心，可谓是一种自内而外的营销手段。

四、精彩阅读

（四）

几年后，小孩儿艺成，他当过婚庆歌手，也当过店庆歌手，还当过夜总会歌手。不论去哪儿上班，他都带着小喵。后来他写歌，出专辑，开始了全国巡演，上过中国摇滚先锋榜，也登上过迷笛音乐节的主舞台，不论去哪儿，他都带着小喵。

又过了几年，小孩儿独自游荡到云南，留在了丽江小屋当歌手。

小孩儿 1989 年生人，叫王继阳。

王继阳是个水瓶座奇葩，笑起来像只猫，他津门市井中长大，方言像煎饼馃子一样，一套一套的，总能逗得人哈哈大笑，他的主打曲是《小猫》，原创音乐，客人们很喜欢，几乎每天都点这首歌，高潮处和他一起合唱：喵喵喵喵，喵，喵，喵，喵喵……

南腔北调，一屋子猫组团叫春一样。

春节，王继阳和我一起过的，和我爸妈一起包饺子。我妈发压岁钱红包，递给我一个，也递给他一个。他愣了半天才接过来，摩挲在手中，财迷一样反复地瞧。

我说：哎哟，怎么着，嫌少？

他说：岂敢岂敢，只是很多年没收到过压岁钱而已，一时高兴得不知如何是好。

他非要去给我妈磕头谢恩，我把他薅到一边剥蒜去了。

我那时并不知他是个无家可归的孩子，已经许多个春节没人给他发压岁钱红包了。

也并不知道许多年来和他相依为命的，是只小喵。

2015 年春节过后，春末的一天夜里，王继阳唱完《小猫》，毫无征兆地向我辞行。

案例十七：《啊 2.0》

他抱着吉他，笑嘻嘻地对我说，他要滚去厦门了，不回来了。

王继阳曾背着吉他陪我横穿过整个中国，从海南岛到新疆石河子，八千里路云和月，大家有战斗友谊。

我对他说：你要走我不留，但我很舍不得。

他想了一会儿，说：那就留给你一个关于小喵的故事吧，算是送你个念想。

…………

故事讲到一半，他停下来抽烟，手是抖的，打火机几次都没打着火。

他却笑嘻嘻地说：唉……小喵后来死了。

他的脸是笑着的，手却是抖着的。

他断断续续自言自语道：

我以为谁都可以离开我，只有它不会……可它终究变成了一只老猫，趴在我的脚面上，再也跳不上我的膝盖。我把它抱起来，它看着我，慢慢地闭上了眼睛，死在了我怀里。

它最后一次看我的眼神，和它第一次见到我时的眼神是一样一样的，很温柔哦。

…………

我抱了它很久，舍不得把它埋进土里。

我拿出一件我最心爱的衣服把它包了起来，爬上一棵最高的树，把它放到了树杈上。

那件衣服是妈妈很多年前给我买的，是件西装。那棵树种在我家门前院子里，每天出门一抬头就能看见它。

…………

忘不了小喵最后的眼神，好像是它的使命完成了，很累，也很欣慰。

是我太矫情吗？我怎么忽然发现自己已经不是个孩子了？我惊讶地发现自己居然长大了！

我去！有意思！我居然好好地长大了！

谢谢小喵，从当年它来到我身旁的那一天起，我就再没和任何人打过架……

如果没有它的陪伴，或许我早已当了马仔小弟拿安家费了，或许我早已蹲在监狱里啃窝窝头了，或许我不会去自力更生努力挣钱，也不会有心思弹琴唱歌搞音乐。

我不知道我算不算好人，但最起码我没变成一个坏人。

说这番话的时候，王继阳没有看着我，他在自言自语。

他继续自言自语地嘟囔着：……其实，对于我们这种孩子来说，自暴自弃不过是一念之间的事情，而挽救我们这种孩子的办法其实很简单——一点点温情就足够了，不是吗？

（五）

王继阳一个人长大，小喵陪着他。

就像他说的，因为有了这一点点温情，他起码没变成一个坏人。

他当下是个小有名气的歌手，待人很幽默亲和，大家都喜欢他，也有人无比讨厌他，嫌他贫嘴、絮叨，津门的卫嘴子习气，且爱自说自话自言自语，完全不管别人有没有在听。

讨厌他的人或许不知道，很多年来，他每天说话聊天的对象，只有小喵。

他只是改不了这个习惯，虽然小喵已经死了好几年。

小喵死后，他曾伤心过数年，一度背着吉他天涯浪荡，万幸，也没变成坏人。他曾在许多地方驻足，采风写歌，浪荡到西北时，在甘肃天水市白驼镇下车……发心动愿，一把吉他跑遍中国，帮扶了一所岌岌可危的山区小学。他刚开始在我的小屋里当歌手时，卖自己的专辑卖得很卖力，当时我并不知卖碟的钱中的一大部分，是攒来给他的孩子们买面粉的。

后来辗转得知，天水市白驼镇化岭村小学感念他的善举，非要让他当名誉校长，还要改名叫"继阳小学"。提起这所千里之外的山村小学，他开玩笑说：我算个狗屁校长，我才读过几天书啊，帮助过那所小学的人有好几个呢……我只是我孩子们的小喵而已。

停了停，又说：他们也是我的小喵。

案例十七：《啊 2.0》

那个学校有 63 个孩子，63 只小喵。关于王继阳和他的那群西北小喵的故事，他日有缘，会专门攒辑成篇，就不在此赘述了。

但有一事我不明。

小屋本是个抱团取暖相濡以沫的所在，王继阳，你在小屋待得不舒心吗？是大家给你的温情不够吗？干吗非要离开小屋去厦门？

（六）

整整一根烟抽完，他才开口说话。

他说，小喵陪了他很多年，也已经离开他好几年了，小喵走后他一直是一个人，孤单，但不孤独……

他说他已经很多年没有见过妈妈了。

听说，妈妈回国后住在厦门。

是的，当年妈妈走后，他想过她，想完之后是恨，彻骨的恨。

恨她为什么那么狠心，恨她只留下一箱子衣服和一只猫。

恨完了是忘，既然你不要我了，那我就忘了你吧，我自己一个人长大。说忘就忘，很多年来，他强迫自己忘记了许多事情……他几乎忘了自己是个有妈妈的人。

但不知为何，今天唱《小猫》时，忽然回想起了许多事情。

潮水一样的往事，汹涌得让人无法喘息。

…………

安检口外，一个妈妈抱着一个孩子的脑袋，哭得快昏厥过去。

那个小孩儿挣脱怀抱，远远地跑开，他站在熙攘的人流中大声喊：等我长大了，我找你去啊！

他喊：妈妈，不要生别的小孩儿啊！

…………

25 岁的王继阳坐在午夜的小屋，微微眯起眼睛，烟头夹在指间，吉他抱在怀里，他又开始了自言自语：

我早已经长大了，妈妈也快变成个老人了吧？

也不知道她现在过得好不好……

留给我们的时间不多了……

他笑着说：或许，妈妈现在需要一只小喵。

（七）

当你读到这篇文章的时候，王继阳已定居在了妈妈身旁。

2015年他离开了云南，但没离开小屋，我让他把小屋带到厦门了。

若有一天你路过厦门，或许你们会偶遇在曾厝垵街头，或许你们会擦肩而过在环岛路上。

很好认，他微胖，眯眯眼，笑起来像猫。

听说黄昏散步时，他总爱挽起妈妈的胳膊。

听说厦门是个盛产海风的地方。

海风拂平所有难过的往昔，也许此刻正轻轻拂在他们身上。

一个久违的妈妈。

一只久违的小喵。

（节选自《啊2.0》第063～068页）

五、相关阅读推荐

[1] 徐晶凝. 现代汉语话语情态研究 [M]. 北京：昆仑出版社，2008.

[2] 张文红. 畅销书理论与实践 [M]. 北京：中国传媒大学出版社，2011.

[3] 黄先蓉. 书业法律基础 [M]. 山西：山西经济出版社，2001.

[4] 张文红. 出版概论 [M]. 北京：高等教育出版社，2017.

[5] 叉少. 畅销书40年：从《红高粱》到《乖，摸摸头》[J]. 记者观察，2021（4）：30-34.

[6] 薛丽. 互联网时代畅销书的营销策略探究 [J]. 太原城市职业技术学院学报，2021（3）：16-18.

[7]　唐云.磨铁畅销书的运营策略启示[J].出版广角，2020（23）：61-63.

[8]　罗欣.大冰系列图书营销策略研究[J].戏剧之家，2020（3）：188-189.

[9]　谢成.浅论图书封面设计的营销功能[J].编辑之友，2016（10）：41-43.

[10]　林欢.从品牌到畅销——外宣图书的一路打造[J].科技与出版，2014（06）：113-115.

[11]　刘江.论中国现代小说创作理念的现代性——对其思想感悟的探讨[J].牡丹江大学学报，2019（10）：51-54.

案例十八：《被讨厌的勇气："自我启发之父"阿德勒的哲学课》

一、图书基本信息

（一）图书介绍

书名：《被讨厌的勇气："自我启发之父"阿德勒的哲学课》

作者：[日] 岸见一郎 古贺史健

译者：渠海霞

开本：16 开

字数：166 千字

定价：55.00 元

书号：ISBN 978-7-111-49548-2

出版社：机械工业出版社

出版时间：2021 年 3 月

（二）作者简介

岸见一郎是一个哲学家，1956 年出生。他从小就对哲学有着非常浓厚的兴趣，在进入大学之后，也常常与老师们进行交流。他在学习的过程中，偶然邂逅了阿尔弗雷德·阿德勒的学说并深深认同。于是，从1989年开始，他便致力于对阿德勒的心理学进行深入的研究，还充分运用这些理论为青年进行心理辅导。岸见一郎的研究被社会所认可。他著有《像阿德勒一样思考和生活》《不管教的勇气——跟阿德勒学育儿》《活在当下的勇气》等多部作品。

古贺史健是日本的自由作家，于1973年出生。他对于对话体写作比较擅长，创作的许多作品广受读者的欢迎。同时，他也对阿尔弗雷德·阿德勒的心理学非常感兴趣，常常向岸见一郎请教问题。古贺史健在《被讨厌的勇气："自我启发之父"阿德勒的哲学课》的创作中充分发挥其专长，用对话的方式对内容进行阐述和呈现。此外，他还著有采访集《16岁的教科书》系列、《想要让20岁的自己接受的文章讲义》等多部作品。

二、畅销盛况

该书采用苏格拉底式对话的方式，主要对阿德勒的心理学思想做了整体的阐述，是一本大众心理自助手册。《被讨厌的勇气："自我启发之父"阿德勒的哲学课》早在2014年就已经在日本出版了，并且大受日本读者的欢迎，创下了日本亚马逊销售冠军的销量纪录。于是，机械工业出版社对该书评估后积极地引进该书版权。该书中文译本在2015年3月正式出版发行，产生了较为广泛的影响。此后，机械工业出版社又对该书的疏漏之处进行修改完善，于2021年3月进行重印。《被讨厌的勇气："自我启发之父"阿德勒的哲学课》一书以故事的形式总结心理学名家阿尔弗雷德·阿德勒的思想，内容既有深度，又容易被大众所理解。所以，经机械工业出版社成熟运作，该书屡屡登上畅销书榜单，销量惊人。

《被讨厌的勇气："自我启发之父"阿德勒的哲学课》销量一直居于同类书的榜首，2021年该书位居当当网成功/励志类图书畅销榜第一名，京东成功/

励志类图书畅销榜第一名,亚马逊电子书销售榜第一名,豆瓣热门心理图书前十名,以及微信读书纸书畅销榜前五名。此外,《被讨厌的勇气:"自我启发之父"阿德勒的哲学课》与岸见一郎所著的另一本书《幸福的勇气:"自我启发之父"阿德勒的哲学课2》作为"'自我启发之父'阿德勒的哲学课系列"成套销售,总销量已经超过350万册,是亚马逊年度销量冠军。

三、畅销攻略

(一)图书文本极富特色

一本图书能够成为畅销书,是由多种因素相互作用形成的,不论是编辑、营销人员、销售人员,还是作者、读者、媒体,都会对图书的销售起到一定的作用。但是,图书毕竟是以内容为核心的文化产品。从本质上讲,优质的内容才是一本畅销书的核心驱动力,所以,如果没有优质内容作为根基,一切的畅销书策划、营销环节都无从谈起。

1.图书标题吸引人

书名是读者获得图书第一印象的重要途径。特别是对于畅销书来说,书名显得尤为重要。该书标题为《被讨厌的勇气:"自我启发之父"阿德勒的哲学课》,书名起得非常巧妙:一方面,心理学三大巨头之一阿尔弗雷德·阿德勒的名字被用在了该书的书名中,表示该书内容是对阿德勒哲学内容的衍生。阿德勒在心理学界久负盛名,其学术观点也常被人们知晓。众所周知,作为与著名心理学家弗洛伊德、荣格比肩的大师,阿德勒有着"现代自我心理学之父"之称,是个体心理学的创始人,支持人本主义心理学。阿德勒自己的一些著作,如《自卑与超越》《自卑与生活》《人性的研究》很受欢迎,到现在都屡次登上畅销榜。此外,书名中"哲学课"又与图书内容贴切,说明本书是带领读者理解阿德勒理论的课程,比较通俗易懂。另一方面,"被讨厌的勇气"

会让人心生疑惑之感。"勇气"一词属于具有正面意义的褒义词，但是这种美好的品质为什么会被讨厌呢？这是作者在给书起名时的一个小妙招，可使读者在看到这个书名的时候产生疑惑和好奇心，从而激发和促进读者对图书的购买欲望，最后达到图书销量增长的目的。

2. 图书内容优质

不论什么时候，优质的内容都是一本图书能够畅销的重要因素。该书的巧妙之处在于，它并不像以往那些成功励志类图书那样充满了鸡汤和大道理。该书通过青年人和哲人的对话讲述了阿德勒的相关理论，以对话的形式来进行哲学的思考，以全新的方式对阿德勒的心理学观点进行通俗的解读，以此对读者进行心理教育，并用一个个小故事为引子。

该书是以一个青年和哲人的对话展开的。青年是一个满腹疑惑又有着强烈求知欲的普通人，而哲人是一位精通阿德勒心理学的智者。通过青年的发问、质疑和哲人的回答来阐释阿德勒的观点，这种循序渐进的方式可帮助读者解决来自过去、来自人际关系、来自未来三个方面的问题，使读者逐渐摆脱束缚。读者在阅读过程中，思想会随着哲人的回答不断转变，从而获得"被讨厌的勇气"。

3. 语言通俗、叙述巧妙

该书虽然是对心理学家阿德勒思想观点的演绎，但是它的呈现方式非常合理有效。如何不枯燥地讲解艰深晦涩的学术知识，这个问题一直以来都是一个挑战，而作者岸见一郎很巧妙地进行了处理。该书由"对人生失去希望的青年"和"幽默智慧的哲人"两人的对话构成，借助一问一答的对话和辩论来说明阿德勒的心理学理论。书中语言通俗易懂、幽默风趣，在辩论中碰撞出思维的火花。哲人就像老师一样，循循善诱，一步一步进行论证，将青年的疑惑全部都解释清楚，最后还给出了思考的方向。

作者对深刻睿智的思想进行简单、实用的表述，以达到解决读者日常烦恼的目的，深受读者的欢迎。该书文风亲切平易、简约精当、朴实无华，充满理性的思维和感性的智慧，幽默轻松的语调使人们得到心灵的慰藉、改变自我的勇气和前行的力量。

（二）出版社宣传营销手段灵活

当今时代，各种先进科技蓬勃发展，给我们的生活带来了很大的影响。在移动互联网浪潮下，图书的宣传营销手段也在不断地与时俱进、进行革新。互联网的兴起使得从前传统媒体时代的单向传输变为了现在的双向互动，新兴技术极大地将传播速度提高，也提升了传播效率和曝光率。一本书有优质的原创内容固然是很重要的，但"酒香也怕巷子深"，在当今的互联网大环境中，要想让一本图书大放异彩成为销量领先的畅销书，适当的营销手段也是必不可少的。

《被讨厌的勇气："自我启发之父"阿德勒的哲学课》在宣传和营销的过程中，跨媒介组合的宣传营销方式十分明显，并且精准、具有针对性，取得了不错的效果。

1. 与 KOL 进行合作宣传

互联网时代，媒介形式呈现多元形态，社交、信息流和搜索等形式使信息传播的触角爆发式增长，多对多的传播阶段逐渐形成。KOL（Key Opinion Leader）即"意见领袖"，是指在某个领域发表观点并且有一定影响力的人。在该书营销过程中，出版社与 KOL 进行合作，在读书类公众号"十点读书"、抖音号"刘媛媛""都靓读书""樊登读书"等拥有大量粉丝的账号中进行宣传推荐，用书单、音频、短视频、图文等多元化的方式进行推广，利用 KOL 原有的影响力有效地带动了图书的销售。

2. 积极与读者进行互动

机械工业出版社采取线上的方式与读者进行了互动，并组建社群为读者答疑解惑、提供知识服务，以此增强读者黏性。并且，出版社在与读者的互动中可以了解读者的需求,提升出版物宣传推广的精准性和销售的有效性。

出版社还开展了线下活动。例如,通过新书发布会、签售会、读书会等多种活动进行传播、推广,还邀请一些嘉宾、媒体单位参加,争取更多的社会力量参与其中,扩大了影响力。2021年4月23日国际读书日前夕,恰逢著名奥地利心理学家阿尔弗雷德·阿德勒诞辰150周年,机械工业出版社借此把握契机、借势营销。机械工业出版社还联合"新浪读书"共同举办"《被讨厌的勇气:"自我启发之父"阿德勒的哲学课》读书会——纪念阿德勒诞辰150周年"活动,获得了不错的效果。

3. 出版社自身新媒体矩阵宣传推广

机械工业出版社不仅在传统领域表现突出,还善于抓住新媒体这一机遇,优选资源,凭借着自身丰富的内容、作者资源,制作出了大量优质新媒体内容,有效地增强了读者黏性。机械工业出版社有自己的官方微信公众号、视频号、抖音号、微博号等。其在这些账号中发布书评、好书鉴赏、书单推荐等内容,并进行全方位的立体式扩散,以聚集流量、提高产品转化率。新媒体平台的社交属性为图书社群营销营造了品牌效应,实现了基于网络口碑的长期营销。

4. 运用直播的形式进行营销

机械工业出版社作为老牌出版社,很早就涉足了直播这一新型的营销方式。该社对《被讨厌的勇气:"自我启发之父"阿德勒的哲学课》进行高频次、多平台的直播,主播在直播间发放优惠券吸引读者,还进行图书抽奖等活动,直播参与人数非常多。直播时主要以知识内容的输出为主,内容的价值大于直接产生销售的价值,社会效益大于经济效益。如此一来,直播卖书的同时也进行了出版社品牌价值的宣传,使许多读者通过直播间变为机械工业出版社长期稳固的粉丝,通过直播沉淀了私域流量。

(三) 图书迎合社会需求

纵览目前各大平台的畅销书榜单不难发现，畅销书的主题是比较固定的。从中外畅销书的发展历史来看，具有实用性的图书（如成功、励志、健康、财富、知识类）更受读者的欢迎。尤其是近几年来，随着社会的不断发展，竞争压力也不断增大，社会竞争给人们带来心理压力和焦虑。读者在节奏快、压力大的生活中，自然需要阅读心理励志类书籍来排解自己的烦恼。他们渴望被理解、被开导。如此一来，此类书籍就不断地出现在畅销书榜单中。而《被讨厌的勇气："自我启发之父"阿德勒的哲学课》就是很好的选择，受到了读者的极大欢迎。

《被讨厌的勇气："自我启发之父"阿德勒的哲学课》不同于我们通常意义上的鸡汤文，其内容实操性比较强，适合作为面向大众的心理学自助手册。该书叙事风格颇为轻松，可以排解读者的精神压力和心理压力，使他们在书中汲取营养、得到慰藉。书中的观点看似匪夷所思、颠覆我们日常的认知，但却逻辑严谨、值得推敲。该书以著名心理学家阿德勒的观点为依托，巧妙地通过对话的形式讲述了在繁杂的琐碎事物和复杂的人际关系中获得幸福的方法，使读者读后感到豁然开朗，并实现真正的自我接纳。

现在，很多人喜欢用过去解释现在，给自己找一些不去改变的借口，且不断抱怨、碌碌无为地度过自己的人生。这就是由西格蒙德·弗洛伊德提出的原因论。他认为，人陷入目前的糟糕状态是由过去所遭受的心理创伤所导致的。与之相反，阿尔弗雷德·阿德勒提出的目的论则认为，人是可以改变的，人目前的状态并非完全由过去决定，每个人都能够获得幸福。他说："决定我们目前生活方式的不是以往的经历，而是我们赋予经历的意义，不是过去的原因，而是我们当下内心的目的。所以，人之所以不幸，很可能还是他们自己选择了不幸。"阿德勒否认了弗洛伊德一派主张的原因论，他主张的是目的论、自我决定论。他充分肯定了人的主观能动性，认为"人生的意义是自己赋予自己的"，人可以靠自己去改变生活。

该书通过对话的形式传递阿德勒的思想。书中的青年就如同读者自己，容易使读者产生共鸣，使读者读后感到好像火种照亮自己的内心，对自己的生活重新燃起希望的火苗，相信自己的潜能，相信自己可以通过努力去改变现状，打破因果论的存在，和过去说再见，活在当下，活在"此时此刻"，不断前行获得幸福，让人生掌握在自己的手中。书中的观点无疑给处在焦虑中的读者一剂神丹妙药，使他们豁然开朗，指引他们过自己想要的人生。

（四）名人推荐

蔡康永、曾宝仪、朴信惠、林依晨、大张伟等影响力较大的娱乐明星对该书进行了推荐。比如，大张伟在热门综艺《奇葩说》中写道："自由就是要拥有被讨厌的勇气，不怕被讨厌，是获得自由和幸福的开始。"这个观点正是源于他自己平时读的《被讨厌的勇气："自我启发之父"阿德勒的哲学课》一书，这一推荐让该书销量大增。此外，许多心理学界知名人士也进行了推荐，如国家心理督导师韦志中、关系心理学家胡慎之、香港精神分析学会副主任张沛超等纷纷对此书进行赞誉，给出很高的评价。如此一来，该书既具有很大的流量，又具有让读者信服的权威性。

（五）系列图书营销打造品牌特色

机械工业出版社在国内众多出版社中处于领先地位。经过几十年的锐意进取、不断创新，它已经逐步形成了完整的文化产业体系，是行业领先的多领域、多学科、多媒体的大型综合性专业出版社。机械工业出版社的实力非常雄厚，它出版的经管励志类图书种类丰富、质量高、口碑良好，如《不完美的勇气："自我启发之父"阿德勒的人生课》《刻意练习：如何从新手到大师》《感受爱：在亲密关系中获得幸福的艺术》等书都是由机械工业出版社出版的，广受读者和市场的欢迎。

而且，机械工业出版社把《被讨厌的勇气："自我启发之父"阿德勒的哲学课》和《幸福的勇气："自我启发之父"阿德勒的哲学课2》的版权都引进国内，进行组合营销，成套出售。两部作品相互依托，在打造品牌特色的同时，达到了不错的传播效果。

总之，《被讨厌的勇气："自我启发之父"阿德勒的哲学课》一书的畅销并非偶然，是多种因素、多个方面共同努力的结果。我们要从中学习经验并进行借鉴，探索畅销书走向成功的新路径。

四、精彩阅读

第四夜　要有被讨厌的勇气

差点就被骗了！第二周，青年愤然叩响了哲人的门。课题分离想法的确有用，上一次也确实接受了。但是，那岂不是一种非常孤独的生活方式吗？分离课题、减轻人际关系负担，不也就意味着要失去与他人的联系吗？最后岂不是要落得遭人厌弃？如果这叫作自由，那我宁可选择不自由。

个体心理学和整体论

哲人：哎呀，你好像不高兴啊。

青年：关于课题分离还有自由，那之后我又独自冷静地想了想，等感情冷却之后用理性的头脑想了想。即使如此，我还是认为课题分离不可能实现。

哲人：哦。请你讲一讲。

青年：分离课题，这最终是一种划清"我是我、你是你"界限的想法。的确，人际关系的烦恼也许会减少，但这种生活方式真的正确吗？我只能认为它是一种极其以自我为中心的错误的个人主义。在我第一次来拜访的时候，您好像说过阿德勒心理学的正式名称是"个体心理学"吧？我一直很在意这个名字，现在终于理解了。总而言之，阿德勒心理学即个体心理学，是引导人走向孤立的个人主义的学问。

哲人：的确，阿德勒所命名的"个体心理学"这一名称也许很容易招人误解。在这里我要简单做一下说明。首先，在英语中，个体心理学叫作"individual psychology"。而且，这里的个人（individual）一词在语源上有"不可分割"的意思。

青年：不可分割？

哲人：总之就是不可再分的最小单位的意思。那么具体来讲，什么不可以分割呢？阿德勒反对把精神和身体、理性和感情以及意识和无意识等分开考虑的一切二元论的价值观。

青年：什么意思？

哲人：比如，请你想一想那位因为脸红恐惧症而来咨询的女学生的话。她为什么会得脸红恐惧症呢？阿德勒心理学不把身体症状与心灵（精神）分离开来考虑，而是认为心灵和身体是不可分割的一个"整体"，就好比由于内心的紧张手脚会发抖、脸颊会变红或者由于恐惧而脸色苍白等。

青年：心灵和身体会有联系部分吧。

哲人：理性和感情、意识和无意识也是一样。一般情况下，冷静的人不会因被冲动驱使而大发雷霆。我们并不是受感情这一独立存在所左右，而是一个统一的整体。

青年：不，这不对。只有把心灵和身体、理性和感情、意识和无意识这些因素明确区分开来进行考虑，才能正确理解人的本质。这不是理所当然的道理吗？

哲人：当然，心灵和身体是不一样的存在，理性和感情也各有不同，而且还有有意识和无意识之分，这些都是事实。

但是，当对他人大发雷霆的时候，那是"作为整体的我"选择了勃然大怒，绝对不是感情这一独立存在——可以说与我的意志无关——发出了怒吼。在这里，如果把"我"和"感情"分离开来认为"感情让我那么做或者受感情驱使"，那就容易陷入人生谎言。

青年：您是说我对服务员发火那件事吧？

哲人：是的。像这样把人看作不可分割的存在和作为"整体的我"来考虑的方式叫作"整体论"。

青年：那倒是可以。但是先生，我并不想听您空谈"个人"的定义。如果彻底探讨阿德勒心理学会发现它最终将把人导向"我是我、你是你"的孤立境地。也就是我不干涉你，你也别干涉我，彼此都任性地活着。请您坦率地分析一下这一点。

哲人：明白了。关于一切烦恼皆源于人际关系这一阿德勒心理学的基本思想，你已经理解了吧？

青年：是的。作为解决这种烦恼的手段，出现了人际关系方面的不干涉，即课题分离这一观点。

哲人：我上次应该说过这样的话——"要想缔结良好的人际关系，需要保持一定距离：太过亲密就无法正面对话。但是，距离也不可以太远。"课题分离不是为了疏远他人，而是为了解开错综复杂的人际关系之线。

青年：解开线？

哲人：是的。你现在是把自己的线和他人的线乱糟糟地缠在一起来看世界。红、蓝、黄、绿，一切颜色都混杂在一起，这种状态叫"缠绕"，而不是"联系"。

青年：那么，先生又是如何看待"联系"的呢？

哲人：上一次，作为解决人际关系烦恼的处方，我谈到了课题分离。但是，人际关系并不止于课题分离。相反，分离课题是人际关系的出发点。今天我们来深入讨论一下阿德勒心理学是如何看待整个人际关系的以及我们应该与他人缔结什么样的人际关系。

人际关系的终极目标

青年：那么，我来问一下。在这里请您只简单地回答结论。先生您说课题分离是人际关系的出发点。那么，人际关系的"终点"在哪里呢？

哲人：如果只回答结论的话，那就是"共同体感觉"。

青年：……共同体感觉？

哲人：是的。这是阿德勒心理学的关键概念，也是争议最大的地方。事实上，当阿德勒提出共同体感觉这一概念的时候，很多人都离他而去。

青年：好像很有意思啊。那么，那是怎样的概念呢？

哲人：上上次说到过"是把别人看成'敌人'还是看成'伙伴'"这个话题吧？

在这里我们再深入考虑一下。如果他人是伙伴，我们生活在伙伴中间，那就能够从中找到自己的"位置"，而且还可以认为自己在为伙伴们——也就是共同体——做着贡献。像这样把他人看作伙伴并能够从中感到"自己有位置"的状态，就叫共同体感觉。

青年：究竟哪里是重点呢？这主张也太空洞了吧？

哲人：问题是"共同体"的内容。你听到共同体这个词会有什么印象呢？

青年：哎呀，应该就是家庭、学校、单位、地域社会之类的范围吧。

哲人：阿德勒认为他自己所叙述的共同体不仅仅包括家庭、学校、单位、地域社会，还包括国家或人类等一切存在；在时间轴上还包括从过去到未来，甚至也包括动植物或非生物。

青年：啊？！

哲人：也就是主张共同体并不是我们普遍印象中的"共同体"概念所指的既有范围，而是包括了从过去到未来，甚至包括宇宙整体在内的"一切"。

青年：不不，根本弄不懂是什么意思。宇宙？过去或未来？您究竟在说什么呢？

哲人：听了这话，大部分人都会产生同样的疑问。马上理解的确很难。甚至阿德勒本人都承认自己所说的共同体是"难以实现的理想"。

青年：哈哈，这就麻烦了啊！那么，我反过来问问您。先生您能够彻底理解并接受这种甚至包括了宇宙整体的共同体感觉吗？

哲人：我认为是。而且，我甚至认为，如果不理解这一点就无法理解阿德勒心理学。

青年：啊？

哲人：就像我一直说的那样，阿德勒心理学认为"一切烦恼皆源于人际关系"。不幸之源也在于人际关系。反过来说就是，幸福之源也在于人际关系。

青年：的确。

哲人：共同体感觉是幸福的人际关系的最重要的指标。

青年：愿闻其详。

哲人：在英语中，共同体感觉叫作"social interest"，也就是"对社会的关心"。这里我要问问你,你知道社会学上所讲的社会的最小单位是什么吗?

青年:社会的最小单位?哎呀,是家庭吧。

哲人:不对,是"我和你"。只要有两个人存在,就会产生社会、产生共同体。要想理解阿德勒所说的共同体感觉,首先可以以"我和你"为起点。

青年:以此为起点怎么做呢?

哲人:把对自己的执著(self interest)变成对他人的关心(social interest)。

青年:对自己的执著?对他人的关心?这又是什么呢?

(节选自《被讨厌的勇气》第 107～114 页)

五、相关阅读推荐

[1] 张文红,孙乐.2018 年我国畅销书产业观察与分析[J].出版广角,2019(04):11-15.

[2] 廖岩.当代出版物中经典著作的再演绎——以《被讨厌的勇气》为例[J].传播与版权,2020(9):47-49.

[3] 岸见一郎,古贺史健.被讨厌的勇气:"自我启发之父"阿德勒的哲学课[M].渠海霞,译.北京:机械工业出版社,2017.

案例十九：《名著阅读课程化丛书.朝花夕拾（七年级上）》

一、图书基本信息

（一）图书介绍

书名：《名著阅读课程化丛书.朝花夕拾（七年级上）》

作者：鲁迅

开本：16开

字数：125千字

定价：22.80元

书号：ISBN 978-7-107-31661-6

出版社：人民教育出版社

出版日期：2017年6月

（二）作者简介

鲁迅，原名周树人，浙江绍兴人，著名文学家、思想家、革命家、教育家、民主战士,是新文化运动的重要参与者,也是中国现代文学的奠基人之一。1918年,鲁迅发表中国现代文学史上第一篇现代白话小说《狂人日记》。1920年,他在北京大学、北京高等师范学校讲授中国小说史;同年9月,发表小说《风波》;1923年8月,发表小说集《呐喊》;1924年7月,赴西安讲授《中国小说的历史变迁》;同年11月,在《语丝》周刊发表《论雷峰塔的倒掉》。1926年发表《死地》《纪念刘和珍君》等抨击段祺瑞政府屠杀学生的残忍行径。鲁迅一生在文学创作、文学批评、思想研究、文学史研究、翻译、美术理论引进、基础科学介绍和古籍校勘与研究等多个领域具有重大贡献。他对于"五四运动"以后中国社会思想文化的发展具有重大影响。

二、畅销盛况

《朝花夕拾》原名《旧事重提》,是鲁迅的散文集,收录鲁迅于1926年创作的10篇回忆性散文,1928年由北京未名社出版。在《朝花夕拾》里,作者用夹叙夹议的方法,借自己少年时的真实经历和情感,表达了对自己少年时期生活和往昔亲友、师长的怀念,同时抒发自己对当前社会的不满,严厉地批判了当时社会上腐朽、愚昧的封建思想。

《朝花夕拾》最初由未名社在1928年9月结集出版,1929年2月再版,1932年9月第三版改由上海北新书局出版。

2017年9月开卷数据显示,天津人民出版社和译林出版社出版的《朝花夕拾》分别在非虚构类畅销书排行榜上位居第五和第六名。

据开卷数据显示,本案例版《朝花夕拾》自2017年6月出版以来,截至2021年5月,总销量达到246万余册,其中实体店贡献了39万余册,网店贡献了207万余册。2018年,该书位列课外文教读物榜排行第4位,2019年和2020年均列第1位,销量整体呈上升趋势。

三、畅销攻略

（一）具有强烈的积极时代意义

《朝花夕拾》之所以能畅销，最重要的原因就在于其内容。1925年，鲁迅到北京大学担任大学讲师，因支持学生运动而受到不少流言攻击和排挤。1926年，北洋政府枪杀学生事件即"三·一八惨案"给鲁迅很大震动。该书内文章的创作就是开始于这段时间——1926年2月至11月。此后，鲁迅因《纪念刘和珍君》等文章揭露了北洋政府的残暴行径而遭到当局的追杀，鲁迅先生不得已远走避难。该书内文章看似是回忆往事，实为借回忆讥讽、揭露现实。

《朝花夕拾》是鲁迅最负盛名的作品集之一，其中《从百草园到三味书屋》《阿长与＜山海经＞》《藤野先生》曾收录在中小学语文课本中，具有划时代的意义。《朝花夕拾》的内容特色主要体现在以下几点。

第一，《朝花夕拾》具有强烈的反封建思想。对封建思想的批判几乎贯穿了鲁迅先生的所有作品，《朝花夕拾》也不例外：《二十四孝图》揭露了封建孝道对子女的残忍剥削，以及这种孝道虚伪的形式主义和空虚的内核；《从百草园到三味书屋》和《五猖会》批判和揭露了封建教育制度下的教育方式对孩子活泼爱玩的本性的压抑，以及这种教育制度所采用的对文章一知半解甚至完全不解其意的落后方法；《无常》采用讽刺的手法揭露了看似公正的虚伪，讽刺了那些打着"公理""正义"的旗号实则自私虚伪的伪君子；《父亲的病》揭露了那些唯利是图的庸医的丑恶嘴脸；《琐记》揭露了洋务运动中的乱象。

第二，《朝花夕拾》揭露了当时社会上资产阶级文人的软弱性。当时社会中大部分文人都有着虚伪、软弱的特质，却还要做出一副正人君子的模样，鲁迅对这种表里不一的行为和风气表示极大的厌恶，并以笔为刀，在自己的文章中对其进行了批判和反讽，揭露了这些人的真实面目。《狗·猫·鼠》一文中，鲁迅把这些资产阶级文人比作猫，在这些文人攻击鲁迅"仇猫"时，鲁迅光明正大地给出了他的理由：其一，"它的性情就和别的猛兽不同，凡捕食雀、鼠，总不肯一口咬死，定要尽情玩弄，放走，又捉住，捉住，又放走，直待自己玩厌了，这才吃下去，颇与人们的幸灾乐祸，慢慢地折磨弱者的坏脾气相同。"这段话表面上说猫对老鼠的残忍行径，实则讽刺资产阶级文人在弱者面前凶残的本性。其二，猫天生一副媚态，却以与狮虎同族自居，实在虚伪，这里讽刺资产阶级文人虽软弱，却要持一副正人君子形象的虚伪行径。这给那些以"前辈"自居的资产阶级文人以极大的嘲讽。

第三，《朝花夕拾》是对当时社会的侧向描写。鲁迅通过对自己生活的描写，刻画出了一幅幅19世纪末20世纪初的生活画面，帮助读者了解当时的社会生活，具有极大的研究价值。《狗·猫·鼠》介绍了当时婚姻制度的腐朽和繁杂；《从百草园到三味书屋》中揭露了旧社会中的封建教育制度和内容；《五猖会》描绘了江南的迎神赛会的盛况，描写了当时人民生活的一些细节；《琐记》描写了作者到江南求学时的情景；《父亲的病》描写了作者父亲病重到去世的一些情况；《藤野先生》描写了作者到日本求学的经历与当时清朝留学生在日本留学时的情况，并与国内的教育进行对比。作者通过对生活的描写，刻画出当时社会生活的各个方面，从而组成一幅旧社会生活画卷。

第四，可作为鲁迅形象研究的佐证。这些文章描述了少年鲁迅、青年鲁迅等各个阶段的鲁迅形象，并对生活的环境也有着详尽的描写，对于研究鲁迅的生平和理解鲁迅的文章有着很大的助益。

（二）具有很高的文学研究价值

《朝花夕拾》具有十分鲜明的艺术特色。

其一，鲁迅在回忆里夹杂对现实的反省。比如《狗·猫·鼠》一文中，看似仅仅是在回忆作者年少时对猫鼠的印象，实际上作者通过对猫的描写，讽刺了资产阶级文人的虚伪和软弱，通过描写床前花纸上"老鼠成亲"的画，借以讽刺旧社会婚姻的封建内核。

其二，鲁迅在文中善于以小见大。如在《五猖会》中所描绘的那样，作者兴高采烈地想要参与集会，却被父亲叫去背书。并且，作者对文意丝毫不理解，只是填鸭似地背书。后来，虽然背完了，却再没有心情参加集会了。作者通过对这样一件小事的细致描写，反映出封建教学制度的落后和对孩子天性的压抑。在《二十四孝图》中，通过描绘作者同学因为只读"人之初性本善"十分枯燥，只能盯着第一页的魁星像"来满足他幼稚的爱美的天性"，反映出当时学生读物的枯燥与贫乏，以及封建教育下对孩子审美的扭曲和对孩子本性的束缚。

其三，写作手法多样。书中的比喻生动形象，比如《藤野先生》一文中，作者形容清朝留学生用这样的语句："头顶上盘着大辫子，顶得学生制帽的顶上高高耸起，形成一座富士山。"其中，"富士山"一词十分形象，画面感十足。作者也常用对比，比如在《五猖会》中将我的兴高采烈与背书后的意兴阑珊进行对比，在《琐记》中将衍太太与沈四太太进行对比。

其四，大量运用反讽，语言诙谐生动。鲁迅常"言此意彼"，即通过正话反说和隐喻反讽，达到更深层次的效果，比如《狗·猫·鼠》一文中，鲁迅写道："虫蛆也许是不干净的，但它们并没有自命清高；鸷禽猛兽以较弱的动物为饵，不妨说是凶残的罢，但它们从来没有竖过'公理''正义'的旗子，使牺牲者直到被吃的时候为止，还是一味佩服赞叹它们。"鲁迅通过"虫蛆"和"猛禽"的例子，讽刺那些自命清高地打着"公理"和"正义"旗号的伪君子，措辞辛辣，一针见血。

其五，环境描写反映内心，语言秀美。比如，他在《从百草园到三味书屋》一文中写道："不必说碧绿的菜畦，光滑的石井栏，高大的皂荚树，紫红的桑葚，也不必说鸣蝉在树叶里长吟，肥胖的黄蜂伏在菜花上，轻捷的叫天子（云雀）忽然从草间直窜向云霄里去了。单是周围的短短的泥墙根一带，就有无限趣味。油蛉在这里低唱，蟋蟀们在这里弹琴。"这段话风格轻松优美，田园风光跃然纸上，反映出鲁迅在百草园中闲适的生活。

其六，人物刻画生动。在《琐记》中，作者并未对衍太太施以浓厚的笔墨，只是通过几件小事的描写，一个刻薄、自私、虚伪、奸诈、唯恐天下不乱的衍太太的形象就跃然纸上；在《父亲的病》中，作者对庸医并没有使用过多修辞，只通过几句话和简单的几个动作，就刻画了庸医唯利是图、草菅人命的形象。

其七，个性鲜明。鲁迅在文中延续他一贯洒脱不羁的风格，嬉笑怒骂，毫不掩饰，将内心想法真实地表现出来，并不惧怕世人可能对此产生的非议。

（三）作者的影响力巨大

鲁迅是现代对中国影响最大的文学家、思想家之一，并对中国革命产生了深远的影响。他的文章像一把利剑，给中国文学革命劈开了一条路。1923年，新潮社出版了鲁迅最负盛名的小说集之一《呐喊》。几年后《朝花夕拾》的出版使鲁迅的盛名更上一层楼。鲁迅曾应北京大学校长蔡元培的邀请到北大做讲师，对当时的青年学者产生了深远的影响，是一位坚定而勇敢的文学革命斗士。毛泽东评价鲁迅说："鲁迅的骨头是最硬的，他没有丝毫的奴颜和媚骨。这是殖民地半殖民地人民最宝贵的性格。鲁迅是在文化战线上的民族英雄。""鲁迅是中国文化革命的主将，他不但是伟大的文学家，而且是伟大的思想家和伟大的革命家。"鲁迅对封建礼教的鞭挞，动摇了封建思想的统治地位，竖起文学革命的大旗，给了年轻人具体的方向；鲁迅揭开了底层人民生活的真相，将赤裸裸、血淋淋的事实摆在人们面前，让更多人觉醒。

（四）对学生具有较强的实用性

本案例版《朝花夕拾》是由人民教育出版社整理编辑的学生用书，聚焦七年级学生。该书正文前设有阅读建议，教学生怎样更好地阅读此书，更好地理解书中内容。书籍排版简洁，便于阅读，还标有对此年龄段孩子难以理解的知识的注释、小贴士和内容讲解，帮助学生理解文本内容。除此之外，还有阅读规划进度和自我测评，全面指导学生合理使用此书。根据开卷数据显示，自出版以来，每年9月，该书销量猛增：2017年9月销量为近5万册，比同年8月的近4000册多出4万余册；2018年9月销量为36万余册，比同年8月的近8万册多出28万册左右；2019年9月销量为近80万册，比同年8月的20

万册多出 60 万册左右；2020 年 9 月销量为 89 万册，比同年 8 月的 32 万册多出 57 万册左右。

四、精彩阅读

现在说起我仇猫的原因来，自己觉得是理由充足，而且光明正大的。一、它的性情就和别的猛兽不同，凡捕食雀、鼠，总不肯一口咬死，定要尽情玩弄，放走，又捉住，捉住，又放走，直待自己玩厌了，这才吃下去，颇与人们的幸灾乐祸，慢慢地折磨弱者的坏脾气相同。二、它不是和狮虎同族的么？可是有这么一副媚态！但这也许是限于天分之故罢，假使它的身材比现在大十倍，那就真不知道它所取的是怎么一种态度。

然而，这些口实，仿佛又是提起笔来的时候添出来的，虽然也象是当时涌上心来的理由。要说得可靠一点，或者倒不如说不过因为它们配合时候的嗥叫，手续竟有这么繁重，闹得别人心烦，尤其是夜间要看书，睡觉的时候。当这些时候，我便要用长竹竿去攻击它们。

狗们在大道上配合时，常有闲汉拿了木棍痛打；我曾见大勃吕该尔（P. Bruegeld. A）的一张铜版画 Allegorie der Wollust 上，也画着这回事，可见这样的举动，是中外古今一致的。自从那执拗的奥国学者弗罗特（S. Freud）提倡了精神分析说——psychoanalysis，听说章士钊先生是译作"心解"的，虽然简古，可是实在难解得很——以来，我们的名人名教授也颇有隐隐约约，检来应用的了，这些事便不免又要归宿到性欲上去。打狗的事我不管，至于我的打猫，却只因为它们嚷嚷，此外并无恶意，我自信我的嫉妒心还没有这么博大，当现下"动辄获咎"之秋，这是不可不预先声明的。

例如人们当配合之前，也很有些手续，新的是写情书，少则一束，多则一捆；旧的是什么"问名""纳采"，磕头作揖，海昌蒋氏在北京举行婚礼，拜来拜去，就十足拜了三天，还印有一本红面子的《婚礼节文》，《序论》里大发议论道："平心论之，既名为礼，当必繁重。专图简易，何用礼为？……然则世之有志于礼者,可以兴矣!不可退居于礼所不下之庶人矣!"然而我毫不生气,这是因为无须我到场;因此也可见我的仇猫,理由实在简简单单,只为了它们在我的耳朵边尽嚷的缘故。人们的各种礼式,局外人可以不见不闻,我就满不管,但如果当我正要看书或睡觉的时候,有人来勒令朗诵情书,奉陪作揖,那是为自卫起见,还要用长竹竿来抵御的。还有,平素不大交往的人,忽而寄给我一个红帖子,上面印着"为舍妹出阁"、"小儿完姻"、"敬请观礼"或"阖第光临"这些含有"阴险的暗示"的句子,使我不花钱便总觉得有些过意不去的,我也不十分高兴。

(节选自《朝花夕拾》第4~6页)

大约十多年前罢,S城中曾经盛传过一个名医的故事:

他出诊原来是一元四角,特拔十元,深夜加倍,出城又加倍。有一夜,一家城外人家的闺女生急病,来请他了,因为他其时已经阔得不耐烦,便非一百元不去。他们只得都依他。待去时,却只是草草地一看,说道"不要紧的",开一张方,拿了一百元就走。那病家似乎很有钱,第二天又来请了。他一到门,只见主人笑面承迎,道,"昨晚服了先生的药,好得多了,所以再请你来复诊一回。"仍旧引到房里,老妈子便将病人的手拉出帐外来。他一按,冷冰冰的,也没有脉,于是点点头道,"唔,这病我明白了。"从从容容走到桌前,取了药方纸,提笔写道:

"凭票付英洋壹百元正。"下面是署名,画押。

"先生,这病看来很不轻了,用药怕还得重一点罢。"主人在背后说。

"可以,"他说。于是另开了一张方:

"凭票付英洋贰百元正。"下面仍是署名,画押。

这样,主人就收了药方,很客气地送他出来了。

我曾经和这名医周旋过两整年,因为他隔日一回,来诊我的父亲的病。那时虽然已经很有名,但还不至于阔得这样不耐烦;可是诊金却已经是一元四角。现在的都市上,诊金一次十元并不算奇,可是那时是一元四角已是巨款,很不容易张罗的了;又何况是隔日一次。他大概的确有些特别,据舆论说,用药就与众不同。我不知道药品,所觉得的,就是"药引"的难得,新方一换,就得忙一大场。先买药,再寻药引。"生姜"两片,竹叶十片去尖,他是不用的了。起码是芦根,须到河边去掘;一到经霜三年的甘蔗,便至少也得搜寻两三天。可是说也奇怪,大约后来总没有购求不到的。

据舆论说,神妙就在这地方。先前有一个病人,百药无效;待到遇见了什么叶天士先生,只在旧方上加了一味药引:梧桐叶。只一服,便霍然而愈了。"医者,意也。"其时是秋天,而梧桐先知秋气。其先百药不投,今以秋气动之,以气感气,所以……。我虽然并不了然,但也十分佩服,知道凡有灵药,一定是很不容易得到的,求仙的人,甚至于还要拼了性命,跑进深山里去采呢。

这样有两年,渐渐地熟识,几乎是朋友了。父亲的水肿是逐日利害,将要不能起床;我对于经霜三年的甘蔗之流也逐渐失了信仰,采办药引似乎再没有先前一般踊跃了。正在这时候,他有一天来诊,问过病状,便极其诚恳地说:"我所有的学问,都用尽了。这里还有一位陈莲河先生,本领比我高。我荐他来看一看,我可以写一封信。可是,病是不要紧的,不过经他的手,可以格外好得快……"

这一天似乎大家都有些不欢,仍然由我恭敬地送他上轿。进来时,看见父亲的脸色很异样,和大家谈论,大意是说自己的病大概没有希望的了;他因为看了两年,毫无效验,脸又太熟了,未免有些难以为情,所以等到危急时候,便荐一个生手自代,和自己完全脱了干系。但另外有什么法子呢?本城的名医,除他之外,实在也只有一个陈莲河了。明天就请陈莲河。

陈莲河的诊金也是一元四角。但前回的名医的脸是圆而胖的,他却长而胖了:这一点颇不同。还有用药也不同。前回的名医是一个人还可以办的,这一回却是一个人有些办不妥帖了,因为他一张药方上,总兼有一种特别的丸散和一种奇特的药引。

芦根和经霜三年的甘蔗,他就从来没有用过。最平常的是"蟋蟀一对",旁注小字道:"要原配,即本在一窠中者。"似乎昆虫也要贞节,续弦或再醮,连做药资格也丧失了。但这差使在我并不为难,走进百草园,十对也容易得,将它们用线一缚，活活地掷入沸汤中完事。然而还有"平地木十株"呢，这可谁也不知道是什么东西了，问药店，问乡下人，问卖草药的，问老年人，问读书人，问木匠，都只是摇摇头，临末才记起了那远房的叔祖，爱种一点花木的老人，跑去一问，他果然知道，是生在山中树下的一种小树，能结红子如小珊瑚珠的，普通都称为"老弗大"。

"踏破铁鞋无觅处，得来全不费功夫。"药引寻到了，然而还有一种特别的丸药：败鼓皮丸。这"败鼓皮丸"就是用打破的旧鼓皮做成；水肿一名鼓胀，一用打破的鼓皮自然就可以克伏他。清朝的刚毅因为憎恨"洋鬼子"，预备打他们，练了些兵称作"虎神营"，取虎能食羊，神能伏鬼的意思，也就是这道理。可惜这一种神药，全城中只有一家出售的，离我家就有五里，但这却不像平地木那样，必须暗中摸索了，陈莲河先生开方之后，就恳切详细地给我们说明。

"我有一种丹，"有一回陈莲河先生说，"点在舌上，我想一定可以见效。因为舌乃心之灵苗……价钱也并不贵，只要两块钱一盒……"

我父亲沉思了一会，摇摇头。

"我这样用药还会不大见效，"有一回陈莲河先生又说，"我想，可以请人看一看，可有什么冤愆……医能医病，不能医命，对不对？自然，这也许是前世的事……"

我的父亲沉思了一会，摇摇头。

(节选自《朝花夕拾》第46～49页)

衍太太现在是早已经做了祖母，也许竟做了曾祖母了；那时却还年轻，只有一个儿子比我大三四岁。她对自己的儿子虽然狠，对别家的孩子却好的，无论闹出什么乱子来，也决不去告诉各人的父母，因此我们就最愿意在她家里或她家的四近玩。

举一个例说罢，冬天，水缸里结了薄冰的时候，我们大清早起一看见，便吃冰。有一回给沈四太太看到了，大声说道："莫吃呀，要肚子疼的呢！"这声音又给我母亲听到了，跑出来我们都挨了一顿骂，并且有大半天不准玩。

我们推论祸首，认定是沈四太太，于是提起她就不用尊称了，给她另外起了一个绰号，叫作"肚子疼"。

衍太太却决不如此。假如她看见我们吃冰，一定和蔼地笑着说，"好，再吃一块。我记着，看谁吃的多。"

但我对于她也有不满足的地方。一回是很早的时候了，我还很小，偶然走进她家去，她正在和她的男人看书。我走近去，她便将书塞在我的眼前道，"你看，你知道这是什么？"我看那书上画着房屋，有两个人光着身子仿佛在打架，但又不很像。正迟疑间，他们便大笑起来了。这使我很不高兴，似乎受了一个极大的侮辱，不到那里去大约有十多天。一回是我已经十多岁了，和几个孩子比赛打旋子，看谁旋得多。她就从旁计着数，说道，"好，八十二个了！再旋一个，八十三！好，八十四！……"但正在旋着的阿祥，忽然跌倒了，阿祥的婶母也恰恰走进来。她便接着说道，"你看，不是跌了么？不听我的话。我叫你不要旋，不要旋……"

虽然如此，孩子们总还喜欢到她那里去。假如头上碰得肿了一大块的时候，去寻母亲去罢，好的是骂一通，再给擦一点药；坏的是没有药擦，还添几个栗凿和一通骂。衍太太却决不埋怨，立刻给你用烧酒调了水粉，搽在疙瘩上，说这不但止痛，将来还没有瘢痕。

父亲故去之后，我也还常到她家里去，不过已不是和孩子们玩耍了，却是和衍太太或她的男人谈闲天。我其实觉得很有许多东西要买，看的和吃的，只是没有钱。有一天谈到这里，她便说道，"母亲的钱，你拿来用就是了，还不就是你的么？"我说母亲没有钱，她就说可以拿首饰去变卖；我说没有首饰，她却道，"也许你没有留心。到大厨的抽屉里，角角落落去寻去，总可以寻出一点珠子这类东西……。"

这些话我听去似乎很异样，便又不到她那里去了，但有时又真想去打开大厨，细细地寻一寻。大约此后不到一月，就听到一种流言，说我已经偷了家里的东西去变卖了，这实在使我觉得有如掉在冷水里。流言的来源，我是明白的，倘是现在，只要有地方发表，我总要骂出流言家的狐狸尾巴来，但那时太年轻，一遇流言，便连自己也仿佛觉得真是犯了罪，怕遇见人们的眼睛，怕受到母亲的爱抚。

（节选自《朝花夕拾》第 51～52 页）

五、相关阅读推荐

[1] 宋剑华. 无地彷徨与精神还乡：《朝花夕拾》的重新解读 [J]. 鲁迅研究月刊，2014（2）：22.

[2] 艾子靖.《朝花夕拾》的审美价值浅谈 [J]. 华夏地理中文版，2015（8）：226.

[3] 陈思和. 作为"整本书"的《朝花夕拾》隐含的两个问题——关于教育成长主题和典型化 [J]. 杭州师范大学学报（社会科学版），2021，43（01）：49-60.

[4] 姚咏梅. 跨媒介环境下的名著阅读——以《朝花夕拾》为例 [J]. 中国现代教育装备，2020（24）：26-27，35.

[5] 朱崇科.《阿长与〈山海经〉》中的三个鲁迅 [J]. 绍兴文理学院学报（人文社会科学），2020，40（06）：55-61，2.

[6] 程东霞.《朝花夕拾》中的人物形象塑造 [J]. 黑河学院学报，2020，11（06）：148-150.

案例二十：《自在独行》

一、图书基本信息

（一）图书介绍

书名：《自在独行》
作者：贾平凹
开本：32 开
字数：220 千字
定价：39.00 元
书号：ISBN 978-7-5354-8847-3
出版社：长江文艺出版社
出版日期：2016 年 6 月

（二）作者简介

贾平凹，生于陕西商洛市丹凤县棣花镇，1975 年毕业于西北大学中文系，是一名影响深远的优秀的当代作家。他在大学里便开始发表自己的作品。毕业后，他的《满月儿》荣获了首届全国优秀短篇小说奖。此后，贾平凹便开启了他一生的写作生涯。在往后的几十年里，他的优秀作品一部接着一部，是国内少有的高产作家之一。

1982年，贾平凹发表了作品《鬼城》和《二月杏》，1992年他创办了文学刊物《美文》，1993年，其《废都》在国外赢得一片声誉，并在1997年荣获法国费米娜文学奖。16年后，《废都》又于2009年与《浮躁》《秦腔》组成《贾平凹三部曲》再度出版，荣获好评。其中，贾平凹的第十二部长篇小说《秦腔》荣获第七届茅盾文学奖，并且这部长篇小说在出版14年之后成功被选入了"新中国70年70部长篇小说典藏"。2017年，贾平凹又凭借着《古炉》获得了施耐庵文学奖。

贾平凹的作品为当代中国带来了不可忽视的影响力，影响了几代人。他2017年在"挚爱阅读2017亚马逊年度盛典"上荣获亚马逊海外最具影响力作家。他作为中国作家协会副主席和陕西省作家协会主席参加并被授予此荣誉。其《高兴》《带灯》《极花》等多部作品被翻译成外语，影响深远，为支持和推动中国文化"走出去"起了很好的促进作用。

二、畅销盛况

贾平凹的精选散文集《自在独行》上市两年后，发行量就超过100万册，当当、京东网的评论数量超过50万条，获得了广大读者、媒体、社会人士的认可。

2018年12月，长江文艺出版社出版了《自在独行》精装版，受到读者好评，销量可观。不论是当当网畅销书排行榜，还是各大图书平台，都能看到《自在独行》的身影，并且该书出售的文案上明确提及该书目前的销量已超过300万册，是中国作家协会力荐的好书。

三、畅销攻略

（一）文本特点

1. 内容真切：引起读者共鸣

作者在书中写道："人在成长为大人、成长为老人的一生里，会独自面对各种大小的事情，或许是一个人独自在社会丛林里与强大的猛兽搏击；又或许是一人独自面对生活的压力；再或者是一个人独自坐在阳台上从黑夜待到白天……"贾平凹的《自在独行》主要以作者自己的视角写尽独行者的心理和独行的意义。首先，整本书的基调平淡、平稳，以缓缓道来的方式带动着读者的阅读情绪。其次，该书内容真实、情感真切，能很大程度上与同为独行者的读者产生情感上的共鸣。

作者将该书的内容分为五个部分：生命、人世、大地、万物和天空，这五部分的内容又分别对应了五种处事态度：从容是真、宽释是福、有敬无畏、乐以忘忧和行于天地。每一部分的内容既相互关联，又有各自的立意，情感真实，态度从容豁达。

《自在独行》一书中，作者在第一部分细述了自己儿时独自体验一人生活的感受和独自看书的乐趣。他一生从容平稳，生活没有较大的波澜起伏，将读书和写作当作自己人生全部的意义。正如第一章的引言所写："人既然如蚂蚁一样来到世上，忽生忽死，忽聚忽散，短短数十年里，该自在就自在吧，该潇洒就潇洒吧，各自完满自己的一段生命，这就是生存的全部意义了。"

在第二章，作者以自我视角写出日常生活琐事，如谈看人、说牌玩、谈名人、道朋友、说奉承、说请客、说花钱、说父子、说女人、说孩子、说房子、说美容、说打扮、说生病、说死……。该章内容并无太多特色鲜明之处，却流露着较多的真情实感，如同第二章引言部分所写："世上的事，认真不对，不认真更不对，执着不对，一切视作空也不对，平平常常，自自然然，如上山拜佛，见佛像了就磕头，磕了头，佛像还是佛像，你还是你——生活之累就该少下来了。"

作者在第三章中谈秦腔、黄土高原、五味巷、白浪街……作者仿佛置身于三分俗气、七分灵气的尘世之间，带领读者一同领略有敬无畏之品质。第三章引言提到："五味巷里的人工资都少，而开销皆多，上养老，下育小，两个钱顶一个钱花，地位都低，而心性皆高，家家看重孩子学习，巷内有一位老教师，人人器重。"

作者在书中向人们诉说着世间的安宁。他怀揣着万物的情怀，乐而忘忧，如同第四章的引言部分所写:"玩风筝的是得不到心身自由的一种宣泄吧,玩猫的是寂寞孤独的一种慰藉吧,玩花的是年老力衰而对性的一种崇拜补充吧。我在我的书房里塞满这些玩物,便旨在创造一个心绪愉快的环境,而让我少一点俗气,多一点灵感。"

作者将寻常景色描绘得生动细致,富有诗意,向读者表达出无限的畅行天地,自享禅意之感。"日月交替一年,树就长出一圈。生命从一点起源,沿一条线的路回旋运动。无数个圈完成了生命的结束,留下来的便是有用之材。"此为作者书中第五章引言。

2. 文字简短有力:引发读者思考

贾平凹的写作风格偏向清净与自然、清醒与淡然,充满了与现下浮躁社会不同的缓慢与从容。贾平凹的散文总有一种凡俗中的通透、紧张中的冷静,在朴素中见真情,散发出一股平实厚重的力量。

贾平凹通过《自在独行》向人们展示着他的独行世界。他拥抱自在、研究孤独。作者在书中说道:"独行是一场心灵的隐居,即便你认为自己是孤独的,也可以自在"。贾平凹鼓励大家去追求生命本真,引领读者们感受生命的从容与真挚。

在《自在独行》中,作者从孤独、生死、魂灵、万物、天地、人事等角度,给内心孤独焦躁者以安宁的抚慰。该书文字简短、精妙有力,使读者们看到了世界的迷惑彷徨,又为读者完美展现了个人与世界的相处之妙。

贾平凹对景和物已不是简单的热爱,而是身在其中,情感交融。作者在书中说道:"人既然如蚂蚁一样来到世上,忽生忽死,忽聚忽散,短短数十年里,该自在就自在吧,该潇洒就潇洒吧,各自完满自己的一段生命,这就是生存的全部意义了。"短短数行字将其大境界和大情怀完美呈现,帮助更多读者在阅读其作品时,寻找到生命的意义。

(二)"好看"的图书设计

图书设计能展示图书自身的美观度和文化品位。读者在购买图书时,除了会对图书的内容感兴趣之外，图书的封面和版式设计也会在他们的"考量"之中。图书的文字和图片的结合在整体上能快速引起读者的注意力，从而引起他们购买此书的欲望。因此，一本优秀的畅销书除了文本内容，还需要"好看"的图书设计。如今，专业的图书设计团队遍地开花，有时却仍不符合大众口味和市场需求。《自在独行》之所以畅销，必然离不开它符合大众审美和需求的图书设计，其整体性和设计感给读者呈现了绝佳的阅读体验。

1. 增强视觉体验

该书的设计风格与内容的风格十分一致。《自在独行》内容风格清新脱俗、语言朴实，所以该书封面以白色为主，力求干净整洁。封面中间部分印上标题，用偏圆润的字体减少黑色字体带来的生硬感。书名采用竖式格式，两边是留白部分，有朴实无华的效果。在书名的正下方印着"写给每个孤独的行路人"。同时，书的封面设有小巧的图片：单线条的"风"和独自行走的人。这完美契合了本书的书名，也增加了图书整体美感。

书的封底并没有采用图案设计，只有大小不一的两段字："从容是真、宽释是福、有敬无畏、乐以忘忧。""人最大的'任性'就是不顾一切坚持自己喜欢的事，只有这样，人才可以说，我这一生不虚此行。"两段文字在纯白的封底上尤为显眼，其文字的内涵不仅展现出书的总体风格和特色，还能给购书的人带去一份镇静、从容的感受。

2. 增强翻阅体验

书的封皮采用无光铜版纸，表面有压纹。与铜版纸相比，这种哑粉纸张不易反光，用它印刷设计的图案更细腻、更高档，并且，哑粉纸薄且白，更吃墨，比较硬，不容易变形。书的内页采用手感顺滑的纯质纸，其纸质轻柔、色彩温和，能为读者带去高端的阅读享受和别样的翻阅体验。

书的目录页的排版形式为竖排。《自在独行》一书主要有五个部分，这五个部分的大标题文字均采用放大字体，这使得每个章节的主要内容更加醒目。每篇文章的小标题采用缩小字体的方式。这样，文字一大一小相互映衬，提升了设计感。除此之外,目录部分将每章之间用留白做间隔,使得各部分的内容独立开来,简洁且有质感。

《自在独行》正文部分选用宋体。宋体的特征是字形方正、结构严谨、笔画横细竖粗、整体均匀、阅读效果好,是书籍最常用的字体。在该书中,宋体字与文本冷静、从容的风格相互映衬,增强了本书的整体性和流畅性。同时,使得整本书的版面眉清目秀,具有较强的美感和易读性。

(三) 名人效应

1. 作者影响力

名人出书已成为现今出版活动的一个重要现象。名人身上自带的光环会吸引更多的读者,所以,利用"人气"运作畅销书确实是一个打造畅销书的重要策略。《自在独行》的作者贾平凹本身就是一位资深的作家。以他的文坛地位和影响力打造一本畅销书并非难事。

除了贾平凹的名声之外,他的人文精神更是影响了一代人。他认为:"阅读是生命的需要。"从贾平凹的角度来看,在这个时代,读书成为了一种自由、一种另外意义上的信仰。同时,他还表示,写作应当用自己最真实的心灵与这个时代感应,以最大的真诚来记录个人的感情,而不是概念化、形式化地写作,或者哗众取宠。他这种精神来自于这个时代,也超越了这个时代,影响着读者。

2. 名人推荐

对于很多读者来说,自己所阅读的内容容易受他人的影响。在出版行业,许多出版机构努力地提高产品的曝光度,还配以各种宣传,但最终可能仍敌不过某个公众人物的推荐。这种效应是许多出版社望尘莫及的。

2018年11月6日,由北京时代华语国际传媒股份有限公司与北京师范大学国际写作中心联合在北京师范大学举办了"文章的复兴:贾平凹散文创作现象学术研讨会暨散文集《自在独行》发行百万册庆功会"。会上，贾平凹的《自在独行》一书受到了许多研究者的赞誉。

北京师范大学国际写作中心执行主任张清华认为《自在独行》的畅销是属于整个新文学、整个当代文学的现象。

中国社会科学院文学所研究员、中国当代文学研究会会长白烨认为，散文本身就自带影响力，经典作品能得到读者的阅读、选择和不断推崇，即能显现出该作品的内容价值，贾平凹的散文便是值得让读者反复阅读欣赏的作品。中国作家协会副主席李敬泽认为，贾平凹的文章有很强的理论自觉，他的散文观就是文章观。

该书出版后两年销量已超过百万册。现在，当当网显示，《自在独行》的销量已经突破300万册。图书一旦有了名人的加持，从某种程度上来看，它就具备了能成为畅销书的潜质。这种名人效应对于出版机构而言，是一个不可缺少的出版资源。

（四）"立体式"宣传

1. 内容为先：互动营销锦上添花

在如今文学日益边缘化的环境下，贾平凹作为为数不多的坚持纯文学的作家之一，在《自在独行》一书中将日常性和原生态的生活自然地连接起来，向读者呈现一种"聊天式"的文学形式。这种将地域文化特征与鲜活的日常生活相结合的内容正符合当代文学新趋势。

此书发行时，社店共同宣传，开展了线上营销，并举办线下读书发布会、读者见面会等。在《自在独行》发行两年后，《新京报》和《人民日报》纷纷报道了该书销量破百万册，以及举办贾平凹散文创作现象学术研讨会暨散文集《自在独行》发行百万册庆功会的新闻。除此之外，微博、知乎、豆瓣及小红书等平台也帮助宣传。经过持续的宣传，《自在独行》在读者群体和社会上都获得了较高的认可。

2. 传递理念：引发读者共鸣

长江文艺出版社一直秉持"精英文化、大众趣味、百姓情怀"的出版理念，致力于为读者和出版界提供文化含量高的优质图书。在图书营销过程中将书的理念通过营销手段传递给读者、引发他们的共鸣，以获得更大的用户黏性是长江文艺出版社为稳固其在读者心中的地位而做出的努力。

3. 平台营销：多种渠道并行推广

《自在独行》这本书所呈现的生活之美和情感之美能给读者带来心灵上的慰藉，尤其是在浮躁的生活环境里，读者们更能深切地感受此书的魅力。基于这种考虑，出版社在图书宣传过程中更加注重此书的传播节奏。

长江文艺出版社首先在图书出版发行之前，再次向大众展现出贾平凹的文学地位和往期的小说发行盛况，向读者宣传、推广贾平凹的散文集，带动读者的阅读情怀。

在图书发行过程中，出版社在新媒体平台上推出有关贾平凹新著作的文章。此举引起了文学界著名学者的重视，也吸引了更多不同领域相关人士的关注。在许多新型营销方式中，微信是主力军。很多微信公众号积极地要求合作分销该书，并以图文的形式在公众号上介绍该书的相关信息，推荐大家购买。贾平凹的粉丝的自主推荐也为带动该书的销售提供了有力的保障。

四、精彩阅读

好多人在说自己孤独，说自己孤独的人其实并不孤独。孤独不是受到了冷落和遗弃，而是无知己，不被理解。真正的孤独者不言孤独，偶尔做些长啸，如我们看到的兽。

弱者都是群居者，所以有芸芸众生。弱者奋斗的目的是转化为强者，像蛹向蛾的转化，但一旦转化成功了，就失去了原本满足和享受欲望的要求。国王是这样，名人是这样，巨富们的挣钱成了一种职业，种猪们的配种更不是为了爱情。

（节选自《自在独行》第一章：孤独地走向未来）

  每一个生命之所以为生命，是有其自信和自尊的，一旦宁肯牺牲自己的自信与自尊去奉承，那就有了企图。企图可以硬取，刺刀见红，企图也可以软赚，奉承为事。寓言里的狐狸奉承乌鸦的嗓音好，是想得到乌鸦叼着的一块肉，说"站惯了"的奴才贾桂，是想早日做坐下的主子。善奉承的眼光雪亮，他决不肯奉承比他位低的，势小的。科长只能奉承处长，处长只能奉承局长，一级撵一级，只要有官之阶，人就往高处走。委屈者求的是全，忍小事者为的是大谋。人的生活中是需要一些虚幻的精神的，有人疼痛，相信止痛针，给注射些蒸馏水，就说是止痛药，那疼痛也就不疼痛了，被奉承的为了荣誉、利益乐于让他人奉承，待发觉给鸡送来了饲料却拿走了鸡蛋时，被奉承者才明白了奉承。

（节选自《自在独行》第二章：说奉承）

  一个人活着其实仅仅是一个人的事，生活关照型的朋友可能了解我身上的每一个痣，不一定了解我的心，精神交流型的朋友可能了解我的心，却又常常拂我的意。快乐来了，最快乐的是自己，苦难来了，最苦难的也是自己。

  然而我还是交朋友，朋友多多益善，孤独的灵魂在空荡的天空中游弋，但人之所以是人，有灵魂同时有身躯的皮囊，要生活就不能没有朋友，因为出了门，门外的路泥泞，树丛和墙根又有狗吠。

（节选自《自在独行》第二章：朋友）

  把生与死看得过分严重是人的禀性，这禀性表现出来就是所谓的感情，其实，这正是上天造人的阴谋处。识破这个阴谋的是那些哲学家、高人、真人，所以他们对死从容不迫。另外，对死没有恐惧的是那些糊里糊涂的人。最要命的是高不成低不就的人，他们最恐惧死，又最关心死，你说人来世上是旅游一趟的，旅游那么一遭就回去了，他就要问人是从哪儿来的又要回到哪儿去。道教来说死是乘云驾鹤去做仙了，佛教来说灵魂不生不死不来不往，死的只是躯体，唯物论来说人来自泥土，最后又归于泥土。芸芸众生还是想不通，诅咒死而歌颂生，并且把产生的地方叫作"子宫"，好像他来人世之前是享受到皇帝的待遇的。

不管怎样美好地来到人世，又怎样地不愿去死，最后都是死了。这人生的一趟旅游是旅游好了还是旅游不好，每个人都有自己的体会。我相信有许多人在这次旅游之后是不想再来了，因为看景常常不如听景。但既然阳世是个旅游胜地，没有来过的还依旧要来的，这就是人类不绝的缘故吧。作为一个平平常常的人，我还是作我平常人的庸俗见解，孔子有句话，是"朝闻道，夕死可矣"，当我第一次读到这句话，我特高兴，噢，孔圣人说过了，早上得了道，晚上就应该死了，这不是说凡是死的人都是得了道的吗？那么，这死是多么高贵和幸福，而活得长久的，则是一种蠢笨，不悟道，是罪过，越是拥戴谁万寿无疆，越是在惩罚谁，他万寿了还不得道，他活着只是灾难更多，危害更大。

(节选自《自在独行》第二章：说死)

这个夜里不成寐，黎明里恍惚有梦，梦里全不是我看三目石的思想，竟是石的三目在看我，有许多文字出现。惊醒来记，失之大半，勉强记得：人肯定不再衍化独目，意识却可能被认为无数目如千眼佛，但或千眼顿开，但或一目了然，既是眼，请看眼为圆圈中有精点，圈中一点，形上也形下，看山是山，看水是水，又看山不是山，又看水不是水，再看山还是山，再看水还是水。你看么。

(节选自《自在独行》第四章：三目石)

大凡世上，做愚人易，做聪明人难，做小聪明易，做聪明到愚人更难。鸿雁在天上飞，麻雀也在天上飞，同样是飞，这高度是不能相比的。雨点从云中落下，冰雹也从云中落下，同样是落，这重量是不能相比的。昙花开放，月季花也开放，同时开放，这时间的长短是不能相比的。我能知道我生前是何物

案例二十：《自在独行》

所托吗？我能知道我死后会变为何物吗？对着初生婴儿，你能说他将来要做伟人还是贼人吗？大河岸上，白鹭飞起，你能预料它去浪中击水呢，还是去岩头伫立，你更可以说浪中击水的才是白鹭，而伫立于岩头的不是白鹭吗？

（节选自《自在独行》第四章：说自在）

  一只贝，和别的贝一样，长年生活在海里。海水是咸的，又有着风浪的压力；嫩嫩的身子就藏在壳里。壳的样子很体面，涨潮的时候，总是高高地浮在潮的上头。有一次，他们被送到海岸，当海水又哗哗地落潮去了，却被永远地留在沙滩，再没有回去。蚂蚁、虫子立即围拢来，将他们的软肉啮掉，空剩着两个硬硬的壳。这壳上都曾经投影过太阳、月亮、星星，还有海上长虹的颜色，也都曾经显示过浪花、旋涡和潮峰起伏的形状；现在他们生命结束了！这光洁的壳上还留着这色彩和线条。

  孩子们在沙滩上玩耍，发现了好看的壳，捡起来，拿花丝线串着，系在脖项上。人们都在说：这孩子多么漂亮！这漂亮的贝壳！

  但是，这只贝没有被孩子们捡起，他不漂亮，他在海里的时候，就是一只丑陋的贝。因为有一颗石子钻进了他的壳内，那是个十分硬的石子，无论如何不能挤碎它；又带着棱角；他只好受着内在的折磨。他的壳上越来越没有了颜色，没有了图案，他失去了做贝的荣誉；但他默默地，他说不出来。

  他被埋在沙里。海水又涨潮了；潮又退了；他还在沙滩上，壳已经破烂，很不完全了。

  孩子们又来到沙滩上玩耍。他们玩腻了那些贝壳，又来寻找更漂亮的呢。又发现了这一只贝的两片瓦砾似的壳，用脚踢飞了。但是，同时在踢开的地方，发现了一颗闪光的东西，他们拿着去见大人。

  "这是什么东西？"

  "这是珍珠！嗨，多稀罕的一颗大珍珠！"

  "珍珠？这是哪儿来的呢？"

  "这是石子钻进贝里，贝用血和肉磨制成的。啊，那贝壳呢？这是一只可怜的贝，也是一只可敬的贝。"

孩子们重新去沙滩寻找他，但没有找到。

（节选自《自在独行》第五章：一只贝）

五、相关阅读推荐

[1] 刘畅. 新媒体时代图书出版跨界营销模式与创新路径 [J]. 中国出版，2019（03）：34-36.

[2] 刘琼. 体制优先开源头，内容为王占市场——访长江文艺出版社副社长金丽红 [J]. 编辑学刊，2007（05）：41-46.

[3] 李保华. 编辑视野下的畅销书成功基因解构 [N]. 新华书目报，2020-08-20（013）.

[4] 王凤英. 论贾平凹散文的审美意象及其特征 [J]. 青年文学家，2019（30）：50.

[5] 王香力. 出版跨界营销策略研究——以《漫画西游》为例 [J]. 新闻研究导刊，2021，12（02）：231-232.

[6] 杨艳庆. 研磨孤独，收获自在——评《自在独行：贾平凹的独行世界》[J]. 出版广角，2017（02）：87-89.

案例二十一:《神奇校车·图画书版》

一、图书基本信息

(一)图书介绍

书名:《神奇校车·图画书版》
作者:[美]乔安娜·柯尔 文,[美]布鲁斯·迪根 图
译者:蒲公英童书馆
开本:大 16 开

总字数：46 千字

总定价：198.00 元

书号：

《神奇校车漫游电世界》ISBN 978-7-221-11187-6

《神奇校车迷失在太阳系》ISBN 978-7-221-11188-3

《神奇校车水的故事》ISBN 978-7-221-11189-0

《神奇校车奇妙的蜂巢》ISBN 978-7-221-11190-6

《神奇校车海底探险》ISBN 978-7-221-11191-3

《神奇校车在人体中游览》ISBN 978-7-221-11192-0

《神奇校车地球内部探秘》ISBN 978-7-221-11193-7

《神奇校车追寻恐龙》ISBN 978-7-221-11194-4

《神奇校车穿越飓风》ISBN 978-7-221-11195-1

《神奇校车探访感觉器官》ISBN 978-7-221-11196-6

《神奇校车气候大挑战》ISBN 978-7-221-11197-5

《神奇校车科学博览会》ISBN978-7-221-12522-4

出版社：贵州人民出版社

出版时间：2018 年 5 月

（二）作者简介

乔安娜·柯尔是美国童书作家。上小学的时候，他就喜欢做研究、为学校写研究报告。那时，学校里有一位老师每周在课堂上进行一次实验，向同学们介绍科学知识。乔安娜非常喜欢这个环节，每一次实验都认真听讲，积极参与。就这样，乔安娜找到了自己感兴趣的领域，也为日后给孩子们写书奠定了基础。大学毕业后，她从事过小学教员、图书馆管理员、儿童读物编辑及作家等职业。在工作中，她发现市面上还没有一本专门介绍蟑螂的儿童读物，于是乔安娜便开始创作有关这一题材的作品。在位于纽约的廉价公寓中，她的第一本书《蟑螂》诞生了。从此之后，乔安娜开始创作儿童读物，其中就包括著名的《神奇校车》系列。她在创作思路上颇有创新，不仅陈述了客观事实，还加入了自己的思考。除此之外，乔安娜还会在书的开始部分提出一个问题，例如水是从哪里来的，并且在写作时用通俗易懂的语言回答这个问题。2020年7月12日，乔安娜·柯尔在美国艾奥瓦州去世，享年75岁。

二、畅销盛况

《神奇校车》是美国国家图书馆向所有学龄前儿童和小学推荐的课外自然科学读物，曾获得波士顿环球图书奖、美国《教育杂志》非小说神奇阅读奖等。该系列丛书出版30年来，全球销量已达3亿册。据调查，四川少儿出版社早在2000年就推出过《神奇校车》，但当时的销售情况并不好，首印的5000册中就有3000册滞销。2005年版权到期后，四川少儿出版社重新推出了这套书，并做了大量的营销推广，比如专门为宣传此书制作小报，将书籍介绍和读后感想分发到媒体、互联网、幼儿园等。自2005年以来，该书已售出十几万册。2011年，蒲公英童书馆与贵州人民出版社联手重新制作了《神奇校车》系列图书，并通过当当网进行销售，实现了销售快速增长。

《神奇校车》目前已出版6种不同形式的纸介质出版物，分别是图画书版、动画版、桥梁书版、阅读版、人文版、手工拼图版。《神奇校车·图画书版》出版后成为孩子们竞相阅读的对象。据统计，《神奇校车·图画书版》推出10年已售出3000万册，连续10年位居当当网少儿图书畅销榜榜首。截至2021年6月，在当当网少儿科普畅销榜中，《神奇校车·图画书版》《神奇校车·桥梁书版》《神奇校车大家族》仍位居前三。

三、畅销攻略

近些年，童书市场越来越火爆，专业少儿图书出版机构和非专业少儿图书出版机构都涉足其中。蒲公英童书馆的总编辑颜小鹏曾表示，每年大量出新书是一件劳民伤财的事情。当初成立蒲公英童书馆时，她的第一个想法是做自己认同的作品，建立一个可以给读者带来持续效应的机构。颜小鹂说："首先我想要做的是长销书，长销就是一本书出来以后，它的生命周期长。那生命周期长的作品是靠什么来存活的？我觉得就是靠品质。"《神奇校车·图画书版》能够成为一本长销书，离不开它的社会背景和其在选题策划、内容设计、装帧设计及营销宣传方面的努力。

（一）社会背景

1. 少儿图书市场繁荣

近年来，少儿图书出版市场一直保持上升的态势。当前，我国正处于转型期，年轻一代容易出现知识焦虑。新生代的家长越来越重视孩子学习知识，对亲子阅读、陪伴阅读的关注度也逐渐提高。随着"三胎"政策的放开，业内专家预测，未来几年整个婴幼儿市场的消费规模将超过3万亿元。在此背景下，教育支出将大大增加。此外，最新调查显示，我国儿童的阅读率和阅读量呈稳步上升趋势。根据中国新闻出版研究院调查，2020年0～17岁未成年人阅读率为83.4%，比2019年的82.9%提高0.5个百分点；人均阅读量10.71册，比2019年增加0.35册。此外，亲子阅读的观念也在逐渐加强。2020年，我国0～8周岁儿童家庭中，有陪孩子读书习惯的家庭占71.7%，较2019年的70.0%增加了1.7个百分点。可见，国家政策的支持、社会对未成年人阅读习惯的培养和对素质教育的重视，以及出版企业经营理念和营销方式的日趋成熟，均为少儿阅读市场的长期发展创造了良好的环境。

2. 公众科普意识提升

近年来，我国公众的科普意识逐步提升，这为《神奇校车·图画书版》在我国的出版和营销创造了良好的条件。2016年以来，中国科普研究院不断开展国家科普能力发展研究，以蓝皮书形式向社会通报我国国家科普能力发展状况。根据《全国科普能力发展报告（2019）》，2006—2017年全国科普能力发展指数年均增速为8.08%。截至2017年底，全国科普能力发展指数为2.12。这表明中国人的科学素养逐步提高。此外，在国家有关部门的推动下，科普基础设施建设日趋完善，科普场所数量快速增加，科普图书出版规模不断扩大。大众参与科普活动成为常态，越来越多新颖的科普形式涌现，例如，果壳、回形针等科普类自媒体在互联网上迅速走红，表现出我国公众对于科普类知识的热情空前高涨。可见，中国人参与科普活动的机会越来越多，科普体验的形式也日趋丰富。全民科普意识的提升，为《神奇校车·图画书版》在我国的销售提供了市场空间。

（二）选题策划

1. 人文性与科学性并重

科普知识的传播是儿童科普读物的重要功能之一。少儿科普读物所包含的科学知识必须与科学有关。它以多种方式传递科学事件和科学信息，提高孩子对信息的深度处理和解决能力；它是对与科学有关的数据和信息的解读、扩展和整合，读者可以在阅读后发挥主观能动性，实现自身的思维飞跃。换言之，少儿科普读物应该包括对问题的科学态度，使人运用科学的方法发现和解决问题，建立科学的价值观或行为准则。这些都是衡量一本少儿科普读物是否合格的标准。《神奇校车·图画书版》着重引导孩子思考科学与自己的关系。比如，该书会让读者向政府提出自己的意见和建议，与家人探讨和探索冒险中遇到的问题，等等。值得注意的是，《神奇校车·图画书版》非常注重在探索、冒险过程中对主角进行刻画，即每个人物面对问题的态度不同，解决方式也大有不同。该书认为，科学与人息息相关，应该将科学融入人类生活中去。《神奇校车·图画书版》通过建立科学与人的关系，培养读者人是科学的主体的思想，实现了人文性与科学性并重。

2. 精准的读者定位

在少儿出版领域，面向儿童是所有少儿读物的共同特点，也是少儿读物区别于成人读物最根本的特征。区分一本书是不是儿童读物，不是看它的语言是否生动活泼，也不是看装饰是否是卡通风格，封面是否亮丽，而是要从儿童的角度看这本书是否适合儿童。这些都要求少儿科普读物定位准确，把握读者的年龄特征、心理特征、思维特征，做到真正为少儿读者创作。《神奇校车·图画书版》一经出版便成为孩子们竞相阅读的对象。

（三）内容设计

1. 用叙事引出知识

科普类儿童图画书在呈现科学知识时，并不一定将知识点一一排列，而是通过故事的讲述，巧妙地揭示知识。《神奇校车·图画书版》的主角是卷毛老师和班里的孩子们。卷毛老师是孩子们给老师的昵称。在孩子们的眼里，卷毛老师是个古怪的老师，她一头卷发，总是穿着花样奇特的裙子，布置作业和督促学习时毫不犹豫。正是这个古怪的老师带着孩子们进入了一个奇幻的世界，用独特的方式讲述身边的各种科学知识。孩子们带着惊喜、兴奋甚至恐惧的心情完成神奇的科普之旅的同时，也学到了很多科普知识。除此之外，书中的语言非常具有童趣。除了介绍科学知识的语言，书中还不时穿插表达孩子此刻心理活动和情绪的小句子，让小读者们倍感亲切，愿意接受，如："哦，看哪，卷毛老师今天穿的是章鱼图案的裙子！""光看她的裙子就跑题了，再看看她的鞋子，我们连字都忘了，想想她那怪异的性格，我们脑子里都是一片空白！但谁让我们的老师是卷毛老师呢？""卷毛老师说，接下来我们要去研究火山，全班都有些紧张，毕竟有这种用图片来展示知识的老师，什么事情都有可能发生！""只要我学着卷毛老师的课，我的力气就会耗尽！"。《神奇校车·图画书版》在故事叙述中巧妙地呈现科学知识，运用创新的文学想象力和创造性思维，使读者在阅读有趣故事的同时，获得要传达的科学信息。

2. 用图片呈现知识

科普类儿童图画书强调图文并茂，强调科普过程中故事场景的描绘。孩子的识字水平普遍不高，所以，与一段文字相比，一张图片更能引起他们的兴趣，传达更多的科学知识。在《神奇校车·图画书版》中，图片塑造的生动故事场景巧妙地传达了科学知识。比如，作者提出了几个问题：电是怎么来的，怎么传到家家户户的，又是怎么把灯变亮的。读者可以跟随卷毛老师乘坐可以在任何环境中穿梭天际、走进大地的神奇校车到火力发电厂、进入发电机炉、进入输电管道、进屋、进电线、进灯泡，给家里带来光明。这种体验和探索的方式不需要告诉孩子深奥的道理，只需要让他经历一次就可以明白所有的道理。这种图文关系可以给孩子留下更多的想象空间。文中未提及的部分通过阅读图片进行关联，还避免了科普少儿图画书文字堆积过多的问题。此外，《神奇校车·图画书版》在画面细节上也做到了极致。比如，卷毛老师身上的图案是和内容息息相关的。每一册末尾出现的卷毛老师服装也隐藏着下一册的重要线索。总体来说，图片展示的内容可能与科学知识无关，但故事的细节和丰富的图片使图画书建立的故事世界更加全面生动。

3. 用问题扩展知识

孩子总是和好奇心联系在一起，而提出问题是激发好奇心的一种方式。科普类儿童图画书经常用提出问题的方式引导读者接收信息。《神奇校车·图画书版》问题设计非常巧妙。该书不是纯粹为答案而设计问题，更像是为解决问题而绘制答案。例如，"胃为什么会尖叫？当胃里没有食物时，它会蠕动，胃内的气体会被挤压，四处奔波，发出咕咕声。""你知道吗？地球上所有的水都被反复使用。事情是这样的：水从湖泊、河流和海洋中蒸发，上升到空中，形成云，然后以雨雪的形式回到地面以上，这就是所谓的'水循环'。"书中涉及的知识基本涵盖了孩子在生活中可能遇到的问题，可以快速吸引读者的注意力，使孩子在满足对自然世界的好奇心的同时更愿意读下去。同时，该系列书在知识的深度上做到了广而不深。比如，在《水的故事》

中，除了讲述自然界中的水循环，还全面阐释了天然水从进入城市的净水系统到进入我们每个家庭的步骤，最后，还介绍了关于水的环保知识。这些设计把我们日常生活中的物质的各方面知识串联起来，全面、通俗地讲给孩子们。

（四）装帧设计

孩子们的好奇心很强，天生喜欢新奇有趣的东西。因此，儿童科普读物需要考虑小读者们实际的阅读需求，其外观装帧设计应当与图书内容保持一致。书籍的艺术感染力和意境需要分别以不同的形式表现出来，因此，封面需要吸引人。科普类儿童图画书除了科普内容和形式的新颖性外，还需体现创作者创造性的文学想象和意境。《神奇校车·图画书版》每册都以乘坐校车冒险的方式呈现不同题材的叙事场景。因此，作者在封面上体现了这种创意设计。封面上的校车在各个不同主题的背景下飞驰，比如，在浩瀚的宇宙中，在奇妙的人体内。该系列书各册封面均呈现统一的原创风格，在吸引读者阅读的同时增加了读者黏性。此外，封面的设计也融入了作者的艺术构思。在《奇妙的蜂巢》中，作者特意将校车与蜜蜂结合，既表达了主题，又体现了图画书的特点。

（五）营销宣传

1. 自发的口碑营销

口碑营销是以口碑传播为途径的营销方式。在网络中，每个人都是信息接收者与传播者的统一体。每个人在接收外界信息的同时，也在向外界传达自己对事物的看法和情绪。对于感兴趣的内容，人们通常采用"转发、点赞、评论"的方式搭建自己的信息茧房，并在传播和分享的过程中形成信息推荐。在《神奇校车·图画书版》的营销宣传过程中，发行团队紧紧抓住"宝妈"这一核心消费群体，引导她们在消费后主动进行分享推荐，并通过在当当网收集真实阅读反馈，整合出易于传播的话题点，还在微博、微信公众号、小红书等平台结合图书内容制造话题，引发"宝妈"群体圈层内的广泛讨论。这使得更多潜在受众关注到了《神奇校车·图画书版》，在搜索后促成了购买，至此形成了完整的 AISAS 闭环链路模型。由此可知，《神奇校车·图画书版》之所以能成为畅销书，离不开读者的分享和推荐。

2. 线上线下相结合的多形态营销

2017年9月，肯德基发起了"买肯德基快乐儿童餐送魔法校车书"活动。此次"买餐送书"活动赠送的书是蒲公英童书店与肯德基合作打造的全新系列肯德基版《神奇校车》。肯德基还邀请了中央人民广播电台主持人录制《神奇校车》系列有声故事，供小读者们在线收听，同时还制作了精彩的动画短片，并且在线下组织神奇校车故事会，邀请小读者们听故事，结交新朋友。肯德基版《神奇校车》、有声故事读物、动画短片及线下故事会等一系列暑期活动，都是对《神奇校车·图画书版》的进一步营销。

在微博上，一些教育、育儿类自媒体博主通过图片、文案等形式来介绍《神奇校车·图画书版》的内容，并采用图片整合的呈现方式来吸引读者的注意力，达到营销的目的。拥有超过400万粉丝的知名教育博主李永乐在自己的微博上推荐了《神奇校车·图画书版》。同时，得益于蒲公英童书馆与肯德基的联名活动，肯德基在其官方微博推送了"神奇校车×KFC"系列超级话题，借助肯德基的粉丝基础与用户黏性，进一步提升了《神奇校车·图画书版》在微博平台的影响力。在抖音平台上，自媒体用户可以通过短视频的形式，生动形象地将《神奇校车·图画书版》中的精彩故事与精美插画呈现给受众，使得短视频用户在极短的时间内被《神奇校车·图画书版》系列故事吸引。碎片化的动画内容、精准的用户推荐、以"神奇校车"为主题的活动，都在短时间内吸引了大量观众，扩大了《神奇校车·图画书版》的影响力。

3. 当当网的加持

近年来，随着互联网技术和电子商务的发展，网络书店的扩张势不可挡。这不仅改变了当今读者的消费行为和消费习惯，也影响了图书销售的整体市场表现。在童书发行上，当当网一骑绝尘。当当网童书销售码洋占我国网络童书零售总码洋的50%。其中，精品图书（包括高端手绘科普书、婴儿书、玩具书、图画书、少儿英语等）市场占有率超过70%，市场优势突出。产品线定制丰富、运营精细、推广方式多样灵活、出货量大、退货率低、回款周期短等优势，使得出版机构能够深入参与市场运作。《神奇校车·图画书版》于2005年推出后，传统书店一年仅售出几千册，但在当当网平台上，该书一年内销量突破1万册。后来，颜小鹂创办了蒲公英童书馆，加深了与当当网的合作，2011年推出的完整版《神奇校车·图画书版》，在当当网获得近10万套的销量，至今保持良好的增长态势。可以说，《神奇校车·图画书版》系列能稳居童书畅销榜，当当网的重要性不言而喻。

四、精彩阅读

案例二十一：《神奇校车·图画书版》

刚开到校外的路口，校车便拐进了一条黑漆漆的隧道。当我们从隧道钻出来时，神奇的事情发生了——校车变了样，我们也变了样。每个人都穿上了潜水服，连卷毛老师也一样。
我想我妈妈。
13

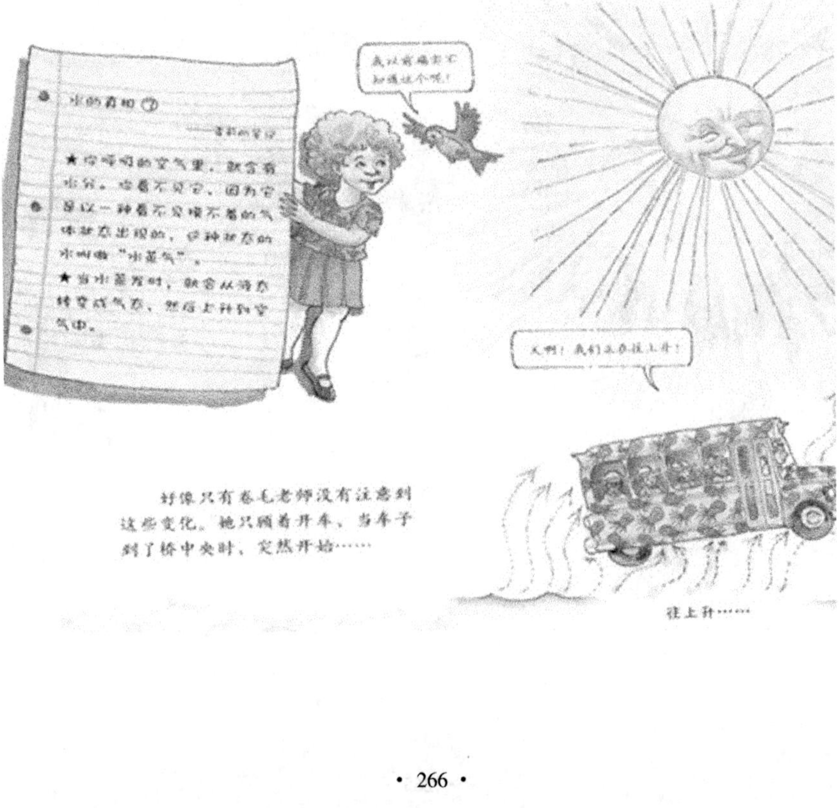
水的真相
★你呼吸的空气里，就含有水分。你看不见它，因为它是以一种看不见摸不着的气体状态出现的，这种状态的水叫做“水蒸气”。
★当水蒸发时，就会从液态转变成气态，然后上升到空气中。
天啊！我们正在往上升！
好像只有卷毛老师没有注意到这些变化。她只顾着开车，当车子到了桥中央时，突然开始……
往上升……

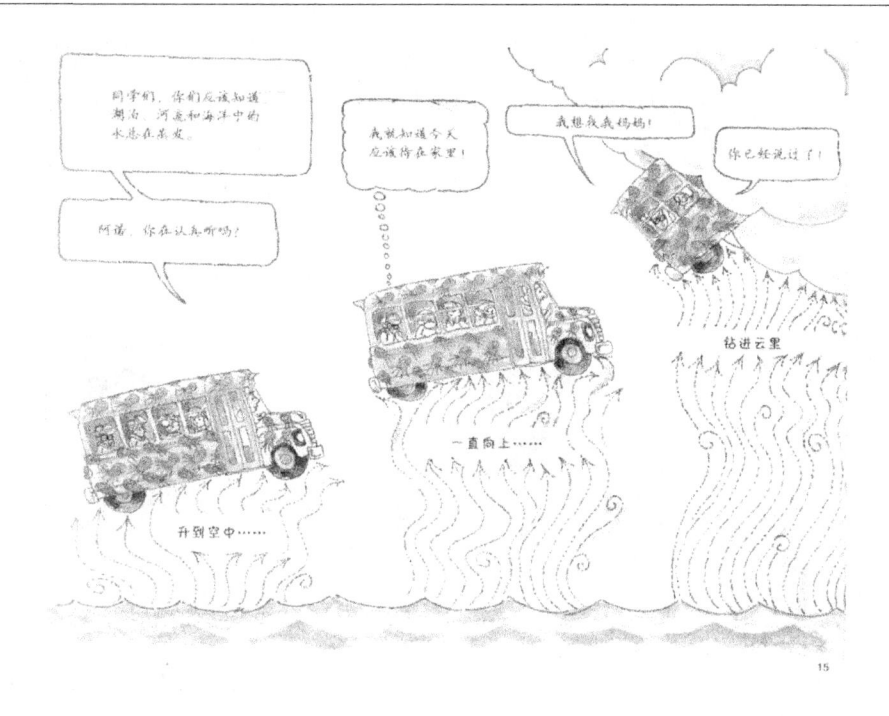

案例二十一：《神奇校车·图画书版》

然后，卷毛老师发出了最不可思议的命令，她居然让我们每个人都下车！

我们当然都不愿意下车，卷毛老师就威胁我们说，如果谁不下车，她就会布置更多的作业！

有些同学伸出头，透过云层向下看……哇！雄伟的山脉就在脚下，而且云朵每时每刻都还在不停地上升。

周围变得越来越冷！
在我们的四周，出现了越来越多的水滴。
水滴越变越大，我们却越缩越小！
水的真相④
★"云"其实就是水。越往
高处去，空气就越冷。水蒸
气升到高空时，冷空气会将
它们凝结成小水滴，像雾中
的水滴一样悬挂在空中，这
就是云。
救命啊！
我们正在变小……
在我这个年龄
我的个头已经够小了！
17

不一会儿，我们每个人变得只有雨滴那么小了。事实上，每个人都被裹在了一滴雨滴里。
哇！雨滴开始往下落。全班同学就像下雨一样降落下来。
同学们，别分开啊！
幸好我带了雨伞来。
噢噢噢！

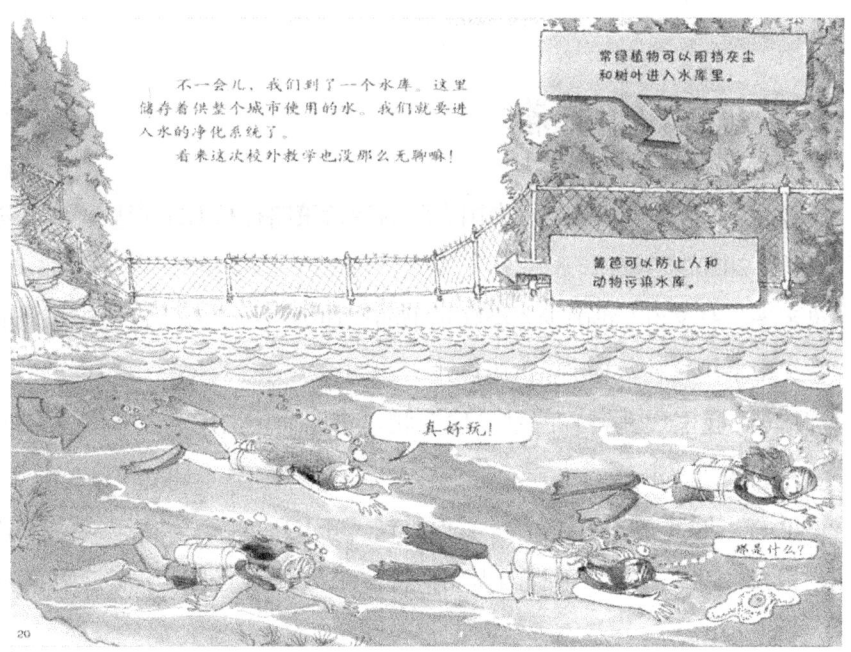

案例二十一：《神奇校车·图画书版》

（节选自《神奇校车·水的故事》第 10～21 页）

五、相关阅读推荐

[1] 杨若涵.《神奇校车》IP 在中国大陆的运营策略探析 [D]. 青岛：青岛科技大学，2020.

[2] 单定平，张文红. 我国少儿类畅销书的规律分析——基于近两年开卷少儿类畅销书排行榜数据 [J]. 出版广角，2018（14）：32-34.

[3] 郝培茹. 我国少儿科普图书发展现状与策略研究 [D]. 青岛：青岛科技大学，2020.

[4] 卢星辰. 幼儿科普图书内容及呈现形式研究 [D]. 重庆：西南大学，2019.

[5] 刘艳彬. 2009—2014 年我国少儿科普图书出版研究 [D]. 长沙：湖南师范大学，2016.

[6] 张贵勇."儿童科普可以既严谨又好玩"——对话《神奇校车》作者乔安娜·柯尔和布鲁斯·迪根 [J]. 未来教育家，2013（12）：64-67.

案例二十二：《冒险小虎队》

一、图书基本信息

（一）图书介绍

"冒险小虎队"是儿童系列读物

丛书名："冒险小虎队"（现为"小虎神探队"）

作者：[奥]托马斯·布热齐纳

译者：丁效

开本：32 开

字数：7700 千字

定价：9～20 元不等

丛书具体情况如下：

《冒险小虎队—雷神庙寻宝之旅》ISBN 7-5342-2429-2

《冒险小虎队—机器骑士》ISBN 7-5342-2434-9

《冒险小虎队—马场闹"鬼"记》ISBN 7-5342-2435-7

《冒险小虎队—死亡海岸》ISBN 7-5342-2439-X

《冒险小虎队—"法老王的咒语"》ISBN 7-5342-2438-1

《冒险小虎队—直升机梦魇》ISBN 7-5342-2430-0

《冒险小虎队—大雪怪》ISBN 7-5342-2428-4

《冒险小虎队—"恶魔"号之谜》ISBN 7-5342-2437-3

《冒险小虎队—幽灵飞机》ISBN 7-5342-2431-4

《冒险小虎队—神秘的头盔》ISBN 7-5342-2427-6

《冒险小虎队—威尼斯惊魂》ISBN 7-5342-2436-5

《冒险小虎队—非洲之旅》ISBN 7-5342-2432-2

《冒险小虎队—巫婆沼泽》ISBN 7-5342-2433-0

出版社：浙江少年儿童出版社

出版时间：2001 年 9 月

（二）作者简介

托马斯·布热齐纳是奥地利著名儿童文学家，并且是在德语国家非常成功的儿童文学作家之一，著有《我的怪物伙伴》《冒险小虎队》《神奇自行车》《神探马克和"鬼怪"》《小狗德邦》《寻宝历险》等。奥地利 92% 的家庭有他的图书，有 73% 的 6 岁至 12 岁的儿童读他的书。这些图书被翻译成 32 种语言，在挪威、英国、美国、中国、日本、韩国等很多国家出版。

托马斯·布热齐纳曾荣获"奥地利青年图书大奖""羽毛兔图书奖""猫头鹰读书奖"等众多国际大奖，并且担任联合国儿童基金会奥地利亲善大使，连续两年被评为"奥地利年度作家"。

2003 年，《冒险小虎队》以 400 万册的销售业绩稳居中国儿童图书市场第一，成为金牌儿童畅销书，后来引进的姊妹篇《神探马克和"鬼怪"》出现预付书款排队买书的场面，60 万册的首印图书被一抢而空，这种火爆场面在儿童图书市场很是少见。

二、畅销盛况

《冒险小虎队》在 2001 年被浙江少年儿童出版社引进之后，短短半年内销量便突破 400 万册。当时《哈利·波特》和《冒险小虎队》先后引进中国。就在《哈利·波特》的作品大热之时，《冒险小虎队》横空出世。2003 年，在"哈利热"稍微降温之时，浙江少年儿童出版社的《冒险小虎队》已经成功位居中国儿童图书市场第一，三年累计销量达 460 余万册。在 2003 年 4 月、5 月两个月内，《冒险小虎队》霸占儿童图书榜单的前 15 名，把《哈利·波特》的四部作品挤出了榜单之外，展示出强劲态势。

2005 年浙江少年儿童出版社推出的《冒险小虎队·超级版》，总首印量达到 100 万册，各分册曾经连续 6 个月揽下了儿童畅销书榜的前 10 名。2007 年，《冒险小虎队》出版了近 50 本，先后 20 次摘下全国儿童图书畅销榜的榜首，累计总销量达 1365 万册，总销量已经超过《哈利·波特》，成为名副其实的中国少年儿童畅销书第一名。2010 年 7 月，《冒险小虎队》系列在中国的销售量为 2978 万册，是少年儿童畅销书中的常青树。2011 年，《冒险小虎队》在中国销售总量累计达 3686 万册。

可以说，《冒险小虎队》的引进开创了国内"玩具书"的先河。在它引进后 6 年内，国内并没有同类的图书出现。其惊险刺激的冒险故事、超强的互动性阅读，成为了无数读者的童年回忆，几乎每个儿童读者的梦中，都曾拿着"解密卡"和三个小虎队成员一起踏上了奇幻热血的冒险旅途。

三、畅销攻略

（一）儿童推理题材正中市场痛点

《冒险小虎队》讲述的是三个伙伴结伴在世界各地进行冒险探案的故事，每一册的故事都是去一个新的地方进行探险，故事情节惊险刺激、曲折离奇，紧紧地抓住了小读者的好奇心和求知欲。人天生就喜欢追求未知事物，喜欢探险、喜欢冒险，对带有恐怖元素的惊险故事有着浓厚的兴趣，因为这类冒险故事可以将人带入一个自己从未接触过的玄幻世界。这种猎奇心理使得这种题材的故事从古至今都令人津津乐道,例如西方的《十日谈》《福尔摩斯》,中国的《聊斋志异》《西游记》等。

  带有恐怖元素的冒险故事在儿童类图书中是很少看到的,因为成年人刻板地认为孩子只应该读一些温馨快乐的小故事或者科普类的图书(类似《十万个为什么》)而忽略了孩童时期正是好奇心最旺盛的时候,孩子对一切新鲜的事物都充满了好奇。《冒险小虎队》中的故事切中了儿童图书市场的要点,在几乎都是绘本和科普故事集的儿童图书市场,《冒险小虎队》横空出世。每一册的《冒险小虎队》中的探险故事都跌宕起伏,一个疑点接着一个疑点,一波未平一波又起,始终吊着小读者的心,每次小虎队遇到的危险都令小读者大呼刺激。这些引人入胜的探案故事使得小读者对《冒险小虎队》爱不释手,只要打开第一页,就一定要读完才能意犹未尽地合上。而且,《冒险小虎队》中的内容并不是完全没有科学根据的,其内容含有大量的科学知识,同时因为不同的故事发生在不同的国家,因此会展现不同国家和地域的自然景观及人文风貌,还蕴含着简单易懂的地理知识和历史知识,使小读者在大呼过瘾的同时,还能够学习到新知识,将一幅小读者们从未见过的五洲四海的世界风貌图画展现在眼前。

(二)叙述简洁,篇幅适中

  考虑到这套书的读者定位和受众群体年龄的限制,托马斯·布热齐纳在创作的过程中,使用直白简练的语言进行平铺直叙,并且大量使用对话,例如下面这段节选内容。

  路克冲到屋外,想将这个惊人的发现告诉两个队友。他东张西望了半天,却始终看不见碧吉和帕特里克的踪影。他们两个到底躲到哪里去了?

  "碧吉,帕特里克,快出来呀!"跑克大声喊着,"我有东西要给你们看!"

  "是什么东西呀,四眼田鸡?"路克的身后传来一个尖锐刺耳的声音。

  路克听了,不禁深深吸了一口气,站在他身后的,正是威普克家的阿迪。

阿迪双手叉在胸前，一双眼睛不怀好意地盯着路克瞧。

这个才八岁大的小子长得活像个恶魔。他那两撮直竖的黑发，好像魔鬼头上的兽角，一对黑色的眼珠子老是恶狠狠地盯着人瞧。他一天到晚净打鬼主意，恨不得惹得每个人都生气。

这种直白的对话简单易懂，使得小读者阅读起来十分轻松。在内容和剧情的推进上，《冒险小虎队》直接、简单，从不拖沓。在故事的篇幅设定上，照顾到这是一本儿童侦探读物，《冒险小虎队》的框架结构比较简单，每一册书只讲一个冒险故事，每一页的字体设计得比较大，行目舒朗，每页字数不会超过300字，每本书都是100多页，最多不过200页。该书引进后，还进行了本土化的设计，语言更贴近中国人的说话习惯，同时也改变了文本的字体设置。

这些改动都体现了这本书的定位和对儿童的关怀，同时拉长了读者的年龄段。原本这本书的读者定位是高中生，但是中小学生都对其十分欢迎。这和《哈利·波特》的情况类似：本来是给成年人读的奇幻小说，却也深受孩子们的喜爱。在新世纪成长起来的孩子，对当下世界的认识水平和接受新知识的能力要远远超过成年人，孩子们思维敏捷、善于思考，因此需要对儿童图书市场做出新的审视。

（三）"玩具书"引领潮流

《冒险小虎队》之所以能十分受欢迎，是因为这套书不单单是推理小说，还是一套"玩具书"，可以说它开创了中国儿童"玩具书"的先河。《冒险小虎队》具有很强的游戏精神：三位个性鲜明的小主人公分别是运动少年帕特里克、智囊军师路克、活泼机灵的碧吉，三人组成探案团队一起进行冒险。三个人互相配合，能力互补，侦破了一起又一起案件。这三个人的性格设定并不是完美的，他们身上都有着这样或那样的缺点，这使读者更感真实和亲切，仿佛他们就是身边的小伙伴。但是，他们做的事情又不平凡，这使日常生活平淡无奇的读者非常羡慕。这些奇幻的冒险故事，为读者平淡的学习生活增添了色彩，缓解了他们的学习压力，给心灵带来了一场冒险。可以说，作者很好地创造了平凡的小英雄。

有趣的是，为了让小读者有更强烈的代入感，每本书的开头会让你填一张小表格，将小读者设定为第四位"小虎队"的成员。这种第一视角使读者有强烈的代入感。书中每到需要动脑思考或者进行小推理的时候，都会拆分章节，提出一个小问题，让读者在前面的内容中寻找答案，或者利用工具进行解密，这个工具便是《冒险小虎队》的最大卖点——解密卡（如图22-1、图22-2所示）。

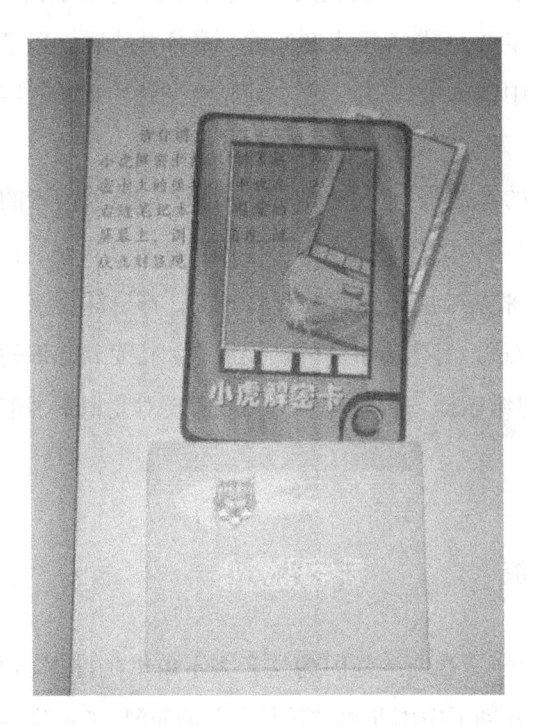

图22-1 《冒险小虎队》解密卡　　图22-2 《超级版冒险小虎队》解密卡

真正畅销的图书总是能够带动市场潮流，如《哈利·波特》中的魔法杖。《冒险小虎队》被设计成了可以玩的书，其每一本都附带一张神奇的特种功能解密卡。这也是前所未有的。

在小虎队的成员之中，智慧的路克总是在危急时刻掏出自己的百宝箱，从中拿出各种神奇的工具，帮助小虎队破解难题。然后，书本之外的读者将参与其中：读者拿出随书附赠的解密卡，解密卡是经过特殊工艺制造的，读者移动解密卡，将其贴在书本上留出来的空白处，隐藏的字便会显示出来。结合获取的信息，读者再通过小推理就能得到答案。有时还要利用解密卡的空白格解读秘密信件，只有将卡片移动到正确的位置，答案才会显现。其实，书中大部分谜题在文字中都可以找到答案，但是解密卡使得推理能力不强的小朋友也能有参与感。当小朋友解开谜团的时候，才能阅读下去。解开谜团时，读者都会有茅塞顿开的感觉，不仅好奇心被调动起来，成就感也得到了很大的满足，提高了阅读的兴趣，甚至会迫不及待地往下阅读。

而且，《冒险小虎队》的互动设置不只包括小虎队解密卡。作者是一个非常善于将游戏元素与阅读相结合的人。在他早期的作品创作中，他喜欢将电视节目、广播、游戏等元素与图书相结合，这在《冒险小虎队》中也体现得淋漓尽致。书中的插图和文字等也是需要读者认真仔细观察的，说不定会发现破解谜题的关键钥匙（如图 22-3 所示）。

这种设置和解密游戏十分相像，大大增加了阅读的趣味性。同时，《冒险小虎队》每一册都去不同的地方冒险，因此每一册除了必备的解密卡之外，还会赠送每册独有的解密工具。例如，在《冒险小虎队：死亡海岸》中去的地方是海边，因此赠送了海盗藏宝图、罗盘卡等专有工具（如图 22-4、图 22-5 所示）。

书中还有其他形形色色的破案小工具，如"毒物辨识卡""卡片温度计""印第安手语卡"等千奇百怪的卡片。这使得读者在阅读的时候，不再是被动的接受者，而是书中角色的一员，与作品本身有了互动。这些工具和小细节设计都使《冒险小虎队》的玩具化特征不断增加，使本书又含知识又有趣味，令读者

图 22-3 《冒险小虎队》插图

喜欢。很多孩子都是先被这些探案工具吸引，进而才成为《冒险小虎队》的忠实粉丝。

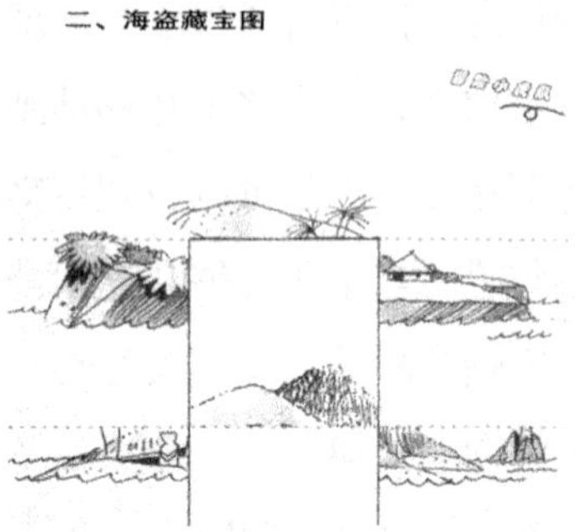

图 22-4 《冒险小虎队：死亡海岸》工具页（一）　　图 22-5 《冒险小虎队：死亡海岸》工具页（二）

（四）营销造势

《冒险小虎队》能够成功，除了图书本身的乐趣以外，还离不开出版社背后的推广和宣传。被称为"冒险小虎队之母"的浙江少年儿童出版社的责任编辑袁丽娟在 2000 年 9 月北京国际图书博览会上，看到中国台湾版本的《冒险小虎队》孤独地缩在角落，无人问津。但是袁丽娟看完其中一本后，便认为该书能够热卖。但在第二天她发现仍然没人注意该书，便买下了版权。由此，浙江少年儿童出版社出版了最早的 13 本。该书最开始销量并不好，解密卡丢失严重。对此，出版社不停地给书店寄卡片，希望不要退货，同时，出版社人员全体出动去书店宣传，慢慢地，《冒险小虎队》经过读者口耳相传，逐渐火了起来。

在营销上，《冒险小虎队》选择以较低价位的营销策略冲进市场，并将不同区域细分，以点带面，最终全面铺开。江苏的销量突破 20 万册大关时，总部将这个信息反映给其他地区的销售人员，以此鼓舞士气。借此，《冒险小虎队》的销售以华东—中南—西南—东北—华北的步骤全面铺开。在推销的初期，《冒险小虎队》面临着一个问题——解密卡丢失严重。对此，出版社编辑们一起将解密卡努力进行本土化改造。之前的解密卡是直接粘在书上的，工具卡是铁的，这样容易丢失。后来，出版社将其全部改成纸质的，还在书上做了一个小袋子，全部装起来。这样一来，解密卡丢失率降低了。

与此同时，浙江少年儿童出版社还运用概念先行的营销策略，推销"工具阅读""小虎队""解密卡"等概念，将其作为话题引发读者的讨论，将看"小虎队"是一种时尚这个话题炒热，从而使得《冒险小虎队》横扫市场。

此外，出版社选择寒暑假上线"小虎队"新版图书，并于2001年10月在北方图书城采取多种促销策略，如拉横幅、打折促销、在电子屏上打广告、张贴海报、联动学校、加入学校推荐书目等。至2006年年底，北方书城销售38566册。出版社还多次邀请作者来中国参加讲座，开办图书签售会，与小粉丝亲切见面，2007年推销新版《冒险小虎队》时，还举行漂流书、快乐寻宝等活动，这些都吸引着越来越多的小朋友拿起"解密卡"成为"小虎队"中的一员。

（五）后续开发延长图书寿命

《冒险小虎队》掀起了"玩具书"的热潮，使得其他的图书也纷纷加入"玩具书"行列，例如模仿者《惊恐小虎队》等。一时，各种"小虎队"充斥着市场。随着孩子们的玩具越来越多，《冒险小虎队》这类图书不再新奇有趣。为了留住读者，"小虎队"不断升级换代：2005年推出了《冒险小虎队·超级版》，随后又出版了超级成长版、女生版。

可以说，《冒险小虎队》是"90后"的童年回忆。《冒险小虎队》既创下了销量奇迹，也是无数读者心中冒险的开端。就像有人评价的："如果我们的童年记忆是一本书，那一定有一张解密卡。"

四、精彩阅读

确定是有人暗中在灯塔内搞鬼后，碧吉和路克更加害怕，恨不得立刻插翅膀飞离灯塔。他们两人夺门而出，一路沿往小船的方向跑去。"等一下。"路克突然停住脚步，开始绕着灯塔四周勘察。他不但巡视海岸，还眺望海面，可惜并没有发现其他船只。尽管如此，路克还是确定几分钟前曾有人闯进灯塔。

路克忙着沿小岩岛勘察，碧吉也鼓起勇气，再度走进灯塔里查看。

"走吧，"路克站在灯塔门口探头说，"看样子，我们得报警了。"

"等一下，快进来看看！"碧吉指着地面上的废物堆，"我想……这大概就是我们要找的答案。"

废物堆里隐藏着一个大铁盖，大铁盖上面还有一个大铁环，由于上面被各类杂物和船舵覆盖着，碧吉和路克当时没立即发现它。

路克蹲下来，把废弃物推到一旁。"哦，我明白了。"他恍然大悟，"这一定是密道的入口。绝对错不了！掩藏得还真是巧妙。"

"那……刚才的声音……"碧吉推测着，"一定是有人打开过密道的入口。"

"嗯，"路克点点头，"帕特里克很可能就在里头。"

两只小虎抓紧大铁环，想用力拉开入口的大铁盖，可惜使尽力气拉了半天，铁盖还是封得紧紧的。

"再加把劲！"路克咬紧了牙关。

费了九牛二虎之力，他们终于把生锈的大铁盖拉动了几厘米。但是，单凭碧吉和路克两人的力气，似乎不可能完全打开大铁盖。

"真累！"碧吉坐在地上，"到底要怎样才能打开这个入口？"

路克没搭腔，自顾自地盯着废物堆瞧，然后捡来一根又粗又重的长铁棍。

"来吧,"路克说,"这个应该管用,来帮个忙吧!"

"你拿这个做什么?"碧吉一头雾水。

路克没吭声,径自把脚尖顶在密道入口旁的大岩石上。

"你到底想做什么呢?"碧吉又问。

"哎呀,我画给你看。"路克拿出他的笔记本电脑,用荧光笔在屏幕上画着,试着让碧吉了解他正要做的事。

死亡海岸

动动脑

路克想干什么?

动动脑

哪一条路通往骷髅城堡?

小虎提示

翻看第7页的插图有助于你的判断。书末插页上的罗盘卡

"路克,你真是天才!"碧吉不禁竖起大拇指。

路克平时爱看科技书,遇到紧要关头,又懂得如何随机应变。由于懂得使用"杠杆原理",两只小虎终于把密道入口的大铁盖撬开了。

路克从百宝箱内掏出手电筒,往密道里一照,不禁惊呼:"碧吉,你看,这很可能是条海底隧道。我们下去瞧瞧吧!"

路克鼓起勇气,率先跳入阴暗的隧道,碧吉紧随其后。这条隧道不但狭窄,而且阴暗,通道内的岩壁裂缝上还不断渗水,滴得地面上又湿又滑,稍不注意,就会摔得四脚朝天。

刚开始,隧道顺着地势往下倾斜,走着走着,碧吉和路克来到了一个转弯处。

"哇!"路克回头看看身后的隧道,忍不住惊叹,"这么长一条海底隧道,不晓得究竟会通到哪里！"

路克手持手电筒照着地面及岩壁，两人摸索着往前走了好一阵子。

"天啊，"碧吉喘着气叫道，"有完没完呀？这条隧道好像没有尽头似的。"

"碧吉，"路克好像突然有所醒悟，"糟了……我们可能已经远离小岩岛了，这条隧道是通往大海的！"

"你是说……"碧吉瞪大眼睛慌乱地盯着隧道岩壁，"我们现在正走在大海里。完了，隧道的岩壁看起来似乎不怎么牢固，万一……万一渗进海水，那……那不就惨了吗？我看，我们还是赶紧回头吧！"

路克坚定地摇摇头："不行！不能就这么丢下帕特里克不管，我相信他一定就在这里头，而且……"路克沉思了一会儿，又继续说："如果我判断得没错，帕特里克应该是被人押进海底隧道的。否则，他应该在跟我们打暗号才对。"

"是谁绑架了帕特里克？"碧吉又急又怕地喃喃自语，"到底是谁把他拖进这条阴森恐怖的隧道里的呢？"

碧吉和路克忧心忡忡地又走了好长一段路，仍然不见帕特里克的踪影。两只小虎担心队友的安危，心情更加沉重。

"帕特里克，你在哪里？"路克大喊。

路克的喊叫声在隧道内回响着，听起来格外吓人。

"帕特里克，"碧吉也扯着嗓子喊叫，"如果你听到了，就给个暗号吧！"

还是没有回应。

两只小虎拖着沉重的步子继续往前走，心里实在害怕极了。他们担心另外一只小虎已经发生了意外。

又走了好一会儿，路克突然停下脚步，竖起耳朵仔细地听着，然后转身问碧吉："你听见什么了吗？"

"嗯，"碧吉点点头，"好像有人正呜呜地叫个不停。"

两只小虎互看一眼，开始加快脚步往前跑，边跑边喊："帕特里克，帕特里克，你在哪里？"

声音愈来愈清晰，帕特里克的嘴巴好像被东西堵住了。

节选自《冒险小虎队：死亡海岸》）

五、相关阅读推荐

[1] 钱秀中."冒险小虎队"成功背后的推手[N].中国图书商报，2007-02-06（003）.

[2] 陈香.《冒险小虎队》闯出"畅销"+"长销"10年路[N].中华读书报，2010-07-07（002）.

[3] 郑重.《冒险小虎队》营销密码[N].中华读书报，2007-09-05（017）.

[4] 叶薇.《冒险小虎队》：赢在细节[J].出版参考，2010（22）：31.

[5] 邹昱琴.《升级版冒险小虎队》蓄意操作延长产品生命线[N].中国图书商报，2010-11-09（Y03）.

[6] 李雅宁.畅销童书"三化"渐成趋势[N].中国图书商报,2007-08-03（006）.

[7] 沈晓莉.从源头到码头——对浙少30年一些出版现象的逆反思[J].出版参考,2013（24）:15-16.

[8] 王艳文.论《冒险小虎队》系列丛书的"游戏精神"[J].时代文学（下半月）,2012（03）:99-100.

[9] 北京开卷信息技术有限公司研究咨询部.少儿畅销书:系列化行军品牌化作战[N].中国新闻出版报,2013-07-22（008）.

后 记

本辑编写者情况如下：

案例一《小妇人》由张欢颜编写。

案例二《苏菲的世界》由王静丽编写。

案例三《教父》三部曲由魏红敏编写。

案例四《情书》由黄嘉玲编写。

案例五《黄金时代》由张安格编写。

案例六《许三观卖血记》由张文越编写。

案例七《挪威的森林》由许晨露编写。

案例八《曾国藩》由曲振杰编写。

案例九《白鹿原》由闫鑫博编写。

案例十《克苏鲁神话》（1、2、3）由王紫浩编写。

案例十一《沙海》由高雪编写。

案例十二《云边有个小卖部》由王芳肖编写。

案例十三《文城》由迟家宁编写。

案例十四《克拉拉与太阳》由伍昕阳编写。

案例十五《人间词话》由朱晓瑜编写。

案例十六《沉默的大多数》由赵望编写。

案例十七《啊2.0》由崔梦洁编写。

案例十八《被讨厌的勇气："自我启发之父"阿德勒的哲学课》由郭星秀编写。

案例十九《名著阅读课程化丛书.朝花夕拾（七年级上）》由冯文清编写。

案例二十《自在独行》由何茜编写。

案例二十一《神奇校车·图画书版》由肖可心编写。

案例二十二《冒险小虎队》由倪聪编写。